U0710463

印顺法师佛学著作系列

摄大乘论讲记

释印顺 著

中华书局

图书在版编目(CIP)数据

摄大乘论讲记/释印顺著. —北京:中华书局,2011.4
(2024.10 重印)
(印顺法师佛学著作系列)
ISBN 978-7-101-07855-8

Ⅰ.摄… Ⅱ.释… Ⅲ.大乘-研究 Ⅳ.B942.1

中国版本图书馆 CIP 数据核字(2011)第 037036 号

经台湾财团法人印顺文教基金会授权出版

书 名	摄大乘论讲记	
著 者	释印顺	
丛 书 名	印顺法师佛学著作系列	
责任编辑	朱立峰	
封面设计	毛 淳	
责任印制	管 斌	
出版发行	中华书局	
	(北京市丰台区太平桥西里 38 号　100073)	
	http://www.zhbc.com.cn	
	E-mail:zhbc@zhbc.com.cn	
印 刷	三河市鑫金马印装有限公司	
版 次	2011 年 4 月第 1 版	
	2024 年 10 月第 5 次印刷	
规 格	开本/880×1230 毫米　1/32	
	印张 12　插页 2　字数 253 千字	
印 数	8401-9400 册	
国际书号	ISBN 978-7-101-07855-8	
定 价	45.00 元	

"印顺法师佛学著作系列"出版说明

释印顺（1906—2005），当代佛学泰斗，博通三藏，著述宏富，对印度佛教、中国佛教的经典、制度、历史和思想作了全面深入的梳理、辨析与阐释，取得了一系列重要学术成果，成为汉语佛学研究的杰出典范。同时，他继承和发展了太虚法师的人生佛教思想，建立起自成一家之言的人间佛教思想体系，对二十世纪中叶以来汉传佛教的走向产生了深刻影响，受到佛教界和学术界的的高度重视。

经台湾印顺文教基金会授权，我局于 2009 年出版《印顺法师佛学著作全集》(23 卷)，系统、全面地介绍了印顺法师的佛学研究成果和思想，受到学术界、佛教界的广泛欢迎。应读者要求，我局今推出"印顺法师佛学著作系列"，将印顺法师的佛学著作以单行本的形式逐一出版，以满足不同领域读者的研究和阅读需要。为方便学界引用，《全集》和"系列"所收各书页码完全一致。

"印顺法师佛学著作系列"的编辑出版以印顺文教基金会提供的台湾正闻出版社出版的印顺法师著作为底本，改繁体竖排为简体横排。以下就编辑原则、修订内容,以及与正闻版的区别等问题,略作说明。

编辑原则

编辑工作以尊重原著为第一原则,在此基础上作必要的编辑加工,以符合大陆的出版规范。

修订内容

由于原作是历年陆续出版的,各书编辑体例、编辑规范不一。我们对此作了适度统一,并订正了原版存在的一些疏漏讹误,主要包括以下几项:

1. 原书讹误的订正:

正闻版的一些疏漏之处,如引文、纪年换算、人名、书名等,本版经仔细核查后予以改正。

2. 标点符号的订正:

正闻版的标点符号使用不合大陆出版规范处甚多,本版作了较大幅度的订正。特别是正闻版对于各书中出现的经名、品名、书名、篇名,或以书名号标注,或以引号标注,或未加标注;本版则对书中出现的经名(有的书包括品名)、书名、篇名均以书名号标示,以方便读者。

3. 梵巴文词汇的删削订正:

正闻版各册(特别是专书部分)大都在人名、地名、名相术语后一再重复标出梵文或巴利文原文,不合同类学术著作惯例,且影响流畅阅读。本版对梵巴文标注作了适度删削,同时根据《望月佛教大辞典》、平川彰《佛教汉梵大辞典》、荻原云来《梵和大辞典》等工具书,订正了原版的某些拼写错误。

4.原书注释中参见作者其他相关著作之处颇多,为方便读者查找核对,本版各书所有互相参见之处,均分别标出正闻版和本版两种页码。

5.原书中有极少数文字不符合大陆通行的表述方式,征得著作权人同意,在不改变文义的前提下,略作删改。

印顺法师佛学著作对汉语佛学研究有极为深广的影响,同时在国际佛学界的影响也日益突出。我们希望"印顺法师佛学著作系列"的出版,有助于推进我国的佛教学以及相关学科的研究。

中华书局编辑部

二〇一一年三月

目　录

悬　论

一　释题

在未讲论文之前,本论的题目,先得略为解说。

"摄",是含摄、统摄的意思,这可从两方面来说:一、以总摄别,二、以略摄广。本论以简要的十种殊胜,广摄一切大乘法,这就叫以略摄广。如来说法,每因听众的不同,这里讲波罗蜜多,那里讲十地;现在总举十义,把大乘经中各别的法门,总摄起来,这就叫以总摄别。

"乘"就是车乘,能运载人物从此到彼,有能动能出的作用。众生迷失在生死的旷野中,随着轮回的迷道而乱转,众苦交迫,没有能力解脱。如来就以各种的法门,把众生从苦迫的旷野中运出来。这能令众生离苦的法门,譬喻它叫"乘"。但因运载的方法与到达的目的不同,就有大小乘的差别。小乘就是声闻乘、缘觉乘,大乘就是菩萨乘。"大",梵语摩诃,含有大、多、胜三义,实际只是一个大义,不过一从多显大,一从胜显大而已。所以这大字,只要从量多质胜所显的含容大与殊胜大去说明。

一、含容大：龙树菩萨的《大智度论》，曾作这样解释：大乘可以含容小乘，能容纳它，所以是大。譬如小乘所走的路，只有三百由旬，大乘的行程则有五百由旬，所以小乘三百由旬的终点，不过是大乘五百由旬行程里的一个中站而已；除此，大乘还有它更远的目的。这样，大乘不一定离开小乘，而是能含容小乘，内容比小乘更广博的佛法。因此，《般若经》说："菩萨遍学一切法门"，"二乘若智若断，皆是菩萨无生法忍"。二、殊胜大：无著菩萨等一系，大都偏重这一点：大乘的思想，小乘中没有，这部分独有的思想，要比小乘来得殊胜。这多在大乘不共小乘的意义上发挥，所以大乘好像是小乘以外的另一种殊胜的佛法。殊胜是什么？就是摩诃；殊胜义是大义，所以大乘亦名胜乘，小乘亦可名劣乘。这样，大小乘的差别，不单是量的广狭，而且是质的胜劣。本论是属于这殊胜大一系的作品（以上约偏胜说）。

殊胜就是摩诃，现在就以本论所说的十种殊胜来解释。十种殊胜，依一般说，可分为境行果三类：一、二是境的殊胜；三至八，是行的殊胜；九、十是果的殊胜。境行果都是殊胜的，都是大的，不共小乘的；而这殊胜的境行果法，可以运载众生出离苦海，所以叫大乘。

"论"，有教诫学徒，分别抉择的意思；这如寻常所说。

二　本论与释论及翻译

本论是无著菩萨造的。从世亲、无性两种释论所依的本论考察起来，已有些出入；《摄论》在印度，是有好多种不同诵本的。至于我国的各家译本,文句与意义上的不同,那就更多了。不管他论本如何出入,这部论是唯识学中扼要而最有价值,为治唯识学者所必须研究的圣典,这是谁也不能否认的。本论的释论,在印度有世亲、无性的两种——还有其他不知名的也说不定。在这两种释论的作者中,世亲是无著的兄弟,又是他的弟子,论理,世亲的解释要比较确当,比较能阐明无著的本意。故研究本论,应以世亲释为主,无性释作参考。

　　本论在我国有三种译本:一、元魏佛陀扇多译,二、陈真谛译,三、唐玄奘译。这三种译本,文义大致相同。释论中的世亲释,我国也有三译:一、真谛译,二、隋达磨笈多译(里面也含有本论),三、玄奘译。将这三种释论的译本内容比较起来,相差就很远了。陈译最多,有十五卷,隋译与唐译的都只有十卷。讲到翻译的忠实,真谛译可说不很忠实;但说他的见解错误,那也不尽然。细读他的译文,有些思想是与无性释相同的;因此可以推想到他是参考无性释,或当时其他的释论而综合糅译成的。所以,可说他的翻译欠忠实,不可一定说是思想的错误。从他的译文里,很多的地方,可以见到初期唯识学的本义。所以我们虽采用玄奘译作讲本,但对真谛的译本,应以活泼的方法、客观的见解去看它,不能抹煞它的价值。此外,无性释有玄奘的译本,也可以作为参考。

三　本论的组织

　　本论的魏译,是没有分品分章的。陈译与隋译,分为十品,每品又分为几章。唐译分为十一品，但没有分章。陈隋二译分为十品，即依十种殊胜的次第，这本是自然而合理的科判。但第一品的初二章，实际是全论的序说与纲要，所以唐译又别立一品，合为十一品。这些品与章的科分，本非无著本论的原型，也不是世亲释论所固有的，大抵是后代学者的一种科判，夹杂在论文中，像《金刚经》的三十二分一样。如从本论的文段次第，作严密的科判，应分为三分十章。一、序说，二、所知依，三、所知相，四、入所知相，五、彼入因果，六、彼因果修差别，七、此中增上戒、增上心、增上慧，八、彼果断，九、彼果智，十、结说。此十章的初章，即序说摄大乘；末一章，即结说摄大乘；中间八章，即个别地论述摄大乘的十种殊胜。所以可总束为序说、正说、结说（但结说的文句过少）——三分。如专从十殊胜的组织来说，十种的前后次第，有着不可倒乱的理由，这在本论中自有说明。如从十种殊胜的名义，作深一层的研究，即看出本论的重心所在——唯识行证的实践，即是从实践的立场，统摄大乘的一切。十种殊胜，不是为了理论的说明，是为了大乘的修行而开示的。佛法本不外乎转迷启悟、转染成净的行践。转迷启悟与转染成净的关键，即是"知"。智、明、正见、正观、正觉、般若、阿毗达磨，这些都无非是知的异名。在声闻藏中，以知四谛为主；在此唯识大乘中，即以知三性为主。此三性，即真妄、空有与染净，为大乘学者所应知的。所以世亲说："所应可知，故名所知，所谓杂染清净诸法，即三自性。"所应可知的所知，是开示修行的术语，含有指导去体认的意味，与能知所知的所知，意义不同。此应知自性的染净真妄（即三性），如知道他的因缘，即能使之转化，转化妄染的为真净的。因缘即是缘起,即一切种子阿赖耶识。从阿赖耶杂染种子所生起的,即依他起染分而成为遍计执性的生死;如对治杂染的种习,熏成清净种子,即能转起依他净分而成为圆成实性的涅槃。这与根本佛教的缘起中道一样,"此有故彼有",即缘起的流转生死。"此无故彼无",即缘起的还灭而涅槃。转染成净与转妄为真,是可能的,而众生不能,病根在无知。所以,大乘的修行,以契入应知自性的真智为道体。依本论说,即由加行无分别智,修习唯识无义的观行,进而悟入境空心寂的平等法界,得根本无分别智。再从根本无分别智,引生无分别后得智,不断地修习。智的修习与证入,不但是无分别智而已。无分别智——般若,虽是大乘道的主体,但与五波罗蜜多有相依共成的关系。必须修行六波罗蜜多,才能证入应知自性;也唯有智证应知自性,六波罗蜜多才成为名符其实的波罗蜜多。理证与事行,有互相推进的因果性。智证中心的六度大行,如从他的离障证真的前后阶段说,即有十地。如约智体前后相生而次第完成说,即由戒而定,由定而慧。本论对于慧学,有特别的发挥。由慧学而到达究竟圆满,即离分别的涅槃(应知自性的转妄染为真净)与无分别的佛智。此二者与三学,即戒定慧解脱解脱知见。这样,本论的十殊胜,实即开示大乘学者应知的实行程序而已。

四　《摄论》与《阿毗达磨大乘经》的关系

本论十殊胜的组织形式,不是无著的创说;就是摄大乘的名目,也不是新立的。这如本论的最初说:"《阿毗达磨大乘经》

中……有十相殊胜殊胜语。"又末了说："《阿毗达磨大乘经》中
《摄大乘品》,我阿僧伽(即无著)略释究竟。"这可以看出,《阿
毗达磨大乘经》本有《摄大乘品》,此品即有十种殊胜的教说。
无著依此品造论,所以名为《摄大乘论》。然从本论的体裁内容
看,无著的略释,决非注疏式的释论;也不拘泥地限于一经,而广
引《华严》、《般若》、《解深密》、《方广》、《思益梵天所问》等经,
《瑜伽》、《大乘庄严经》、《辨中边》、《分别瑜伽》等论。可以说,
本论是采取十种殊胜的组织形式,要略地通论大乘法门的宗要。
所以,《摄大乘论》所摄的大乘,即是大乘佛法的一切。这样的
解说,决不是说本论与《阿毗达磨大乘经》的关系不深,与《摄大
乘品》的名称无关,是说无著总摄大乘的意趣是扩张而贯通到
一切的。如专从本论与《阿毗达磨大乘经》的关系说,那么,本
论不但在全体组织的形式上,完全依着《摄大乘品》的轨则;在
各别地论述十殊胜时,也常常引证。如《所知依章》引用"无始
时来界"及"由摄藏诸法"二颂,成立阿赖耶识的体性与名称;引
用"诸法与识藏"一颂,成立阿赖耶识与诸法的互为因果。《所
知相章》,引用"成就四法"一段,成立一切唯识;引用有关三性
的"幻等说于生"二颂(据梵文安慧《辨中边论疏》说),及"法有
三分:一、染污分,二、清净分,三、通二分"一段。又在《增上慧
学章》中,引述重颂"成就四法"的"鬼傍生人天"六颂,成立无分
别智。此外没有明白指出的偈颂,或许也有引用该经的。所以,
本论虽是大乘的通论,而《阿毗达磨大乘经》仍不失为本论宗依
的主经。可惜此经没有传译过来,已经佚失,我们只能从本论中
想像它的大概了。

五　《摄论》在无著师资学中的地位

　　瑜伽系的法相唯识学,可以无著为中心,弥勒是他的老师,世亲是他的弟子。不管弥勒是从兜率天上下来,或是人间的大德,他的学说是由无著弘扬出去,这是不成问题的。世亲是传承弘布无著思想的人物。所以,研究法相唯识学,当以无著为中心。他的思想,确也是法相唯识中最根本的。

　　这一系的论典,最早出的当推《瑜伽论》。该论的内容有五分,内地相传是弥勒说的,西藏说是无著造的。内地传说弥勒说《瑜伽》,早在西藏未有佛法一百多年前,那时所传说的《瑜伽》或《十七地论》,是指《瑜伽》的《本地分》而说的。《本地分》与《抉择分》的思想有相当的不同。所以我想,《瑜伽论》或不如内地所传说全是弥勒说的,也不同西藏所说全是无著造的。可以这样说:《本地分》是弥勒说的,《抉择分》是无著造的。弥勒说《本地分》在前,内地就传说连《抉择分》也是弥勒说的;无著造《抉择分》于后,西藏也就根据这点说它全是无著造的——相信这种说法,比较要近乎情理。

　　《本地分》的主要思想是:一、诸识差别论;二、王所差别论;三、种子本有论;四、认识上所认识的境界,都不离自心,但诸法所依的离言自性,却是各有它差别自体的。这种思想,可说是初期的唯识思想,还没有达到唯识为体的唯识学。依《本地分·菩萨地》而造的《大乘庄严经论》,才算是达到彻底的唯识思想。《庄严论》与《本地分》不同的地方是:一、一心论;二、王所一体论，心所是心王现起的作用，没有离心的自体；三、所认识的境界，就是识的一分，不许心色有各别的自体。还有种子本有论，这与《本地分》的主张相同。《庄严论》虽可说是彻底的唯识思想，但还不能算完备，还欠缺详细理论的发挥与严密的组织。到了《摄大乘论》出世，唯识思想才算是真正完成了。《摄论》主要的思想是：一、种子是新熏的，这点与《本地分》、《中边》、《庄严》诸论所说的完全不同。二、王所有不同的体系，这和《本地分》相同，而异于《中边》、《庄严》诸论。三、境就是识；四、识与识之间是一心论的；这也同于《庄严论》，但已有转向多心论的趋势。这样看来，《摄论》的唯识说，虽是继承《庄严论》的，但又接受了经部种子新熏的学说。再看《抉择分》的思想：《抉择分》是抉择《本地分》的，他的王所差别、诸识差别、心色差别，虽同于《本地分》，而种子则又与《摄论》的新熏思想相同。无著的后期思想，显然是放弃种子本有说而改用新熏的了。

世亲继承无著《摄论》及《摄抉择分》的思想，又有所发挥。他的名著《唯识三十论》，是继承《摄抉择分》而作的，继承无著、世亲大乘不共的唯识思想者，要算安慧论师的一系；至于护法的思想，不能说是无著唯识的继承者。他的伟大，在于融合《瑜伽》《摄论》两大思想，而把唯识学建立在《瑜伽论·本地分》的思想上。故护法《成唯识论》说诸识差别、王所差别、心色各别自体；种子本有（《本地分》）新熏（《摄论》及《抉择分》）合说。这和代表无著唯识学的《庄严》与《摄论》的思想，是有点不同的。有人说安慧学是唯识古学，护法学是唯识今学。护法的时代迟，他的学说，或许可称今学；其实，他并不是什么新，反而是复古的。看他《成唯识论》的思想，是复回到最初《本地分》的思想上去了，这不是复古吗？西藏说世亲唯识学的真正继承者是安慧论师。护法的老师陈那，是传承世亲的因明学；陈那与他的再传弟子法称，关于唯识的思想，叫做随理行派。陈那与他的弟子护法，思想上反流到《本地分》，与经部、有部更接近了。《摄论》的思想，决与护法的唯识思想有所不同；所以要认识《摄论》的真意，须向本论好好地探讨一下，同时取《中边》、《庄严》等论互相印证发明，方可了然。

正　释

第一章　序说

第一节　成立大乘是佛说

第一项　略标

阿毗达磨大乘经中，薄伽梵前，已能善入大乘菩萨，为显大乘体大故说。谓依大乘，诸佛世尊有十相殊胜殊胜语：一者、所知依殊胜殊胜语；二者、所知相殊胜殊胜语；三者、入所知相殊胜殊胜语；四者、彼入因果殊胜殊胜语；五者、彼因果修差别殊胜殊胜语；六者、即于如是修差别中增上戒殊胜殊胜语；七者、即于此中增上心殊胜殊胜语；八者、即于此中增上慧殊胜殊胜语；九者、彼果断殊胜殊胜语；十者、彼果智殊胜殊胜语。由此所说诸佛世尊契经诸句，显于大乘真是佛语。

大乘的乘体，即十种殊胜；这是根源于《阿毗达磨大乘经》的《摄大乘品》，所以论主先举出"阿毗达磨大乘经中"，以说明本论的渊源于圣教。世亲说："若离举《阿毗达磨大乘经》言,则不了知论是圣教。"即是这个意思。阿毗达磨,无著师资们解说为对法、数法、伏法、通法;这因为阿毗达磨法门,含有对向涅槃、辨析法数、折伏他论、通释契经的四种性质。其中对法一义,特别重要。对法即现观现证法,以无漏智为体。在声闻学中,解说为对观四谛,对向涅槃;在这大乘法中,阿毗达磨即无分别智;对观所应知性,"对向无住涅槃"。大乘经论中的现观与现证,大都是阿毗的对译。阿毗达磨,是通于大小乘的论藏;而现在说《阿毗达磨大乘经》,这名称是值得研究的。所以世亲说:"言大乘素怛缆者,为欲显示异声闻乘等;为欲显示菩萨藏摄故,复举其阿毗达磨。"这是说:称为大乘经,即可以简除二乘。但大乘中,有是菩萨说的,有是佛说的;《阿毗达磨大乘经》,都是菩萨说的,所以又称之为阿毗达磨。世亲的解说,意义本来明白,但真谛译本,脱落了前二句,只是说:"初说阿毗达磨名者,显是菩萨藏摄。"阿毗达磨本是大小论藏的通名,怎么能表示大乘的菩萨藏呢? 这突如其来的错简,便成为不易理解的文句了。《阿毗达磨大乘经》与《华严经》等一样,都是菩萨说的,所以标明法门的说者,是"薄伽梵前,已能善入大乘"的"菩萨"。薄伽梵,是印度话,译义有下面的几点:一、能破:能把烦恼与习气彻底地破除,无所余剩。二、巧分别:以无所得智,善巧分别一切法的性相。三、有德:佛陀有智德,断德,恩德;有一切不共的功德。四、有名声:天上天下无如佛,佛的德号,普闻一切世界。因此,唯佛独称薄伽梵(见《大智度论》)。在如来大法会前的菩萨,说此《阿毗达磨大乘经》。契经不一定是佛陀亲说的,佛加被菩萨,或印证菩萨所说的,都与佛亲说同其价值。是否地前菩萨说的?不!是已能善入大乘的菩萨说的。菩萨,是菩提萨埵的略称;菩提译为觉,萨埵译为有情,合云觉有情,所以菩萨就是有智慧的众生。萨埵还可以译为心,这心不是说吾人能知能觉的心,乃指一种坚强不拔的意志,以坚强的意志,求无上正等正觉者,就是菩萨。地上菩萨对于大乘法门,已能善巧地随顺深入,才能蒙佛加被演说这阿毗达磨大乘法门。依下文"诸佛世尊有十相殊胜"来看,这本是世尊的教说,不过由菩萨代为宣扬罢了!

为什么要说这个法门?"为显大乘体大故说"。为了要显示大乘实有离小乘的大体,所以说此法门。体大二字,应作大体解。小乘学者说除了小乘法以外,是没有大乘法体的。如果问他:没有大乘法,佛的无上正等正觉是怎样成的?他们的解答是:依着声闻法去实践,就可以达到成佛的目的。其实这全是错误的!成佛的先决条件是要发菩提心、大悲心,修广大行。小乘经中,只说四谛十二因缘等,根本不谈这些,全是教人趋向寂灭的。修这种法门的人,绝对没有发大悲心、菩提心的可能;譬如挤牛乳,一定要在牛的乳房上挤,如果到牛角上去挤,无论如何也挤不出乳来。所以离开小乘法外,必定还有大乘法体的存在。现在这些善入大乘的菩萨,在佛前说这阿毗达磨大乘法门,为的就是这个,所以说为显大乘体大故说。

那么,究竟说些什么?"谓依大乘,诸佛世尊有十相殊胜殊胜语"。这十相殊胜的阿毗达磨教,是依大乘法说的,所以说依大乘。殊胜就是大,凡有二义:一、差别义,大乘法与小乘法不同,故名殊胜。二、超胜义,大乘法超过小乘法,故名殊胜。这十种不共小乘的特殊法门，就是显示大乘别有自体。什么叫殊胜殊胜语？第一殊胜是所显示的法，第二殊胜是能显的教；因为所显示的法门殊胜，所以能显示的语教也殊胜。这殊胜殊胜语，共有十种，如论文所列，到下文自有解释。"由此"十种殊胜殊胜语的"诸句"，能表"显""大乘"法门的"真是佛语"。一、是大乘，二、是佛说，这都可以从十殊胜中显出。

第二项　显大乘殊胜

复次，云何能显？由此所说十处，于声闻乘曾不见说，唯大乘中处处见说，谓阿赖耶识，说名所知依体。三种自性：一、依他起自性，二、遍计所执自性，三、圆成实自性，说名所知相体。唯识性，说名入所知相体。六波罗蜜多，说名彼入因果体。菩萨十地，说名彼因果修差别体。菩萨律仪，说名此中增上戒体。首楞伽摩，虚空藏等诸三摩地，说名此中增上心体。无分别智，说名此中增上慧体。无住涅槃，说名彼果断体。三种佛身：一、自性身，二、受用身，三、变化身，说名彼果智体。由此所说十处，显于大乘异声闻乘；又显最胜，世尊但为菩萨宣说。是故应知但依大乘，诸佛世尊有十相殊胜殊胜语。

前面说大乘就是殊胜乘，但何以见得它的殊胜呢？"由"这如来"所说"的"十处"（十殊胜），就能够显示大乘的殊胜。因为这十处，在小乘"声闻"法中，从来"不"看"见"佛陀"说"过，"唯大乘中"，才"处处""说"到；这就是大乘异于小乘，所以称殊胜的地方。

一、阿赖耶识说名所知依体：一切所应知法的依处，就是阿赖耶识，一切都依此而成立。世亲说所知是统指杂染清净的一切法，就是三性；无性说所知但指一切杂染的有为法（玄奘传护法的思想，近于无性；真谛传的思想，近于世亲）。本论对于三性，有两种的见解：一遍计执与依他起是杂染，圆成实是清净。二遍计执是杂染，圆成实是清净，依他起则通于杂染、清净二分。赖耶在三性的枢纽依他起中，占着极重要的地位。因为一切依他起法，皆以赖耶为摄藏处。所以根据所知依即阿赖耶的道理来观察上面的两种见解，照第一义说：赖耶唯是虚妄不实，杂染不净的。照第二义说：赖耶不但是虚妄，而且也是真实的；不但是杂染，而且也是清净的，不过显与不显，转与不转的不同罢了。无性偏取第一种见解。世亲却同时也谈到第二种见解。无著的思想，确乎重在第一种，因他在说明赖耶缘起时，是侧重杂染因果这一方面的，但讲到转依与从染还净，却又取第二见解了。真谛法师的思想特别发挥第二见解，所以说赖耶本身，有杂染的取性与清净的解性。赖耶通二性的思想，不但用于还净方面，而且还用于安立生死杂染边；与《起信》的真妄和合说合流。玄奘门下的唯识学者，大多只就杂染一方面谈。我们从另外的两部论——《佛性论》、《一乘究竟宝性论释》（西藏说是世亲造的）去研究，觉得他与真谛的思想有很多的共同点。

二、三种自性说名所知相体：所知就是相，名所知相。即将一切的所应知法，分为三相来说明。"依他起自性"，是仗因托缘而生起的；可染可净而不是一成不变的一切法。"遍计所执自性"，他译作分别性或妄想分别性，即妄分别的意思。这不是指妄分别心,是指乱识所取的一切法,它毫无实体,不过是分别心所显现的意境。二空所显的诸法真实性,叫"圆成实自性"。

三、唯识性说名入所知相体:由修唯识观而悟入唯识性,就是悟入所知的实性。修唯识观有两个阶段:一、以唯识观,观一切法皆不可得,虚妄分别识为一切法的自性,这是第一阶段所观的唯识观,也叫方便唯识观。二、进一步的观察,不但境不可得,就是这虚妄分别识也不可得,如是心境俱泯,悟入平等法性,或法性心,或圆成实性;到此地步,才是真正悟入唯识性,也叫真实唯识观。这里所修的唯识观,虽通于地上,但重在从加行分别智到根本无分别智,从凡入圣的唯识观。

四、六波罗蜜多说名彼入因果体:彼入就是入彼。要悟入彼唯识实性,必须修习六波罗蜜多。地前未悟唯识性时所修施等,是世间波罗蜜多,因修此六波罗蜜多,能入唯识性,所以名为因。证入唯识性以后,修习施等,都成为清净无漏的,是出世六波罗蜜多,所以名为入的果。

五、菩萨十地说名彼因果修差别体:入地以后的菩萨,于十地中,仍是修习六波罗蜜多,初地这样修,十地还是这样修,不过在地地修习增上这一点上,说有十地的差别罢了。若论波罗蜜多修习圆满,要到佛果。

六、菩萨律仪说名此中增上戒体:即诸地中菩萨所修的戒学。律仪就是戒;简别不是声闻乘的波罗提木叉,故又说菩萨律仪。

七、首楞伽摩虚空藏等诸三摩地说名此中增上心体:即诸地菩萨所修的定学。定以心为体,所谓"一心为止"。首楞伽摩译作健行,就是平常说的首楞严大定,这定的境界很高,是十住菩萨所修的。虚空藏也是一种定名,在如虚空的法性中,能含摄能出生一切功德,所以叫虚空藏。

八、无分别智说名此中增上慧体:即诸菩萨所修的慧学。无分别智,含有加行、根本、后得三者。因为菩萨远离一切法执分别,故所有的智,皆称无分别智。修此三学的时候,或渐次地修上去,或展转增上地修上去,所以叫增上,增上就是依。无分别智的详细抉择,是其他论典所没有的,可说是本论的特色所在。

九、无住涅槃说名彼果断体:彼果,就是修彼三增上学所得的果。彼果就是断,所以叫彼果断。佛所得的果,即智、断二果。学佛者所要求的,也就是这智断二果。无住涅槃,是不住生死涅槃二边。于无住大涅槃中现起一切法,而一切都趣向于寂灭,所以称为涅槃;勿以为它是与小乘的灰断涅槃一样。无住涅槃,本论说是转依离杂染所显的真实性。断烦恼所知二障所显的法性,确是不生不灭的;但大乘的法性或心性,是具有无为功德——称性功德的。如来藏,佛性,以及那不离法性而即法性的无为功德(常乐我净),都是依此而建立的。世亲释论所说的"最胜种类自体",就是这个。

十、三种佛身说名彼果智体:彼果就是智,名彼果智。约断障的寂灭边说,是无住大般涅槃;约显现的智慧边说,就是圆满的无分别智,就是三种佛身。第八识转成的大圆镜智,第七识转成的平等性智,是"自性身",它的本体是常住的。第六识转成的妙观察智,是"受用身";前五识转成的成所作智,是"变化身",这二身可说是无常的。自性身即以解性阿赖耶识离障为自性。由自性身而现起的一切中,受用身为地上菩萨现身说法,受用一切法乐;变化身为声闻现身说法。

　　"由此所说"十种殊胜,"显于大乘异声闻乘",因为声闻乘中是绝对说不到这十种殊胜的。异于声闻,这是殊胜的第一义(差别义)。"又显最胜",是说大乘在整个佛法中是最殊胜的,不但与小乘不同而已。因为这十义,"世尊但为菩萨宣说",不对小乘说,这是殊胜的第二义(超胜义)。这十相如此殊胜,绝非小乘所有,因此可知,"但依大乘",才有这样殊胜的法门。

第三项　显大乘是佛说

复次,云何由此十相殊胜殊胜如来语故,显于大乘真是佛语,遮声闻乘是大乘性? 由此十处于声闻乘曾不见说,唯大乘中处处见说。谓此十处,是最能引大菩提性;是善成立;随顺无违;为能证得一切智智。

　　上面以种种的义理,显示了大乘异于小乘,胜于小乘,但"此十相殊胜"的"如来语",怎能"显于大乘真是佛语",而"遮"止"声闻乘"的自以为"是大乘性"呢? 小乘学者以为声闻乘法就是成佛的方法,这是必须加以否认的;否定了声闻乘的是大乘,才能显出十殊胜法的是大乘,是佛说。成佛的法门,不能说没有,不能说没有说过。佛说的声闻乘,《大乘庄严经论》曾指出它五相异于大乘,即发心不同、教授不同、方便不同、住持不同、时节不同。声闻法决非成佛的法门,那就必有声闻法以外的大乘,为佛所说过的了。这就是上文所说的十种殊胜。因为"此十处"是不共声闻法的。在"声闻乘"的教典"中",从来

"不"曾"见说"过，"唯大乘"经"中"，才"处处见说"。它异于小乘经，所以敢决定它就是佛说的大乘。否则，佛说的成佛法门何在？你能说佛没有说过吗？再从内容去看，"此十处"全是成佛的法门。这"是最能引大菩提性"的：大菩提性以智断二种殊胜为自体。引是引发，谓十种殊胜，是最能引发大菩提的因性（发心）。这又"是善"能"成立"的：这十处，由圣教正理诸量获得坚固的胜解，不是凡外小乘等所能摧坏动转的（正解）。这又是"随顺无违"的：说十殊胜法，能随顺大菩提，趣向大菩提，而不相违背（修行）。依此十种殊胜，启发了菩提因性，得坚固胜解，随顺这菩提因性去精勤修习，就可"证得一切智智"的佛果。从这教典、义理两方面，很可明白成立大乘是佛说了。

第四项　重颂

此中二颂：所知依及所知相，彼入因果，彼修异，三学，彼果断及智，最上乘摄是殊胜。此说此余见不见，由此最胜菩提因，故许大乘真佛语，由说十处故殊胜。

初颂的前三句举列十相，后一句显十相殊胜。次一颂的第一句，因译笔的关系，看来不容易懂，若把它读为"此说此见余不见"，就很明白了；这意思说，此所说的十相，在这大乘教中见说，余小乘教中是绝对看不见的。其余三句，如文可知。

第二节　摄大乘

复次，云何如是次第说此十处？谓诸菩萨于诸法因要先善已，方于缘起应得善巧。次后于缘所生诸法，应善其相，善能

远离增益损减二边过故。次后如是善修菩萨应正通达，善所取相，令从诸障心得解脱。次后通达所知相已，先加行位六波罗蜜多，由证得故应更成满，增上意乐得清净故。次后清净意乐所摄六波罗蜜多，于十地中分分差别，应勤修习；谓要经三无数大劫。次后于三菩萨所学，应令圆满。既圆满已，彼果涅槃及与无上正等菩提，应现等证。故说十处如是次第。又此说中一切大乘皆得究竟。

　　这十义次第，依文义看来，在说明总摄一切大乘佛法。为什么只说这十义而不增不减呢？因为从第一说明所知依，到最后说明圆满的果智，在理论上就已够遍摄一切大乘佛法，究竟无余了，故文末说："又此说中一切大乘皆得究竟。"真谛译没有"又此说"的"又"字，文义更顺。

　　所知依在最初说：因为修学佛法的第一步，对"诸法"的"因"相"要先"得"善"巧，然后才能"于缘起应得善巧"。缘起法是佛法的中心，所以修学佛法的人，对缘起法不能不先有个认识。缘起与缘生不同，因缘和合所生的叫缘生，这在果的方面讲。为缘能起叫缘起，这在因的方面说。若能真正理解缘起，则对无因论、邪因论种种的邪见，都可以消灭无余；对正因正果可以获得正确的见解。要获得缘起正见，首先要善知因相。因是什么？就是阿赖耶识，因为一切法都是从阿赖耶识种子中所现起的。赖耶中的缘起，有分别自性缘起和分别爱非爱缘起两种，本论主要的在分别自性缘起；至于平常说的爱非爱缘起（十二缘起），也可以含摄在内。整个的佛法，建立在缘起上；要明白缘起，就先要认识佛法的正因。这正因就是所知法的所依，也就是阿赖耶识，所以最初说所知依。

所知相说在第二：对缘起因相得了正见之"后"，进一步"于缘所生诸法""相"，要求有正确的认识，就是对真妄有空要得个真确的知见。阿赖耶识为诸法的自性缘起，从赖耶所显现的一切缘生诸法，应该善巧了知缘生法的真相，这才"善能远离增益损减二边"的"过"失。这"边"字含有不正与偏邪的意义。世亲释论说：凡情妄执的遍计执性是没有实体的，若执以为有，就是增益执；圣智悟入的圆成实性是有实体的，若反执为无，就是损减执。至于依他性的增益损减完全没有谈到。无性释论说：在遍计所执性上唯有增益执，不会有损减执，因为损减执要在有体法上才可以生起，遍计所执性既无自体，当然没有损减执。在圆成实性上唯有损减执，不会有增益执，因为增益执要在无体法上才可以生起，圆成实既有自体，自然不会生起增益执。依他性既不是实有的，便不落损减；又不是实无的，所以不堕增益。二师的解释，同样地主张不可执遍计性为实有，执圆成实性为都无，才能正见缘生法相的中道。一般法相家的分辨二边与中道虽也如此，以为缘生法无妄执性有二空性，但重心在依他起的有无。依《辨中边论》说：依他起性是"非实有全无"。这句话的意思说：依他既不是实有，说实有是增益执；也不是全无，说全无是损减执。在抉择有空的意义上，承认它是世俗有，并且非有不可。这正与《瑜伽》、《成唯识论》一样，他们注重缘起法的非无，问题不在空性的非无，在和中观学者诤论从缘所生法（依他起）的有无自相。他们以为若说缘起法没有自性，就是损减执。至于说遍计所执有是增益执，说圆成实无是损减执，虽也有着不同的见解，但还不是诤论的重心。

入所知相排列在第三：于缘生法相有了正确的认识以"后"，更须"善修""正"确的知见，"通达"这从心所现为心所取的诸相，以求悟入彼"所取相"的非有，"令从"烦恼、所知"诸障心得解脱"。解脱就是离障，心得解脱就是心与诸障不相应。心得解脱了就可证入初地。众生在生死海中，为无明覆染，所以不得解脱，心不能与诸障脱离关系。现在登地菩萨脱离了诸障，根本无分别智现前，悟入唯识实性，就解脱三界的生死了。

彼入因果列在第四：因为善巧"通达"彼"所知"法的实"相"，不过是修习世间"加行位"的"六波罗蜜多"，初证增上意乐清净的六度；但不能以此为止境，应该更进一步去"成"就圆"满"出世间果位的"清净""增上意乐"的六波罗蜜多。清净增上意乐，原是整个的名词，不过加一"得"字，读起来就好像成了两件事。意乐以欲胜解为体，增上是强有力义，这是对于佛法的一种强有力的信解和希求。这种意乐，只要对佛法有正信正行的人，都会有的，不过在加行位上有分别心相应，不能叫清净；入地以后，与无分别心相应，才叫做清净。

彼因果修差别在第五说：虽修得出世果位的"清净意乐所摄六波罗蜜多"，但"十地中"菩萨所修的六波罗蜜多"分分差别"，所以需要在十地中"经三无数大劫"去"勤"勇"修习"，以求获得波罗蜜多的究竟圆满。

三增上学次第在六、七、八说：诸菩萨在彼因果差别修中，对于增上戒学、心学、慧学这"三菩萨所学"，也"应"勤勇修习"令"其"圆满"，所以排列在这里。

　　断智二果次第说在九、十：因中勤勇修习六波罗蜜多及三增上学，修到究竟"圆满"的时候，永断一切诸障，便得到断"果"的无住"涅槃"；三种佛身显现，便证"无上正等菩提"的智果。这是最究竟圆满的果位了，所以在最后说。

　　以上次第所说的十种殊胜，看起来虽很简单，但"一切大乘皆得究竟"摄尽无余，因为从初发心到究竟佛果所需要的，在这十大义中已统括无余了。纵使别的经论中还说一些别的，但那都不过是这十大主干中的支分，或者是这十义的资粮、方便、附带条件。一切大乘佛法都包括在这里面，所以也就不增不减整整地说这十义，称之为摄大乘。

第二章　所知依

第一节　从圣教中安立阿赖耶识

第一项　释名以证本识之有体

甲　阿赖耶教

一　引经证

此中最初且说所知依，即阿赖耶识。世尊何处说阿赖耶识名阿赖耶识？谓薄伽梵于阿毗达磨大乘经伽陀中说：无始时来界，一切法等依，由此有诸趣，及涅槃证得。

在十处显示大乘殊胜中，第一是"所知依"。所知，是染净一切法，这一切法的所依，"即阿赖耶识"。阿赖耶识，在大小学派中是有诤论的，所以先要引经来证明它的确有其体。阿赖耶识是佛陀说的吗？是的！在什么地方"说阿赖耶识"的识体"名"为"阿赖耶识"呢？"薄伽梵于阿毗达磨大乘经伽陀中"，曾"说"到阿赖耶识的体性。"无始时来界"的界字，指所依止的因体，就是种子，这是众生无始以来熏习所成就的。"一切法等依"的等字，表示多数，不必作特殊的解说。"由此"界为一切法所依的因体，就"有"了生死流转的"诸趣"，和清净还灭"涅槃"的"证得"。依世亲论师的解释：界，是一切杂染有漏诸法的种子。因无始时来有这一切杂染的种子，有为有漏的一切法，才依之而生起。生起了有为有漏法,就有五趣的差别。假使除灭了这杂染种子,就可证得清净的涅槃。涅槃,是舍离了染界而证得,并不是从此无始来的界所生。无性及《成唯识论》的解释:把依和界看成两个东西,说界是种子,依是现识;若说依就是界,认为有犯重言的过失。世亲、无性二家主要的差别点:世亲是从种子不离识体这一面谈,无性却把种子与现识分开来说。

【附论】

真谛的译本里,又把界字解释作"解性",说界是如来藏,有这如来藏,才能建立流转还灭的一切法。从本论给予阿赖耶的训释看来,这似乎是真谛所加的。但并不能就此说那种解释是错误,因为在《一乘宝性论》释里,也引有这一颂,也是把界当作如来藏解释的。原来,建立一切法的立足点(所依),是有两个不同的见解:一、建立在有漏杂染种子随逐的无常生灭心上,如平常所谈的唯识学。二、建立在常恒不变的如来藏上,如《胜鬘》《楞伽经》等。把界解作解性,就是根据这种见解。因着建立流转还灭的所依不同,唯识学上有着真心妄心两大派。真谛的唯识学,很有融贯这二大思想的倾向。

即于此中复说颂曰:由摄藏诸法,一切种子识,故名阿赖耶,胜者我开示。

"即于此"《阿毗达磨大乘经》"中",还有一颂说到阿赖耶识的名字及得名的所以然。这可从第二句的"一切种子识"讲起:一切种子识就是阿赖耶识,它在相续的识流中,具有能生的功能,像种子一样,所以称为种子识。讲到种子识,得注意种子与本识的关系。依本论说,是"非一非异"。但后来无性、护法,侧重在种识不一的意义,说种子不是本识,能持这一切种子的才是本识。固然,在本论中也曾讲到种识的不一,但并不是可以这样机械地分割说的。不但本论说"阿赖耶识为种子","虚妄分别种子";本论与《庄严经论》,并且常以无始时来的过患熏习,表现阿赖耶的自体。事实上,无著世亲的本义,是侧重种即是识的。这如水中泛起的波浪一样:水是静的、一味的,波是动的、差别的,所以不能说它是一;离水就没有波,波的本质就是水,即水是波,即波是水,故不能说它是异。所以,水与波,是非一非异的。若将波与水严格地划开,说它是不一的,那未免太机械化了。种子与本识的关系,亦复如是。这种子识,有很大的功用,能够"摄藏诸法"。摄藏,异译作"依住",就是依止与住处。一切法依这藏识生起,依这藏识存在,所以名为摄藏。一切种子识,能作诸法的摄藏,给一切法作所依处,所以叫它为"阿赖耶(藏)"。"胜者我开示"的胜者,是一切菩萨,不一定是大菩萨。菩萨最初发心,就超胜于凡夫和小乘,可以称为胜者。佛陀对利根的胜者(菩萨)才开示阿赖耶识,对劣者的小乘凡夫是不开示的,因为他们的程度还不够,也无须领受这赖耶的妙法。

二　释名义

如是且引阿笈摩证,复何缘故此识说名阿赖耶识?一切有生杂染品法,于此摄藏为果性故;又即此识,于彼摄藏为因性故;是故说名阿赖耶识。或诸有情摄藏此识为自我故,是故说名阿赖耶识。

上面已"引阿笈摩证"明阿赖耶识的体性与名字是佛所说的，现在就将这阿赖耶"识"的所以"名"为"阿赖耶识"，略加诠释。阿赖耶是印度话，玄奘法师义译作藏；本论从摄藏、执藏二义来解释：

一、摄藏义："一切有生"，就是一切有为诸法；这是惑业所生的杂染法，所以又说"杂染品法"。这一切有为的杂染品法，在这一切种子阿赖耶识的"摄藏"中，杂染法"为"赖耶所生的"果性"。"又即此"赖耶"识"在"彼摄藏"一切杂染法的关系中，赖耶"为"杂染法的"因性"。具有这摄藏的功能，所以就"名阿赖耶识"了。摄藏是"共转"的意义，即是说，本识与杂染诸法是共生共灭的；在此共转中，一切杂染由种子识而生起，也由之而存在，所以叫摄藏。我们不能把种子和本识分成两截，应该将种子和本识融成一体。从这种一体的能摄藏的"一切种子识"和一切所摄藏的杂染法，对谈能所摄藏的关系。

无性论师根据《阿毗达磨经》的"诸法于识藏，识于法亦尔，更互为果性，亦常为因性"，解释本论的第二颂，所以就建立了"展转摄藏"的道理。护法承袭他的思想，就有两重因果的解释了。传承护法学的玄奘门下的基、测二师，对能所藏的说法也有不同。基师约现行赖耶说：现行能执持种子，赖耶是能藏，种子是所藏。现行赖耶又受诸法的熏习，能熏的诸法是能藏，所熏的赖耶是所藏。测师约种子说：种子能生现行，种子是能藏，诸法是所藏。现行熏习种子，诸法是能藏，种子是所藏。他们从种识差别的见地，所以各取一边，固执不通。依无著、世亲的见解看来，应该在种即是识的合一的见地去解说，并且也只有一重能所,本识是因性,杂染是果性。

论到互为因果,这是不错,但并不互为摄藏,摄藏是专属于阿赖耶而不能说相互的。他们虽说本识具能所藏,故名藏识,但诸法也并不因为具能所藏而称为阿赖耶。要知道:阿赖耶之所以称为阿赖耶,不在相互的而是特殊的。建立阿赖耶的目的,在替流转还灭的一切法找出立足点来。因为有了赖耶,就可说明万有的生起,及灭后功能的存在。一切种子识,是一切法的根本,一切法的所依。如中央政府,是国家的最高机关,它虽是反应下面的民意才决定它的行政方针,但一个国家总是以它为中心,它才是统摄的机构。赖耶与诸法,也是这样,赖耶是一切法所依的中枢,诸法从之而生起,诸法的功能因之而保存,它有摄藏的性能,所以称为阿赖耶。若说它与诸法有展转摄藏的意义,本识的特色一扫而空,和建立赖耶的本旨距离很远了。诸法如有摄藏的性能,为什么不也称为阿赖耶呢?

二、执藏义:在所引的《阿毗达磨经》中,本没有这个定义。初期的唯识学,赖耶重在摄藏的种子识;后来,才转重到执藏这一方面。一切"有情"的第七染污意"摄藏(就是执著)此识为自我",所以"名"为阿赖耶识。我有整个的、一味不变的意义。众生位上的阿赖耶识,虽不是恒常不变的无为法,但它一类相续,恒常不断;染末那就在这似常似一上执为自我,生起我见。这本识是我见的执著点,所以就叫它作阿赖耶识。经中说"无我故得解脱",并不是破除外道的我见就算完事。这还是不能解脱的;不使第七识执著第八种识为自内我,这才是破人我见最重要的地方了。

乙 阿陀那教

一 引经证

复次,此识亦名阿陀那识。此中阿笈摩者,如解深密经说:阿陀那识甚深细,一切种子如瀑流,我于凡愚不开演,恐彼分别执为我。

　　阿赖耶识还有别的名字,这里先引《解深密经》,证明"此识亦名阿陀那识"。"阿陀那识甚深细"的甚深细,可从第三句的"凡愚"来说明:因为执我的凡夫对阿陀那的境界,不能穷其底蕴,所以说名甚深;愚法的声闻对阿陀那的境界,不能通达,所以说名甚细。阿陀那所摄取的"一切种子",犹"如瀑流"。《成唯识论》说阿赖耶识如瀑流,水中的鱼譬如种子(种与识隔别);但《楞伽经》等,说本识犹如瀑流,它之所以像瀑流,因有种子起伏的关系,《深密经》也是这样,因为无始过患所熏习的关系,在阿陀那识的大海里,以识为自性的种子,就高高低低地动荡起来,形成汹涌澎湃的大瀑流(种与识合一)。佛说:"我于"凡夫二乘,"不开"示"演"说这一切种识。为什么不说?"恐彼分别执为我"呀!他们程度不够,听了不但不能得益,反要增加我执。上文的"摄藏此识为自内我",是佛陀未说阿陀那识教,而众生自动执我的,是染污意的俱生我执。此中说的分别执为我,是因佛陀说了阿陀那识,众生误解而起执的,是第六识所起的分别我执。

　　【附论】

　　《解深密经》对于本识摄持诸法的思想,特加详细发挥。它以一切种子识为中心,从它的作用上,给予种种的异名;那能摄持诸法种子的,名阿陀那。在初期唯识学上,阿陀那识有着特别重要的地位,因为它以摄取为义,能摄取自体,摄取诸法的种子。后期的唯识学以摄藏的赖耶为中心,所以阿陀那识反退居次要的地位了。本论与《解深密经》的旨趣多少不同,以《解深密经》说阿陀那识能摄持种子,阿赖耶识与根身同安危;而本论却以阿陀那识与有色诸根同安危,摄持种子的责任反属于阿赖耶识。

二　释名义

何缘此识亦复说名阿陀那识?执受一切有色根故,一切自体取所依故。所以者何?有色诸根,由此执受,无有失坏,尽寿随转。又于相续正结生时,取彼生故,执受自体。是故此识亦复说名阿陀那识。

引了《解深密经》来建立本识的异名阿陀那识,阿陀那的意义,也得解释一下,所以论中复问:"何缘此识亦复说名阿陀那识?""执受一切有色根故,一切自体取所依故":阿陀那在本论的解释上,有此执受色根和执取自体的两个意义。

一、执受色根义:"有色诸根",就是眼耳鼻舌身的五色根。色根就是色根,为什么叫有色根呢?因为根有二类:一有色的五根,二无色的意根;为了简别无色的意根,所以说有色。欲色界有情的生命活动,是由过去的业力所招感,特别在这五根上表现出来(但生命的存在不单是色根)。这生理机构的五根,所以能活泼泼地生存着,在一期寿命中继续存在着,并且能引起觉受,都是"由此"阿陀那识在"执受"(执持)它,使之"无有失坏";它才能"尽寿随"本识的存在而"转"起。如阿陀那不执受有色诸根,有情的生命立刻就要崩坏,成为无生机的死尸。怎知道有它在执持呢? 平常有知觉的活人,它的认识作用就是前六识,在闷绝熟睡等时候,这前六识要暂时宣告停顿,不起作用。但生命还是存在,身体是好好的,还有微细的精神觉受,与死人不同。这维持生存的微细精神作用,就是阿陀那识。所以说:阿陀那识和执受有着特深的关系。

二、执持自体义:相续,是前一生命与后一生命的连接,这生命相续的主体,是阿陀那识;因此,它又名相续识。父精母血会合的时候,这相续的阿陀那识托之而起,所谓"三事和合",这就是一期生命的开始,所以叫做结生。在这"相续正结生时",前一生命结束,后一生命继续结生的当儿,在母胎中有"羯逻蓝"就是父母精血的和合体;阿陀那摄"取彼生"命体,与彼和合,这就是有情一期生命的开始了。不但结生相续时如此,在一期生命中,也没有一刹那不"执受"这名色"自体"的。因为阿陀那中摄受一期自体的熏习,直到命终;所以也就摄受这一期的名色自体。

【附论】

阿陀那,真谛译为"无解",玄奘译为"执持"。《成唯识论》以执持、执受、执取三义解释它,《唯识述记》更严密地分析三义的界线。其实未必尽然,如《唯识述记》说结生相续是执取义,但在本论则说结生相续是执受义。阿陀那,应简单地译作"取",像十二缘起中的取,五取蕴的取,烦恼通名为取的取,梵语都是阿波陀那(近取,即极取义)。取是摄取其他属于自己,所以有摄它为自体与执取不失（持）的意思。因作用的不同，后人建立起执持、执取、执受等不同的名字。这阿陀那，在经论里看起来，它与执受有特别的关系。它在摄取未来与摄持现在的生命，使有情成为灵活的有机体中，表现了阿陀那特殊的功能，它与生命论有关。

丙　心教

一　引教

此亦名心，如世尊说：心意识三。

　　阿赖耶不但名为阿陀那，也可以叫做心，所以这里特举佛说为证。这里，虽引有"心意识"的"三"法，主要的在证明心是阿赖耶识。

二　释意

（一）释二种意

此中意有二种：第一、与作等无间缘所依止性，无间灭识能与意识作生依止。第二、染污意与四烦恼恒共相应：一者萨迦耶见，二者我慢，三者我爱，四者无明：此即是识杂染所依。识复由彼第一依生，第二杂染；了别境义故。等无间义故，思量义故，意成二种。

　　证明心是阿赖耶，原应把心是阿赖耶的道理说明了就可以，但证实了意与识的各别有体，也可以间接地证知心与识不同，而这心就是阿赖耶识；所以现在先释意。"意有二种"：一、无间灭意，二、染污意。如次解释于下：

一、无间灭意：无间灭意，与《俱舍》等所说的没有多大差别。"等"是前后齐等；"无间"是说前灭后生的过程中，没有第三者的间隔；"缘"是生起的条件和原因。据经上说：每一个心识的生起，都必定有它"所依止"的意根，在小乘萨婆多部等，就把它解作"无间灭识"。这无间灭去的前念意根，让出个位子来，成为后念生起之助缘，中间没有任何一法间隔，这就叫等无间缘。等无间缘所生起的，本通于前六识，本论唯就意识说，但说"能与意识作生依止"。不但这里，下文很多应该统指六识的地方，都但说意识。原来心、意、识三法，在古代的译本上，常是译作"心、意、意识"的。意识和识，似乎不同。识，通指前六识；若说意识，这就单指第六意识了。其实不然，古译所以译作意识，意思说：眼等诸识，是意识的差别，都是从意根所生的识，其体是一，所以没有列举前五识的必要，并非单说六识中的第六识。本论说意识，是含有分别说者—意识的思想。

【附论】

真谛把这段文，释成两个意：一无间灭意，二现在意。这解释，在本论的体系上是不相符的，本论没有发生这种见解的可能。但在另一方面说，现在意是有的。如说细心，就建立在这一点上。又如十八界，于六识外说有同时意界，这意界就是真谛说的现在意。但这又与染意混杂了。

二、染污意：这"染污意"，从无始时来一直没有转依，它"与四烦恼恒共相应"。因为恒时被这烦恼所染污，所以就叫做染污意。染污与杂染不同：杂染通有漏三性，染污唯通三性中的恶与有覆无记性。四烦恼就是："一者萨迦耶见，二者我慢，三者我爱,四者无明。"萨迦耶见,就是我见或身见,即对于五蕴和合的所依,本不是我的东西,由于错误的认识,妄执为我。慢是恃己轻他的作用,因自己妄执有我,觉得自己比任何人都来得高超,因此目空一切,这叫我慢。然第六识相应的慢,对外凌他,比较容易明白;七识相应的慢,对内恃己,理解上要困难一点,它是因执持自我而自高举的微细心理。爱是贪著,于自己所计著的我,深生耽著,把它当作可爱的东西,叫我爱。无明,《成唯识论》称为我痴,这不过是名字上的差别。无明就是不明,没有认识正确,迷于无我真理。在这四种烦恼的作用中,以无明为根本。因为染污意与无明相应,使我们的认识作用蒙昧不清。在内缘藏识的时候,现起一相、常相,把它误认为真我,这就是我见;由我见而生起自我的倨慢;又深深地爱著这我相。在未得无我智以前,这内我的染著,是无法解脱的。这与四烦恼相应的染污意,执本识为自我,因此,前六识所起的善心,受染污意势力的影响,也不得成为清净的无漏:所以它"即是"前六"识"的"杂染所依"。有的说:第七识是染净依,在未转依时,有染污末那为六识的杂染所依;转依以后,转为出世清净的末那,为六识的清净所依。这是主张有出世清净末那的。本论但说它为杂染所依,是否认出世清净末那的。安慧论师说三位无末那,就在末那唯为杂染所依这一方面立说。

　　这二种意,都是与前六识有关,所以又论到六识。杂染的六识,必"由彼第一"等无间意为所"依"止而"生";由"第二"染污意而成为"杂染"。"了别境义",这是解释识的名义,以了别境界为其自体,所以叫识。意,一方面有"等无间义",为后识生起所依止的无间灭意;一方面有"思量义",就是与四烦恼相应而思量内我的染污意。这样,"意"就"成"为"二种"了。

(二)染意存在之理证

复次,云何得知有染污意?谓此若无,不共无明则不得有,成过失故。又五同法亦不得有,成过失故。所以者何?以五识身必有眼等俱有依故。又训释词亦不得有,成过失故。又无想定与灭尽定差别无有,成过失故。谓无想定染意所显,非灭尽定;若不尔者,此二种定应无差别。又无想天一期生中,应无染污成过失故,于中若无我执我慢。又一切时我执现行现可得故,谓善、不善、无记心中;若不尔者,唯不善心彼相应故,有我我所烦恼现行,非善无记。是故若立俱有现行,非相应现行,无此过失。

这科文,唐译本有长行和偈颂两段,魏译只有偈颂没有长行,陈译和隋译虽也有长行,但在世亲释论,只解释颂文。所以,这长行怕本来是颂的注脚,而后人会入本论的。

两种意中的无间灭意,是大小乘共认的,所以不成问题。第二染污意,小乘中有根本否认的,所以论中提出"云何得知有染污意"的问题,特别拈出六种理由来证成。假使一定要否认它,便有六种过失。

一、无不共无明的过失:不共无明是小乘所共许的,而这不共无明只能说是与染污末那恒行相应。"若无"染污意,"不共无明则不得有"。因为五识是间断的,不共无明是恒行的,不能相应。六识相应中有善心所,若不共无明恒与它相应,善心所就不能生起；在意识中，也不容许善恶二性同时存在。不共无明既不与前六识相应，那么，当然要有第七染污意，为恒行不共无明的所依。不共，是说它有一种特殊的功用，因为它是流转生死的根本，是使诸法真理不能显现的最大障碍。世亲说不共其余的烦恼叫不共；无性说不共其余诸识，唯在染污意中，所以叫不共。这在理论上都有些困难，还是说它有一种特殊的作用，比较要圆满些。

二、无五同法喻的过失：经上说意识依意根，是用五识作同法喻的。前五识生起认识作用的时候，各有它的所依——五色根，那么，第六意识当然也同样的要有它的所依，这就是染污末那。假使没有染污意，第六意识的不共所依是什么呢？以五识为"同法"喻不是也"不得有"吗？"五识身，必有眼等"五色根为"俱有依"，并且还是不共所依；所以第六识，也非有俱有依，并且非不共的依根不可。无间灭意，不但是共的，也不俱有——根识同时，所以无间灭意不能为后念意识的不共意根。因此，一定要有第七末那为第六识的所依。

三、无训释词的过失：经说："心意识三"，唯识学者是指第八赖耶、第七末那和前六识说的。假使没有第七末那，在"训释"名"词"时，意就没有内容，"不得有"三者不同的定义。若说这意是无间灭意，也不能成立；因为意的训释是思量，无间灭意是已灭的非有法，没有思量的功用；在它未灭以前，又是识的作用。所以必须有个能思量的末那，才能说明这意的含义。

四、无二定差别的过失：外道修的"无想定与"圣人修的"灭尽定"之"差别"，就在于前者只灭前六识的心心所，还有染意；

后者更进一步地克服了第七染末那的活动。所以说："无想定染意所显,非灭尽定"。如没有第七末那,"此二种定"就"应无差别"了。无想定中还有染末那的活动,经上才判它叫外道定。灭尽定不但停止了六转识,就是第七染污意也使它不起,所以叫圣人定。假使没有第七染末那,便有圣定凡定混杂的过失了。有部说二定的加行等不同,二者都是不相应行,各有实体,在这实体上,可以说明二定的差别,并不在末那的有无。但在唯识家的见地,不相应行的二定,是在厌心种子上假立的,没有各别的自体;所以必须从末那的有无,才能说明二定的差别。

五、无想天中无染污的过失:由修无想定的因,而感得无想天的果。在他一期的生命流中,虽长时间没有六识王所现行,但他还有染污末那存在,仍然有染污现行,不能说他是无漏。假使不许无想天中的有情还有染污末那,那么,"若无我执我慢","无想天"的"一期生中,应无染污",应该说他是无漏了。事实上无想天的有情确是有漏的凡夫,所以不能不建立染污意。

六、无我执恒行的过失:有漏位的有情,于"一切时"中,不管他起的是"善不善无记心",都有"我执现行""可得"。如凡夫在修布施持戒善行的时候,都要执有自我,说我能布施,我能持戒等。这恒行的我执,一定在染污的末那中。因为当意识起善心时,在善恶不俱的定义下,当然不会从意识上生起我执来。若真的没有末那,那只可说"唯不善心"生起的时候,"彼"我执"相应",故"有我我所烦恼现行";"非善无记"心生起的时候,有这我我所执了。"若"建"立"了染污末那,那么在六识的善心无记心中,就可以有"俱(时而)有现行"的我执。"非"王所"相应"的"现行"，也不违善恶不俱的定义。这样，方不会有善无记心中没有我执的"过失"了。

此中颂曰：若不共无明，及与五同法，训词，二定别，无皆成过失；无想生应无我执转成过；我执恒随逐一切种无有。离染意无有，二三成相违；无此，一切处我执不应有。真义心当生，常能为障碍，俱行一切分，谓不共无明。

　　上面的长行已解释过了，这里再以偈颂撮要地来说明。前二颂是总说六种过失：一"不共无明"，二"与五同法"喻，三"训词"，四"二定别"；这些，"无"有染末那，就"皆成过失"。无皆成过失的无字，也通于下文，接着说：若没有染末那的话，五"无想"天的一期"生"中，便"应无我执转"起，"成"大"过"失。转，就是生起的意思。若离染污末那，六"我执恒随逐"有情，于"一切种"的三性心中生起现行，也就"无有"，而成了大过失！

　　第三颂，说明过失的三大类：如果"离"了"染意"，那就"无有二"——没有不共无明及五同法喻二者的存在。"三成相违"——训释词、二定别、无想生中我执恒行，这三个道理，假使没有染污意，就与事理圣教皆成相违。如果"无此"染意，"一切处"起的"我执"，也"不应有"。

　　第四颂，别明不共无明的意义："真义"就是真理，"心"就是悟解真理的无分别智。这无分别智对于诸法的真理，原可"生"起悟解，但有一种法常"常能为障碍"，使它不能生起。这真义心生的障碍者，在三性位的"一切分"中恒共"俱行"。这是什么法呢？就是恒行"不共无明"啊！

【附论】

"真义心当生"一颂,是特别解释不共无明的;由此,也可见得无明的重要。的确,佛教是把无明当作杂染的根本看。假使没有无明,一切杂染皆不得成立,所以有不共无明之称。《胜鬘》、《楞伽》诸大乘经,皆说有五住烦恼,于中"无明住地"是一切烦恼的根本,虚妄颠倒的根本,障碍法性心不得现前。"心性本净,客尘烦恼所染",藏识的所以为藏,本也是指这无明而言。唯识家把它看为与四烦恼相应,说为我痴的无明,四种烦恼以无明为本,所以说无明为障,为不共。这是因侧重赖耶为摄持种子,为异熟果报,不说它有烦恼相应,故把执取性的现行,别立为第七识了。

(三)辨染意是有覆性

此意染污故,有覆无记性,与四烦恼常共相应。如色无色二缠烦恼,是其有覆无记性摄,色无色缠为奢摩他所摄藏故;此意一切时微细随逐故。

这段文,魏译本是没有的,世亲无性的释论中,也没有解释到,这是应该注意的。

一切法的性类,总分为四:一、善性,二、恶性,三、有覆无记,四、无覆无记。染污意是属于哪一性类所摄的呢?"此意染污故",唯属"有覆无记性"摄。它"与四烦恼常共相应",为什么不是恶性呢?因所依末那的行相,非常微细,不能说它是恶。"如色无色"二界所"缠"系的"烦恼","为奢摩他所摄藏";因定力的影响,就变成微细薄弱,成为"有覆无记性摄"一样。这如有力者能驾驭他人,使那行为不良的人不敢放纵,减低了他作恶的能力。染污末那在三界中也是这样,虽然于"一切时"中四烦恼都随逐着它,但因它的行相微细,所以能依的烦恼也"随逐"它而"微细"了。因它非常微细,不能记别是善,是恶,所以是无记。但它又有烦恼的覆障,故又名为有覆。染末那是有覆无记性,《抉择分》与《三十论》都是这样说的,然在《庄严论》里还没有说到。

三　释心

心体第三,若离阿赖耶识,无别可得。是故成就阿赖耶识以为心体,由此为种子,意及识转。何因缘故亦说名心? 由种种法熏习种子所积集故。

引"心意识三"之教,本意在证明阿赖耶可名为心。没有说心是赖耶以前,先把意建立起来,可说是旁论,这里才算讨论到主题。"心体第三",是从识、意、心的次第逆数上去,心体是在第三。这第三的心体,和识、意二者的意义既不相同,故"离阿赖耶识",就"无别"的心体"可得"。这样,就"成"立"阿赖耶识以为"第三的"心体"了。即"由此"诸法的功能性的阿赖耶识"为种子",第七染污"意"及前六"识"才得依之而"转"起。若不建立第三心体为种子,则意及识,皆无转变现起的可能了。有人要问:第八识既名为阿赖耶,为什么"亦说名心"呢? 阿赖耶识,"由种种法熏习种子所积集",所以也叫心;心就是种种积集的意思。能熏习的转识与本识俱生俱灭而熏成诸法种子的时候,阿赖耶能为诸法种子积集的处所;也因诸法的熏习而赖耶因之存在，所以叫它做心。

【附论】

心是一切种子心识：从种子现起的，是染末那与六识。心、意、识，不是平列的八识，是一种七转。这不但在这心、意、识的分解中是这样，所知相中说阿赖耶识为种子，生起身者（染意）及能受的七识。安立义识段，说阿赖耶是义识（因），所依（意）及意识是见识。十种分别中的显识分别，也是所依意与六识。总之，从种生起（即转识，转即是现起）的现识，只有七识，本识是七识的种子，是七识波浪内在的统一。它与转识有着不同，这不同，像整个的海水与起灭的波浪，却不可对立的平谈八识现行。《摄论》、《庄严》与《成唯识论》的基本不同，就在这里。真谛说：染末那就是阿陀那，这是非常正确的。末那是意，意是六识的所依。"阿陀那识为依止为建立故，六识身转"，这不是六识的所依吗？本论说阿陀那是赖耶的异名，它执持色根，执取一期生命的自体。摄取自体，世亲说就是摄取一期的自体熏习。我们应该注意，染末那也是缘本识种相而取为自我的。事实上，六识以外只有一细识。这细识摄持一切种子，叫它为心；它摄取种子为自我，为六识的所依，就叫它为意。可以说：意是本识的现行。要谈心、意、识，必然是一种七现（除《抉择分》及《显扬论》）。从种现的分别上说，阿陀那（取）就是染末那。细心，本是一味而不可分析的，种子是识（分别为性）的，识是种子的；在这种识浑然的见地，那执持根身，摄取自体的作用，也可建立为本识的作用，就是赖耶异名的阿陀那。这执持根身的作用，据《密严经》说，是染末那两种功能的一种。

细心是一味的,种子是识的,识是种子的;分出摄取自体熏习摄取根身为自我的一分我执,让它与种子心对立起来,建立心意的不同。不应把染意与赖耶看为同样的现识。假定纯从能分别的识性上说,那么,末那就是阿陀那。

复次,何故声闻乘中不说此心名阿赖耶识,名阿陀那识?由此深细境所摄故。所以者何?由诸声闻,不于一切境智处转,是故于彼,虽离此说,然智得成,解脱成就,故不为说。若诸菩萨,定于一切境智处转,是故为说。若离此智,不易证得一切智智。

说"心意识三"的教典,不独是大乘有之,小乘教中也有,所以这是大小乘的共教(有人作本论科判,把它看为大乘不共教,是一个大错误)。不过大小乘对它的解释,迥然不同。大乘说它就是一切种子识,小乘却不然,所以这里需要说明小乘不说心是赖耶与阿陀那的理由。因为阿陀那与阿赖耶,是"深细境所摄故"。《三十论》说它是"不可知"的,《解深密经》说它是"甚深细"的,这不是小乘人的浅智所能认识,所以佛对小乘也只单单说名心,不说它就是阿赖耶或阿陀那的一切种子异熟识。同时,"声闻"的目的,唯在求自利的解脱,而"不于一切境智处转",所以"虽离此"阿赖耶或阿陀那的教法,但依四谛十六行相等,已经可以达到尽智无生"智得成,解脱成就",无须为他们再说深细的境界。佛在小乘教中不是曾说"吾不说一法不知不达,能得解脱"吗?这是密意说的,意思说:无我等共相,是遍于一切法的,决没有偏知通达一分而可以证真断惑。"菩萨"就不然,他以利他为前提,求一切种智为目的,决"定于一切境智处转"。如不为菩萨说,"离此(一切境)智",就"不易"也不能"证得一切智智",所以非为他们说这甚深的境界——心就是阿赖耶不可。

丁　声闻异门教

复次,声闻乘中亦以异门密意,已说阿赖耶识,如彼增一阿笈摩说:世间众生,爱阿赖耶,乐阿赖耶,欣阿赖耶,喜阿赖耶;为断如是阿赖耶故,说正法时,恭敬摄耳,住求解心,法随法行。如来出世,如是甚奇希有正法,出现世间。于声闻乘如来出现四德经中,由此异门密意,已显阿赖耶识。于大众部阿笈摩中,亦以异门密意,说此名根本识,如树依根。化地部中,亦以异门密意,说此名穷生死蕴。有处有时见色心断,非阿赖耶识中彼种有断。

阿赖耶识,在大乘中固然处处说到,就是"声闻乘中",也常常以"异门"说到的。异门是从不同的形式,从多方面说明的意思,异门并不就是密意。本论的"安立异门",是通于阿陀那等的。这里,唯就小乘的异门教来说。

一、《增一阿笈摩》的异门说:论中引的"增一阿笈摩",据《成唯识论》说,是有部的教典。四种阿赖耶,其他部派的《增一经》中是没有的,我国现有的《增一经》中也没有说到。世亲解释这四种赖耶,说"爱阿赖耶"是总,余三阿赖耶约三世别说:现在"乐阿赖耶",过去"欣阿赖耶",未来"喜阿赖耶"。因为"世间众生",对这赖耶发生爱乐欣喜的染著,不得解脱。"为断"除这样的"阿赖耶",所以佛陀宣"说正法"。众生了知自己之所以在生死海中流转不得解脱，就是由于欣喜爱乐阿赖耶的关系，故在佛陀说正法"时"，"恭敬摄耳"聚精会神去听，安"住"在希"求解"脱的"心"中，"法随法行"，以期获得真正的解脱。这样深奥的"甚奇希有正法"，唯有在"如来出世"时才能"出现世间"，导引众生出离苦海。这希奇的正法，"于声闻乘如来出现四德经中"（《增一阿含经》中的一经），佛陀"由此"四种赖耶，已经"异门"开"显阿赖耶识"。可见阿赖耶识并不单是大乘的，小乘学者似乎也不能不承认赖耶的存在。

【附论】

一般人把阿赖耶识单看为依处，把它认作所执的，是真爱著的处所。其实，从它的本义上看，从小乘契经的使用上看，都不一定如此。它与爱、亲、著等字义相近，故可解说为爱俱阿赖耶、欣俱阿赖耶等，它的本身就是能执的。因为能染著的赖耶是生死根本，所以要说法修行去断除它。

二、大众部的异门说：小乘各派所有的经典，各有不同之处，此中说"于大众部阿笈摩中"，表示不是其他部派所共诵的。他们的经中说有"根本识"，其实也是"异门"宣说赖耶。根本识，就是细心，就是识根。由这细心，六识依之生起，所以此识叫做根本识，譬"如树"茎树枝等的所"依根"。此中说的根本识，实在就是意根，就是十八界中的意界，它与唯识思想有很大的关系，如《三十唯识颂》说"依止根本识"等，这名义就是采取大众部所说的。

三、化地部的异门说：无性释论里说这一派的教义中，立有三蕴：一切现行的五蕴，刹那生灭，叫"一念顷蕴"；在这刹那生灭的五蕴中，还有微细相续随转与一期生命共存亡的，叫"一期生蕴"；这一期生蕴，虽然因着一生的结束而消灭，但还有至生死最后边际的蕴在继续着，也就因此才生死不断，待生死解决了才得断灭，这叫做"穷生死蕴"。一期生蕴，是能感异熟果报的有支熏习。那能感一期果报的业力，是随逐这报体而存在与消失的。不断的"穷生死蕴"是什么？一切法不出色心，然于无色界"处见色断"，无想定等"时"见到"心断"。但所断的只是色心的现行，并非种子；那色心的名言种子，在没有转依前是没有间断的，所以心色断了还能生起。"非阿赖耶识中彼种有断"，故知彼部所说的穷生死蕴，只是一切种子阿赖耶识的异门说而已。

戊　总结成立

如是所知依，说阿赖耶识为性，阿陀那识为性，心为性，阿赖耶为性，根本识为性，穷生死蕴为性等；由此异门，阿赖耶识成大王路。

"穷生死蕴为性等"的等字，是等于正量部的"果报识"，上座部分别论者的"有分识"。"由此"阿赖耶识到穷生死蕴等种种"异门"，证明一切所知法种子依的存在。阿赖耶缘起的理论，也就"成大王路"了！大王路，就是世间大王所走的道路，宽广、平坦、坚固、四通八达，没有什么障碍。现在说的所知依阿赖耶识，也像王路一样，理由很充足、平正、坚固、颠扑不破，没有怀疑的余地。

第二项　遮异释

复有一类,谓心意识义一文异。是义不成,意识两义差别可得,当知心义亦应有异。复有一类,谓薄伽梵所说众生爱阿赖耶,乃至广说,此中五取蕴说名阿赖耶。有余复谓贪俱乐受名阿赖耶。有余复谓萨迦耶见名阿赖耶。此等诸师,由教及证,愚于藏识,故作此执。如是安立阿赖耶名,随声闻乘安立道理,亦不相应。若不愚者,取此藏识安立彼说阿赖耶名,如是安立则为最胜。云何最胜? 若五取蕴名阿赖耶,生恶趣中一向苦处,最可厌逆,众生一向不起爱乐,于中执藏不应道理,以彼常求速舍离故。若贪俱乐受名阿赖耶,第四静虑以上无有,具彼有情常有厌逆,于中执藏亦不应理。若萨迦耶见名阿赖耶,于此正法中信解无我者,恒有厌逆,于中执藏亦不应理。阿赖耶识内我性摄,虽生恶趣一向苦处求离苦蕴,然于藏识我爱随缚,未尝求离。虽生第四静虑以上,于贪俱乐恒有厌逆,然于藏识我爱随缚。虽于此正法信解无我者厌逆我见,然于藏识我爱随缚。是故安立阿赖耶识名阿赖耶,成就最胜。

　　唯识家虽说建立赖耶如大王路,但在小乘学者,还有不同的见解,现在遮除他们错误的异解,显出大乘见解的正确。“有一类”学者说:“心意识义一文异”,这三者的体性与意义,没有什么差别,所以说心、说意、说识,只是文字的不同罢了。大乘破道:这道理“不成”立!“意”与“识”两者,在含“义”上是有“差别可得”的——世亲、无性皆说无间过去名意,了别境界名识。

意与识既然不同,"当知心义亦应有异",怎可说义一文异呢?这是以理论推翻小乘的谬解,使它承认心义的差别,承认有阿赖耶识的别体。

又有一类小乘师说:世尊"说"的"爱阿赖耶"等四种,是指"五取蕴说"的。五取蕴是出离生死所舍离的对象,也就是众生所取著的东西。五取蕴之所以名取,与贪俱乐受不无关系的;假使不起贪俱乐受,也就不会取著五蕴了,所以又有一类小乘师说"贪俱乐受"才是"阿赖耶"的体性。但是,众生有我见,执有自我,所以起自我的感觉;因此我见才有这适合自我生存的贪俱乐受。假使没有我见,也就不会染著乐受,所以又有一类小乘师说"萨迦耶见"才是"阿赖耶"。上述三师,皆执别有一法名阿赖耶,不承认它是本识。这三种见解,或者是论主的假设,或是有部中真有这么多的异见。大乘破道:这几派小乘师,因为偏依不了义"教",及没有殊胜的"证"智,"愚于藏识",所以有"此"异"执",把五取蕴或贪俱乐受,或萨迦耶见,看为赖耶的自体了。像这样的"安立阿赖耶名",不要说违背大乘教,就是在他们"声闻乘"教的"道理"上,也是"不相应"的。这要"不愚"惑阿赖耶识的大乘智者,"取"此大乘教中所说的"阿赖耶识,安"在他们所"说"的"阿赖耶名"上,这才是究竟"最胜"的安立。他们的见解有什么过失,现在先一一地指出来。

一、以"五取蕴名阿赖耶"的过失:赖耶是一切众生所普遍染著的,但五取蕴,虽有一部分有情对它发生爱著,并不是普遍如此,如那"生恶趣中一向苦处"的有情,对这"最可厌逆"的五取蕴,常"常"希"求"脱"离","一向不起爱乐"。假如说它"于"

五取蕴"中执藏"生起爱著,这"道理"是说不通的。

二、以"贪俱乐受名阿赖耶"的过失:贪俱乐受,在三界中,唯欲界及色界初二三禅的有情才有,从色界的"第四静虑以上"至无色界的诸天,贪俱乐受就"无有"了。若以此为阿赖耶,那"具彼"四禅以上果报(就是生在四禅以上)的"有情",他们都"常有厌逆"这乐受的观念,说他还有"执藏"阿赖耶,怎么合理呢?

三、以"萨迦耶见名阿赖耶"的过失:萨迦耶见固然是有情的一种迷执,但若"于此正法中",已能"信解无我"而不疑的有情(指未证无我,未断我见,见道以前加行位的有情。若见道以后,已断我见,已证无我,那就名为证悟无我了),他是"恒有厌逆"这萨迦耶见的,说他还"于中执藏"名阿赖耶,这理论也说不通。

爱执,在大乘认为是常时而且现行的;小乘则认为不一定要常时现行。因有这样见解的不同,所以小乘说五取蕴就是阿赖耶,在他们看来,是没有过失的。大乘的见解,破斥主张现在有的经部,可使无反驳余地,是有力量的;若对主张三世实有的有部,就很难说,这非先击破它的三世实有不可。小乘学者所计执的五取蕴等,不配叫阿赖耶,理由已非常明显。但大乘以阿赖耶识解说四阿赖耶的正确与殊胜,还得加以说明。"阿赖耶识"是被众生微细我执所执为自"内我"的。它的行相非常微细,所以众生"虽生"在那"一向苦处"的"恶趣",不管他对恶趣中的五取"苦蕴"是怎样地要"求离"脱,然而他们对"于藏识"还是恒有"我爱随"逐缠"缚","未尝"一刻"求离"。一向苦处众生的所以不得解脱,在此;这才真是生死的根本。从他们厌离五取蕴而不得解脱中,可知另有为他们执藏的东西存在。又"生第四静虑以上"的有情,"于贪俱乐"受虽"恒有厌逆"的心理,但"于藏识"还是那样的"我爱随"逐缠"缚",也未尝有求离的意念。又在我们佛教"正法,信解无我"的有情,虽在"厌"离恶"逆我见",时时希望脱离我见的束缚,但"于藏识"所起的俱生"我爱"的"随"逐缠"缚",也还不能少时厌逆。这样,在他们各自所厌之外,另有那从来爱著而不想厌离的东西。这恒时执为自内我的阿赖耶,才真是执藏处。这样,大乘学者"安立阿赖耶识名阿赖耶,成"为"最胜"最正确的理论。

第二节　在理论上成立阿赖耶识

第一项　安立阿赖耶相

甲　三相

如是已说阿赖耶识安立异门,安立此相云何可见? 安立此相略有三种:一者安立自相,二者安立因相,三者安立果相。此中安立阿赖耶识自相者,谓依一切杂染品法所有熏习为彼生因,由能摄持种子相应。此中安立阿赖耶识因相者,谓即如是一切种子阿赖耶识,于一切时与彼杂染品类诸法现前为因。此中安立阿赖耶识果相者,谓即依彼杂染品法无始时来所有熏习,阿赖耶识相续而生。

　　阿赖耶识的存在,上来已从圣教的异门中加以安立证成,现在再从理论上来建立它。先就它的体"相"作简略的说明：它"有三相"，就是"自相"、"因相"、"果相"。这三相，无性把因相果相叫做"应相"；奘译的世亲释，说在因性方面叫因相，在果性方面叫果相，总摄因果的全体叫自相。从本论的文义看来，确是这样：诸法的能生性是因相，为转识熏习而起的是果相，因果不一不异的统一是自相。

一、"安立自相"：赖耶的自相，是深细而不易了达的，须从它的因果关联中去认识。阿赖耶识，一方面"依一切杂染品法所有熏习"（就是现熏种），一方面"为彼"杂染法的"生因"（就是种生现），在二者相互密切连锁的关系上，看出它的自体。赖耶为什么能成为一切杂染法的动力，成为一切法的归著？因为赖耶"能摄持种子相应"。就是说：在熏习的时候，它能与转识俱生俱灭，接受现行的熏习，在本识瀑流中，混然一味，这叫做摄；赖耶受熏以后，又能任持这些种子而不消失，这叫做持。它与转识共转的时候，具备这摄与持的条件，所以叫相应。在三相的解说上，果相是受熏而异的异熟识，因相是能生诸法的一切种子识，自相是能受转识熏、能生诸转识的本识的全貌。

二、"安立因相"：杂染诸法熏成的"一切种子"，摄藏在阿赖耶识里，而以"阿赖耶识"为自性的。这一切种子赖耶识，在"一切时"中，"与彼杂染品类诸法"作"现前"的能生"因"，这叫做因相。这能生为因的功能性，在赖耶瀑流里，不易分别，要在生起诸法的作用上显出。从它的能生现行，理解它能生性的存在，是赖耶的因相。

三、"安立果相"：果相，与因相相反的，唯从受熏方面安立。

"谓依彼"能熏习的"杂染品法",从"无始时来所"熏成的"熏习",在"阿赖耶识"的后后"相续而生"中,引起本识内在的潜移密化。这受熏而转化的本识,或因名言新熏而有能生性,或因有支熏习成熟而引起异熟识的相续,就是三相中的果相。

【附论】

　　三相的解说,是唯识学上重要的主题。无性依《摄抉择分》,已侧重本识种子差别的见地,他说"非如大等显了法性藏最胜中";"非如最胜即显了性";"非唯习气名阿赖耶识,要能持习气";"非唯摄受,要由摄持熏习功能方为因故";"种子所生有情本事异熟为性阿赖耶识及与杂染诸法种子为其自相"。他虽保留种子是赖耶的一分,但别有从种所生的现行识,是异熟的,也就是能摄持种子的。本识与种子两者的合一,是赖耶的自相;种识的生起现行是因相;杂染法"熏习所持",也就是依染习而相续生的是果相。从这种见地而走上更差别的,是《成唯识论》。它要把三相完全建立在现识上,不但果相的异熟与种子无关,因相的一切种,也是持种的现识。自相的互为摄藏,基师解说为现行赖耶与杂染现行的关系;而赖耶的特色,被侧重在末那所执的第八见分。三相唯现行,变化得太大了。从世亲释论去看就不然,"摄持种子识为自性";"功能差别识为自性";"摄持种子者,功能差别也"。摄持种子(受熏)识就是功能差别(生现)识,这是本识的自体。在本识的自相上看,不能分别种与识,种子是以识为自性的,赖耶是一切法的所依——种子,这功能差别识(自相)的能生性,就是因相。它的受熏而变,这或者是念念的,或者是一期的熏变,就是果相。隋译说:"为诸法熏习已,此识得生,摄持无始熏习,故名果相。"(陈译大同)显然指因熏习而本识生起变化,变异就是与转识俱生俱灭(摄藏)而带有能生性,这就是摄持,并非离却种子而另有一个能持者,也更非离受熏而起能生性的变异,另有阿赖耶识生,可说非常明白。奘译作"此识续生而能摄持无始熏习,是名安立此识果相",反使人引起别体的印象了。

　　乙　熏习

复次,何等名为熏习?熏习能诠何为所诠?谓依彼法俱生俱灭,此中有能生彼因性,是谓所诠。如苣胜中有花熏习,苣胜与花俱生俱灭,是诸苣胜带能生彼香因而生。又如所立贪等行者,贪等熏习,依彼贪等俱生俱灭,此心带彼生因而生。或多闻者,多闻熏习,依闻作意俱生俱灭,此心带彼记因而生,由此熏习能摄持故,名持法者。阿赖耶识熏习道理,当知亦尔。

　　赖耶的三相是以种子熏习为枢纽的,这在安立三相中说得非常明白。但熏习的名称是什么意义?熏习一名所诠的法体又是什么?这还没有说明,所以论中复问:"何等名为熏习?熏习能诠何为所诠?"初句问熏习得名的理由,次句问熏习所诠的法体。虽分为二问,但下面只就所诠的熏习法加以解说,所诠的法体既然明白,能诠的名义也就可以明白了。赖耶与"彼"一切杂染品类诸"法","俱生俱灭"。从俱生俱灭中可以知道两个定义:一同时俱有的,二无常生灭的。与它俱时生灭,所以刹那生起的本识"中",具"有能生彼"一切杂染品法的"因性",这因性就是熏习的"所诠"了。这样看来,熏习可以有两个意义:一、杂染诸法能熏染赖耶的作用,可以称为熏习。二、因熏习引起赖耶中能为杂染诸法的因性,也叫做熏习(种子)。一在能熏方面讲,一在熏成方面讲;二者虽同名熏习,但这里指种子而说。

"如苣胜中有花熏习"以下,举世间及小乘共许的几个譬喻,来说明熏习。苣胜就是胡麻。印度的风俗,欢喜用香油涂身。香油的制法,先将香花和苣胜埋入土中,使它坏烂,然后取苣胜压油;胡麻的本身原虽没有花香,但经香花的熏习,压出的油就有花的香馥了。这譬喻中,花是能熏,苣胜是所熏,"苣胜与花俱生俱灭",久之,所熏苣胜,就"带能生彼香"的"因"性"而生"了。苣胜本身没有香气,因花熏习方有,所以名为带彼。

经上说的"贪等行者",指贪等烦恼很强的人;等是等于嗔、痴等分。但并不在他生起贪心时才称为贪行者,是因他有"贪等熏习"。这熏习,是由他的心与"贪等俱生俱灭",久之这"心"就"带彼"贪心的"生因而生"。因这贪等熏习,贪等烦恼才坚固强盛起来,被称为贪等行者了。

"多闻者"就是"多闻熏习"的人。一个多闻广博的学者,他修学过什么以后,都能牢记在心;他被称为多闻者,这是由于多闻熏习的关系。闻不但指耳听目见,从闻而起思惟(作意),闻所引起的闻慧,也都叫做闻。心与"闻"法的"作意俱生俱灭",到了第二念,"此心"生起时,就"带"有前念所闻所思的"记因而生"。记因,就是记忆的可能性。"由此"多多闻法的"熏习",能够"摄持"于心,不失不忘,所以"名持法者"。不忘,也不是刹那刹那的都明记在心,不过他要记忆时,随时能够知道罢了。

不但多闻多贪花薰苣胜的熏习是如此,"阿赖耶识熏习"的"道理",也是这样的。熏习的思想,原是经部他们所共有的,不同的在熏习的所依,并不是诤论熏习的有无。大乘者说熏习的所依只有阿赖耶,除此,没有一法可为熏习的所依;经部他们则不承认阿赖耶为熏习的所依,离阿赖耶外还是可以成立熏习,因之展开了大小乘对这问题的论战。

丙　本识与种子之同异

复次,阿赖耶识中诸杂染品法种子,为别异住? 为无别异? 非彼种子有别实物于此中住,亦非不异。然阿赖耶识如是而生,有能生彼功能差别,名一切种子识。

因转识的熏习,"阿赖耶识中",具有能生彼"诸杂染品法"的功能性,就是"种子"。本识与种子还是"别异住",还是"无别异"? 说明白点,就是一体呢,别体呢? 这就太难说了! 本识与种子各别呢? 本识是一味的,那种子应该是各各差别了。但在没有生果以前,不能分别种子间的差别。本识是无记性的,那种子应该是善恶了! 但种子是无记性的。假使说没有差别,种子要在熏习后才有,不熏习就没有,但不能说本识是如此的。又本识中所有某一种能生性的种子,因为感果的功能完毕,或受了强有力的对治的关系,它的功能消失了,但不能说本识也跟它消失。这样,非"非一非异"不可。种子是以识为体性的,并非有一种子攒进赖耶去,在种子潜在与本识浑然一味的阶段(自相),根本不能宣说它的差别。不过从刹那刹那生灭中,一一功能的生起,消失,及其因果不同的作用上,推论建立种子的差别性而已。

【附论】

世亲释论曾这样说:"若有异者……阿赖耶识刹那灭义亦不应成",这是很可留意的! 为什么本识与种子差别,本识就不成其为刹那灭呢? 有漏习气是刹那,《楞伽》曾明白说到。本识离却杂染种子,就转依为法身,是真实常住,也是本论与《庄严论》说过的。赖耶,在本论中虽都在与染种融合上讲,是刹那生灭;但它的真相,就是离染种而显现其实本来清净的真心。真谛称之为不生灭的解性梨耶,并非刹那生灭。本论在建立杂染因果时,是避免涉及本识常住的,但与《成唯识论》,连转依的本识,还是有为生灭不同。

本论怎样解释这种识的一异呢?"非彼种子有别实物",这杂染种子,只是以识为自性的功能性,并不是离第八识体外另有一个实在的自体,在这识"中"安"住",所以不可说它是异。但也"不"能说它"不异",本识中有新起的熏习,这新熏的功能性,是先无而后有的,不能说本识也是先无后有。所以从"阿赖耶识",由与杂染品类诸法俱生俱灭,后来生起时,就"有能生彼"杂染品类诸法的"功能差别,名"为"一切种子识"。本识与种子,是不一不异的浑融。功能差别,不是说种子与种子,或本识间的不同,是说能生彼法的功能性有特胜的作用。

丁　本识与染法更互为缘

复次,阿赖耶识与彼杂染诸法同时更互为因,云何可见? 譬如明灯,焰炷生烧,同时更互。又如芦束互相依持,同时不倒。应观此中更互为因道理亦尔。如阿赖耶识为杂染诸法

因,杂染诸法亦为阿赖耶识因,唯就如是安立因缘,所余因缘不可得故。

　　赖耶与种子的一异,已如上说。所熏的能生的"阿赖耶识",与能熏的所生的"杂染诸法",它们"同时更互为因"的关系,又怎么"可"以"见"得呢? 论举两个譬喻来说明:"譬如明灯",灯中的火"焰"与能生火焰的灯"炷",二者发生相互的关系。从炷"生"火焰,火焰焚"烧"灯炷,这生焰烧炷的作用是"同时更互"为因的,不能说谁前谁后。"又如"一"束"干"芦","互相依"赖,互相住"持",才能竖立"不倒"。不论拿去哪一部分,另一部分就不能单独地竖立了。它们相依相靠的作用,是"同时"的,也不能说它前后异时。从这种事实的比喻,我们应该晓得阿赖耶识与杂染诸法同时"更互为因"的"道理"。由阿赖耶识为种子,生起杂染诸法的现行,这就是"阿赖耶识为杂染诸法因";在同一时间,杂染诸法的现行,又熏成赖耶识中的种子,那又是"杂染诸法亦为阿赖耶识因"了。这本识与转识更互为因的关系,不能说它是异时的。所以唯识家"唯"从这本识种子与转识互相为因的关系上,"安立因缘"的道理。除了这真正的因缘,其"余因缘"是根本"不可得"的。其他或者有时也称之为因缘(如异熟、俱有、同类、相应、遍行五因,也叫因缘),那不过是方便假说而已。

　　【附论】
　　同时更互为因的理论,经部师是不承认的,大乘唯识家与经部师熏习说的不同,也就在此。有部主张三世实有,所以它说一切法的自体,在未来原都是存在的,不过须待助缘引生罢了,这就是他们的因缘论。唯识家不同意,认为现在有这样的因,才可得这样的果,过去未来都不实在,因果是同时的。这不同的理论,都由于时间观念的差异。

本论的因缘观,重在种生现、现熏种的同时因果,不同时的都不能成为因缘。种生现、现熏种是同时的,这由现行熏成的新种,为什么不同时就生现行呢?要知道时间是建立在现行上的。种生现、现熏种的三法同时,也都是以现行法为中心的。现行的生起,必有所从来,所以建立种生现。这现行必有力量能够影响未来,所以建立现熏种。这都是以现行为中心,并不立足在种子上,所以现行虽能熏种,所熏的种在同时中,不能说就生起现行。因为在一刹那中,像心心所等,不容许有两个现行自体并存的,却不妨许多种子的存在;何况助成种子生现的因缘,也还未成就。

戊　本识与杂异诸法为因

云何熏习无异无杂,而能与彼有异有杂诸法为因?如众缬具,缬所缬衣,当缬之时,虽复未有异杂非一品类可得,入染器后,尔时衣上便有异杂非一品类染色绞络文像显现。阿赖耶识亦复如是,异杂能熏之所熏习,于熏习时虽复未有异杂可得,果生染器现前已后,便有异杂无量品类诸法显现。

阿赖耶识中的"熏习",是无有色、心、善、恶等"异"——差别的,"杂"——不纯一的行相。但到了果生现行的时候,却"能与"色心或善恶无记等"有异有杂诸法为因",这是什么道理呢?现在举个浅显的譬喻来阐明它。

"如众缬具,缬所缬衣"的譬喻,大概与中国土法染布差不多。我国乡间染布,先将布放在一个雕有花纹格子的木片或铁片上,在空格上涂上些石灰,入染后,将石灰除去,余处着了色,涂灰处却不受颜色,所以就现出花纹了。无性说缬具是"淡涩差别",它是用"淡涩"的果子汁或矾水,而不是石灰。世亲论师解释的缬具稍有不同,似乎是在织布的时候,用一种不受色的纤维织成花纹。没有入染以前,看不出什么,染过以后,就有受颜色与不受颜色的不同,便"有异杂非一品类"的"染色绞络文像显现"在衣料上面了。

"阿赖耶识亦复如是",它受"异杂能熏之所熏习",在"熏习"而成种子的"时"候,是一类的。虽还"未有异杂"的相貌"可得",但到了众缘成就,"果生现前已后,便有异杂无量品类诸法显现"了;这好比白色的衣料,经"染器"的助缘以后,就现出异杂颜色的花纹一样。果生染器,平常解说为果生就是染器,不如把染器解说为生果的助缘好。

己　大乘甚深缘起

一　二种缘起

如是缘起,于大乘中极细甚深。又若略说有二缘起:一者分别自性缘起,二者分别爱非爱缘起。此中依止阿赖耶识诸法生起,是名分别自性缘起,以能分别种种自性为缘性故。复有十二支缘起,是名分别爱非爱缘起,以于善趣恶趣能分别爱非爱种种自体为缘性故。

第一句是结上起下的文词。赖耶的三相,主要在与诸法互为因果,说明一切法的缘起。这所说的"缘起,于大乘中"是"极细甚深"的,不但微细到世间粗心不能了达,而且深奥到二乘的浅慧也不能穷究。这缘起有多种不同的意义,这里且略说二种:"一者分别自性缘起,二者分别爱非爱缘起"。

一、分别自性缘起:为什么会有一切事物这样的现象?要知其所以然,必须探研它的原因,从它的原因上,就可以"分别"它差别现象的所以然。"自性",就是一一法不同的自体。"阿赖耶识"为诸法的因缘性,"依止"赖耶中各各不同的诸法因性的存在,所以有种种"诸法生起"。假若说宇宙间唯有一法为因,那就无法说明这现实种种法的差别现象。阿赖耶不这样,它在无始以来,就受种种诸法的熏习,所以能为种种法自性现起的缘性。它能"为缘性",所以"能分别",就是能现起各各不同的"种种自性"。

【附论】

奘译的分别自性,指诸法各各差别的自体。这各各的差别自体,是由赖耶中无始的熏习而有;赖耶的种子有种种,所以能分别诸法自性的种种。依真谛译:诸法的种种差别,是因赖耶受种种熏习而生起的,这点和奘译相同。但说这种种不同的诸法,皆以赖耶虚妄分别为其自性,自性,指诸法同以赖耶为自性,这与奘译不同了。

二、分别爱非爱缘起:"自体",就是名色所构成的生命体。这名色的自体,在"善趣恶趣"之中,可以分为可"爱"的和"非爱"的。可爱的就是由善业所感得的善趣自体;不可爱的,就是由恶业所感得的恶趣自体。分别说明这种种差别自体的原因,就是"十二支缘起",所以十二缘起"名分别爱非爱缘起"。因十二有支缘起的业感差别,所以有三界五趣四生的种种差别自体不同。平常多把分别自性缘起叫做赖耶缘起,十二支缘起叫做业感缘起。实际不然,这二种缘起,在唯识学上,都是建立在赖耶识中的。不过,一在名言熏习上说,一在有支熏习上说。一切法皆依赖耶,就在这阿赖耶上建立二种缘起的差别。虽有二种缘起,但它们是统一的,不是对立的。

【附论】

　　整个宇宙人生的构成,可以分两类:一是差别不同的质料,一是能够令质料成为物体的组合力。如一支军队,其中有统领全军与组织全军的长官,有被统领被组织而且组成军队基本要素的士卒,二者配合起来,就可以组成一支强有力的部队(其实长官还是组成军队的要素)。如果在长官与士卒之间,缺少了任何一方面,是不能成为军队的。众生也是这样,质料因和组合因,缺一不可,质料因就是名言熏习,组合因就是有支熏习(业力)。我们的赖耶中,有三界五趣各式各样的名言种子,因和合因的业力不同,所以就有了五趣四生等果报体的不同。当现起了某一自体,其他的名言种子还是存在,但因缺少了配合的业力,暂时不能发现。不过,在原始佛教的契经中,主要在说有支缘起;如论及质料因,那就是蕴界入了。

于阿赖耶识中,若愚第一缘起,或有分别自性为因,或有分别宿作为因,或有分别自在变化为因,或有分别实我为因,或有分别无因无缘。若愚第二缘起,复有分别我为作者,我为受者。譬如众多生盲士夫,未曾见象,复有以象说而示之。彼诸生盲,有触象鼻,有触其牙,有触其耳,有触其足,有触其尾,有触脊梁。诸有问言:象为何相?或有说言象如犁柄,或说如杵,或说如箕,或说如臼,或说如帚,或有说言象如石山。若不解了此二缘起,无明生盲亦复如是,或有计执自性为因,或有计执宿作为因,或有计执自在为因,或有计执实我为因,或有计执无因无缘;或有计执我为作者,我为受者。阿赖耶识自性,因性,及果性等,如所不了象之自性。

上来建立缘起的正理,下面指责外道"于阿赖耶识中",不明缘起正理而生起的错误。"若愚第一缘起",是不了阿赖耶识中的名言熏习,为诸法生起的真因,错认了质料因,于是就横生种种的"分别"——执著。一、数论师妄执"自性为"万有的生起"因"。他说:具有三德(勇、尘、暗)而能生大等二十三谛的自性,是实有的不坏灭法;大等二十三谛,是从自性转变而成,是无常的有坏灭法。一切法从自性转变生起,后变坏时,还归结在自性中,自性是本有的,常住的,所以它能为万有的本质因。二、宿命论者执现在所有的一切,都是"宿作"注定的。如多人同做一事,一人成功,一人失败,且也有不劳而获的,这为什么?是命定的必然的生起,与现在的行为无关。三、婆罗门计执大"自在"天的"变化为"万有的生"因"。他们说:大自在天修一切苦行,由它变化宇宙一切。印度的大自在天,通俗的信仰,以为是一个人格神的摩醯首罗天;但在哲人的思想中,计执为万物唯一的本体,给予理性化了!四、吠檀多哲学的"实我"论,主张梵我为宇宙的实体。梵即我,我即梵,由小我的解放,而融合于大我,于是就产生唯我论。据唯我论者说:一切唯是梵我的显现,我就是万有的本质。五、无因缘的外道,他们执一切法皆是"无因无缘"
而有的。乌鸦为什么黑? 自然是这样的。棘刺为什么尖? 自然
是这样的。没有理由把它说明,就以为一切一切,都是无因无缘
而自然有的。

"若愚第二缘起",这是在造业受果方面的错误:一、数论外
道执"我为受者",它立我与自性的二元论,我要受用诸法,而发
生一种要求,自性因神我的要求,就生起大等二十三谛的诸法给
它受用;也就因此,神我受了自性的包围,不得解脱。二、胜论与
一般外道计执"我为作者"。为作者,为受者,即是造业受报,都
由于自我。

当时印度有这么多的外道妄执,所以佛教建立阿赖耶识,纠
正他们对于宇宙人生的计执。依赖耶中的有支熏习,建立第二
缘起,否认自我灵魂的存在,但并不否认生命的相续;业果的循
环,确乎是有的。依赖耶中的名言熏习,建立第一缘起。他们所
说的自性等,是常住不变的,常住的东西,怎可变化为诸法的因
呢? 无因论者,抹煞一切因果的关系,是同样的错误。佛教说的
阿赖耶识就不同,赖耶受种种杂染法的熏习,所以能生种种法,
并不是一因所生,也不是无因,故依赖耶建立缘起,不同于外道
所计执的。

外道的妄执,很像"生盲"摸象一样。有"众多"生下来就瞎
了眼的"士夫"——人,从"未曾见象"。一天,一个明眼的人,牵
只象让他们去触摸认识。摸后,问他们象是什么样子? 那摸着
"象鼻"的生盲说:"象如犁柄";摸着象"牙"的说:"如杵";摸着
象"耳"的说:"如箕";摸着象"足"的说:"如臼";摸着象"尾"巴

的说:"如帚";摸着象"脊梁"的说:"象如石山"。这些生盲者,各就他自己所触到的,以为是象的全体而瞎说,这是极大的错误! 那些不明"了此二种缘起"的,谬起种种计执,什么"自性为因"呀,"我为受者"呀,和那瞎子一样的错误,可笑亦复可怜! 愚痴凡夫,没有智慧,从来没有认识过诸法的真因,所以叫"无明生盲"。他们不了解"阿赖耶识自性,因性,及果性等",如那生盲所"不了象之自性"一样。

又若略说,阿赖耶识用异熟识,一切种子为其自性,能摄三界一切自体,一切趣等。

万有缘起的阿赖耶识,如果作一简略的说明,那么,"阿赖耶识用异熟识一切种子"为它的"自性"。阿赖耶识中的一期自体熏习成熟,就是分别爱非爱缘起的变异成熟而生果。赖耶摄持自体熏习,浑然无别,称为异熟识,就是果相。这一味相续的异熟赖耶识里,摄持一切种子,为一切法的能生因,就是因相。此中虽未特别说到自相,其实自相已含在因果二相中。因果从它的作用变化上说,自相从它的浑然一体上说。异熟识一切种子的阿赖耶识,它能遍"摄三界","一切趣等"的"一切自体"。自体,如果随用分别,那就是一期的名色;如果摄归唯识,那就是依赖耶所摄的一期自体熏习为本而显现的即识为体的十八界了。

二　种子

此中五颂:外、内。不明了。于二唯世俗、胜义。诸种子当知有六种:刹那灭、俱有,恒随转应知、决定、待众缘、唯能引自果。坚、无记、可熏、与能熏相应：所熏非异此，是为熏习相。六识无相应，三差别相违，二念不俱有，类例余成失。此外内种子，能生、引应知，枯丧由能引，任运后灭故。

一、种子的二类：种子有"外、内"两类。外种，如谷麦等，内种，就是阿赖耶识中的能生性。内种思想的产生，原是从世间的外种子上悟出来的。见到世间的谷麦种子有能生性，能生自果，所以把一切法的能生性，建立为种子。因此，关于种子的定义（六义），也是通于内外种的。

二、种子的三性："不明了"，是说种子的性质，不是善，不是恶，而是无覆无记的。它没有善恶性可以明白地记别，所以叫不明了。从种子的能熏因与所生果上，虽也可说有善恶，但在赖耶中，只能说它是无记。

三、种子的假实：于与唯二字，世亲所依的论本有，无性所依的论本上是没有的；这是两师所依论本的不同。奘译本，是依世亲释本而翻译的。"于二"两字，世亲接着上文，读为"不明了于二"。意思说：外种唯是不明了，赖耶中的内种，可通于有记及无记两类。但依无性释，没有"于"字，连下文读为"二世俗胜义"，意思说：两类种子中，外种是"世俗"的，内种是"胜义"的。这里说的世俗胜义，就是假有实有。凡是自相安立的缘性，叫胜义实有；在缘起上依名计义而假相安立的，叫世俗假有。外种是依识所变现而假立的，所以属于世俗；内种即万法的真因缘性，属于胜义。

四、种子的六种定义：内外世俗胜义的"诸种子，当知有六种"定义。不论内种外种，都须具备六个条件，否则，是不成其为种子的。今分解如下：

（一）"刹那灭"：有能生性的种子，在它生起的一刹那——最短促的时间，毫无间隔地随即坏灭，像这样的无常生灭法，才是种子。假使常住不变法，那就前后始终一样，毫无变易，这不但违反种子要从熏习而有的定义，没有生灭变化，也不能起果的作用而成为种子。

（二）"俱有"（三）"恒随转"：《成唯识论》学者说：种子有两类，一是种生现的俱时因果，叫做种子；一是种生种的异时因果，叫做种类。俱时因果的种子，合乎俱有的条件而缺恒随转义；异时因果的种类，合乎恒随转的条件而缺俱有义。因之，虽说种子具备六义，但不一定要具足，具备五义也可以。这思想的根据在《瑜伽》，《瑜伽论》因缘有七义中说："无常法与他性为因，亦与后念自性为因"。一般学者，把种子六义，与《瑜伽》七义作综合的观察，因此说：与后念自性为因的，是种子的自类前后相生；与他性为因的，是种子的同时生起现行。其实《瑜伽》的本义并不如此，它是从诸法的前后相生与俱有因说的。种子本来具足六义，因为唯识学者将种生现与种生种二类，配合俱有义及恒随转义，所以就不具六义了。本论说因缘，不谈种生种，种子就是赖耶的能生性，必须建立在种生现的现，与现熏种的现行上。在它能生的动作上，是刹那灭的；在生果的时候，是必然因果俱时有的，赖耶的能生性（名言熏习），无始时来，如流水一般地相续下去，不失它的功能，直到最后（对治道生），必然是恒随转的。凡是种子，必具备这样的定义。

（四）"决定"：这是说每一功能性（种子）有它不同的性质，

不随便变化，什么样的功能性就生起什么样的现行法，这样就不犯一功能性生一切法，或一切功能性唯生一法的过失。但这与唯能引自果的定义，容易相混，引自果也是说自种子引生自果法。所以世亲把性决定看为三性的决定：善的功能唯生善的现行，恶的功能唯生恶的现行，无记功能唯生无记的现行。引自果看为引生自类的现行：赖耶种唯引赖耶识，谷麦唯引谷麦果（《成唯识论》约色心辨）。无性把引自果解说为唯在能生自果的意义上建立种子之名。这虽与性决定不同，又似乎与俱时有相混。

（五）"待众缘"：种子虽恒时随转，有它功能性的存在，但并不即刻生果，要等待众缘的助成。不然，赖耶中有无量的差别种子，便会一时顿现了。这众缘虽说可以通说到一切，但世亲说要由善恶业熏它，才会生起现行，这才是待缘的本义。

（六）"唯能引自果"：赖耶中的种子虽然很多，但引生果法的时候，没有丝毫的紊乱，各自种子引各自的果法。这如世间的谷麦等种，唯生谷麦等果一样。种子虽有等流（名言）种子、异熟（有支）种子两种，但具有六义，是依名言种子说的。业种约增上缘建立，它不具足恒随转、决定、引自果等义。

五、种子的所熏：熏习，必有能熏和所熏；要怎样的所熏才能受能熏的熏习？本论说，凡是为所熏的，必须具备四个条件：

（一）"坚"：坚是安定稳固的意思，并非没有变化，不过在变化的一类相续中，有相对的固定。凡过于流动性的东西，它没有保持熏习的能力，那功能性就会散失。世亲以风和油来譬喻固定性和流动性。油是比较固定的，它就能任持香气到很远的地方而不散;风是最流动不过的,它就不能保持香气,立刻要消散无余。赖耶是相续一类,固定一味的,所以可被熏习。这简别转易间断的转识,不能受熏。

(二)"无记":这表示中庸性的东西才能受熏习。善不能受恶熏,恶不能受善熏,善恶都不是所熏法;唯有无覆无记性,能受善恶的熏习,才是所熏性。这和极臭的大蒜、极香的檀香,都不能受熏,只有不是香臭所可记别的才能受香臭的熏习一样。本识是无覆无记性,所以赖耶是所熏习。这简去善法与恶法的受熏。

(三)"可熏":有容受熏习的可能性,叫做可熏,和教育学上的可塑性相近。凡是和别法俱生俱灭,后念生起的时候,它能感受另一法的影响,而起限度内的变化,才能受熏习,否则是不能熏习的。阿赖耶识是种识和合的瀑流,它非坚密的不可入的个体,能受转识的熏习,所以是所熏。这简去体性坚密的真实常住法,不能受熏。《成唯识论》又说要有自在为主才是可熏,所以又简去不自在不为主的心所法。

(四)"与能熏相应":所熏的还要为能熏性同时同处,不即不离。假使刹那前后不同时,它身间隔不同处,虽具备了上述的三义,那还不能算是所熏。所以唯有自身与转识同时的阿赖耶识,才是所熏性。

"所熏,非异此"阿赖耶一切种子识,另有可熏性的东西,唯有阿赖耶识具备上面的四个条件,才"是为熏习相"。前面讲的种子六义,可通内外种子,而这里说的熏习四义,不但不通于外种,就是其他的内法也不具足;唯有内法中的阿赖耶,才够这资格。转识——从缘所起的诸法，都是能熏，小乘共许，所以无著没有提到能熏的定义。不过讨论到何谓所熏，却大有净论，所以非建立它的定义不可。后代《成唯识论》所说的能熏四义，那是它所特有的。

何谓所熏，是大小乘不同的，所以在自立定义以后，下一颂要破经部譬喻师六识前后受熏的异计。"六识无相应"，是说六识与受熏的定义不相符合。为什么呢？有"三差别相违"故。一、六识的所依差别，二、六识的所缘差别，三、六识的作意差别。六识间，所依、所缘、作意各不相同，因此，前识与后识也就没有一类相续的坚定性，既然转易不定，那怎能成为所熏？这不是说能熏与所熏间的不同，是说受熏法在前后相续间，不能有差别相违的现象。不但六识的前后差别不成受熏者，就是前后一类相续——经部师的前念熏于后念，也还是不能成立的。凡是熏习，与能熏必须同时相应。经部师既然"二念"前后"不俱有"，在所熏四义中，就缺了能熏所熏和合相应的条件，所以也不成熏习了。后念识是前念识的同"类"——前识后识同是识，所以在时间上虽不俱有，还是可以受熏的：经部师这样解说。但在唯识家的见解，还是不成！同类就可以受熏吗？那圣者的净识和凡夫的染识，也同是识之一类；五色根和意根，同是根之一类，也都应该互相受熏了！其他如色蕴与受蕴行蕴，同是蕴之一类；眼处与法处，同是处之一类；色界与法界，同是界之一类，这一切同类的，都应该互相受熏了。这样的推"例"其"余"，就"成"很大的过"失"了！经部师既不承认这些同类法可以互相受熏，那么前后识的同类受熏，当然也不能成立！无性把类例余成失，看作经部中的另一派，主张有不相应行法的识类及刹那类受熏，不可信！

六、种子的生因和引因："此外内种子，能生、引应知"；能生，是任何一法的能生之因；能引因，是一种能够引长残局，使已破坏的人物，获得暂时存在的力量。如人一期生命的存亡，死了却还有尸骸暂时存留着，这使尸骸不与生命同时顿灭的力量，就是引因。"枯丧由能引"，是证明引因的必要。丧是内有情界的丧亡；枯是外植物界的枯萎。有情遗骸的存在，豆麦等枯秆的残留，这都是引因的力量。假使没有引因，动物死了，草木枯了，就应什么都顿时散灭。事实证明，死尸枯枝是"任运"的渐"后"渐"灭"，故知引因力的必然存在。譬如射箭，弯弓的力量使箭蓦直飞去，暂时不堕，这就是引因。

世亲的意见：内名言种，由阿赖耶识中的异熟习气，招感生起一期的生命自体，从入胎出胎起，相续执持下去，乃至老死，在它一期生命流中，都叫做生因。死了以后，阿陀那识不复执持这个生命的自体，只剩个死尸，乃至死尸完全消灭，这遗骸的残存，是引因。外种亦复如是，从发芽至开花结果的这一期间，皆名生因；从枯焦以至残枝的毁灭，这其间是引因。无性说：内识种在最初入胎受生，生起名色，是生因；六处以后，从幼小乃至死后的死尸，都名引因。外种开始发芽叫生因；长大抽叶开花结果，乃至枯焦毁灭，这都名为引因。此说固然也有相当的理由，但与本论文不合。

为显内种非如外种，复说二颂：外或无熏习，非内种应知；闻等熏习无，果生非道理。作不作失得，过故成相违；外种内为

缘,由依彼熏习。

　　魏译没有这两颂,唐隋的译本虽有,世亲也没有解释。

　　七、种子的内外不同:"为显内种非如外种",又特别再说两偈。先说有无熏习的不同:照上面看,内种外种同样的具有六义,具有生引二因,好像二者是没有差别的;可是在熏习的一点上,却显然有着不同。内种"熏习故生",下面用三种熏习摄一切种,就是说内种必由熏习而有的意思。"外"种则"或无熏习",或有或无,没有一定。如香花的熏习苣胜,引起苣胜中的香气,这苣胜中的香气,是有熏习的。若从炭中生苣胜,从牛粪堆里生香莲花,从毛发里生蒲等,这是没有熏习的。牛粪中没有莲花,牛粪也不会熏生莲花,那怎么生莲花呢? 这是没有熏习而生的。小乘学者有这样的两派:一是主张有些东西,没有种子可以生起,由于大众共同的业力所感,自然会生起来。一是主张非有种子不可,比方这个世界坏了,以后再成,草木等的生起,不是无因有的,是由它方世界吹来的。本论此颂,同于第一派。但"非内种"也可以没有熏习,内种是必有熏习的,因为没有"闻等熏习",记忆及如理作意等"果生",是"非道理"的。因此,佛教主张什么都由学而成,没有不学而成的事。假使不承认内种必有熏习,就应该"作"闻思熏习的反而忘"失","不作"闻思熏习的反而获"得"果生。这与真理事实都"成相违"而有"过"失。再说假实的不同:内种是万法生起的真因,实是种子;外种只是假立的。所以说:"外种内为缘,由依彼熏习。"外种是以有情的内种为因缘的,由阿赖耶识熏习,才有外种显现,又从外种引起芽等果法。没有阿赖耶的熏习,外种就不会有;实际上,芽等也还是从赖耶现起的。

三　四缘料简

复次,其余转识普于一切自体诸趣,应知说名能受用者,如中边分别论中说伽陀曰:一则名缘识,第二名受者,此中能受用、分别、推心法。如是二识更互为缘,如阿毗达磨大乘经中说伽陀曰:诸法于识藏,识于法亦尔,更互为果性,亦常为因性。

　　上面说的甚深缘起,再从四缘上略为料简一下。要说明分别自性缘起,先得提出转识——受用缘起来一谈:知道了受用缘起,也就明白转识与赖耶的互为因缘了。

　　除赖耶以外,"其余"诸识,总名为"转识"。转,是生起现起的意思。转识都是由本识生起,所以陈译作"生起识"。转识"普于"三界"诸趣"所有的"一切自体",是能受用者。赖耶摄受自体熏习,因业感成熟,现起五趣的一切生命自体。在自体中依现行的诸根生起心识的认识作用,受用苦乐的果报,这完全是属于转识,赖耶只能现起,它没有任何苦乐的享受。能受用者,本论下文说有二种:一、六识叫受用识,能受用六尘境界;二、所依的身者识,它能执受诸趣的自体。这七识,"应知说名能受用者"。

　　"中边分别论"就是《辨中边论》。弥勒的本论中,曾说到这受用识。它把诸识分为两类:"一则名缘识",就是能为诸法生起因缘的阿赖耶识;"第二名受者",就是能受用诸趣自体的转识。这第二受者识"中"有三种心(所)法:一、"能受用",就是受蕴;二、"分别",就是能取境界相貌而安立言说的想蕴;三、"推",就是行蕴,行蕴本包含许多的心所,但主要的是思心所,佛也尝用思来代表行蕴。因思有推动心的力量,所以这里称之为推。能受用、分别、推,这三种"心(所)法",都是与转识俱有相应,能助成受者识共同受用境界。

【附论】

　　一般的讲解如此,真谛译的《摄论》世亲释也同。然在他译的世亲释《辨中边论》里,却有不同的解说,不过有点杂乱;现在依《庄严论》的体系,给《中边论颂》作一本义的解说:"缘识"是种子阿赖耶识。"受者"是从本识现起的能取能受用者。这其中又分为三类:一、"能受用",是前五识,五识依于五根,受用五尘境界,感受的意义特别明显。二、"分别",是第六识,意识不但有自性分别,而且有随念计度二种分别,所以分别是第六识的特色。三、"推",是第七识。推者推度,第七推度,妄执第八为我,所以名推。此三,固然都是受用的转识,但望于赖耶心王,它就是心所;从心所生名为心所,七转识是由本识现起的各种作用,所以是本识的心所法。在转识的本位上,也还称之为识,它又即现起心所现的贪等信等的心所。《大乘庄严经论》第五卷说:"能取(受用)相有三光,谓意光,受光,分别光。意谓一切时染污识,受谓五识身,分别谓意识。"意光就是《中边》的推,受光就是《中边》的能受用,分别光就是《中边》的分别。该论不很明白地说这三者就是七、六、前五的三类识吗?这唯识的本义,在世亲论中已经开始改造了。

　　说到转识,自然要说它与本识的关系。转识就是一切杂染品类诸法,因一切杂染诸法,都是以识为体的。本识与转识的关系,本论引"阿毗达磨大乘经中"的偈颂来说明。"诸法"就是转识，"于识藏"就是转识望于种子阿赖耶识的摄藏，现行诸法皆从赖耶种子所生，所以是赖耶的所生果，赖耶就是诸法的因。反之，阿赖耶"识"望于现行诸"法"的熏习，那赖耶为现行诸法的果，诸法又是赖耶的因了。所以说："更互为果性，亦常为因性。"

若于第一缘起中，如是二识互为因缘，于第二缘起中复是何缘？是增上缘。如是六识几缘所生？增上，所缘，等无间缘。如是三种缘起：谓穷生死，爱非爱趣，及能受用；具有四缘。

"第一"分别自性"缘起"，在本转"二识"的互为因果中，无疑是属于"互为因缘"的。"第二"爱非爱"缘起"，又是什么缘呢？十二有支缘起，由无明等的增上势力展转引发，使那行等的业力，于善恶趣感受异熟的果报，所以四缘中"是增上缘"摄。第三的"六识"就是受用缘起，由哪"几缘所生"呢？由三种缘：一、"增上"缘，就是六识各自的所依根；二、"所缘"缘，就是六识各自的所缘境；三、"等无间缘"，就是前念的无间灭意根。六识各从它的自种子起，按理是应该说有因缘的，但从种生起，是分别自性缘起所摄，这里只是从它依根缘境的受用边讲，所以只说其余三缘。如第二缘起的无明行等，每一法也由它的种子生的，但从种生的因果关系，不属于十二连锁，所以不谈因缘。

如上所说的"三种缘起"，第一分别自性缘起，又叫做"穷生死"，它是依无受尽相名言熏习建立的；第二分别"爱非爱趣"缘起，是建立在招感业果的意义上的；第三"能受用"缘起，是在依根而受用境界上建立的。这三种缘起，或是因缘，或增上缘，或具三缘。如把它总合起来，是"具有四缘"的，转识与本识，本论是以不同的方法观点来处理，这是本论的特色，学者不容忽略。

第二项　抉择赖耶为染净依

甲　总标

如是已安立阿赖耶识异门及相，复云何知如是异门及如是相，决定唯在阿赖耶识非于转识？由若远离如是安立阿赖耶识，杂染清净皆不得成：谓烦恼杂染，若业杂染，若生杂染皆不成故；世间清净，出世清净亦不成故。

上来"已安立阿赖耶识"的"异门及"其三"相"，主要在说明分别自性为诸法的所知依。建立赖耶为所知依，目的就是为所知的杂染清净诸法作所依止。在小乘学者看来，安立赖耶的异门及因相果相等，都可以建立在转识中或色心中，无须别立阿赖耶识，所以问："云何知如是异门及如是相，决定唯在阿赖耶识"，不在其余的"转识"呢？大乘学者的见地，如果"离"了像上面"安立"的"阿赖耶识"，那就有"杂染清净皆不得成"的过失。杂染有"烦恼"、"业"、"生"三种差别；清净有"世间清净，出世清净"的二种不同。下面要别别破斥余部的计执，显出安立在赖耶识中的必要，也就更确立了赖耶的确实性。这些破斥，与《成唯识论》的十理证明赖耶，可以比较研究。

乙　烦恼杂染非赖耶不成

一　转识为烦恼熏习不成

云何烦恼杂染不成？以诸烦恼及随烦恼熏习所作彼种子体，

于六识身不应理故。所以者何？若立眼识贪等烦恼及随烦恼俱生俱灭，此由彼熏成种非余：即此眼识若已谢灭，余识所间，如是熏习，熏习所依皆不可得，从此先灭余识所间，现无有体眼识与彼贪等俱生，不应道理，以彼过去现无体故。如从过去现无体业，异熟果生，不应道理。又此眼识贪等俱生所有熏习亦不成就：然此熏习不住贪中，由彼贪欲是能依故，不坚住故。亦不得住所余识中，以彼诸识所依别故，又无决定俱生灭故。亦复不得住自体中，由彼自体决定无有俱生灭故。是故眼识贪等烦恼及随烦恼之所熏习，不应道理；又复此识非识所熏。如说眼识，所余转识亦复如是，如应当知。

现在且讨论烦恼杂染，为什么离了赖耶就不能成立？因为离了赖耶，"诸烦恼及随烦恼（烦恼就是根本六烦恼，随烦恼就是大中小的三品随惑）熏习所作"的那些"种子体"，如果说"于六识身"中摄藏，决定是"不应理"的。现在且拿眼识来说：如主张"眼识"为所熏习，它与能熏的"贪等烦恼及随烦恼俱生俱灭"，"此"眼识"由彼熏"习而"成"烦恼的"种"子，"非余"耳识等，乃至更不须阿赖耶。但这受熏的"眼识"现行，"若已"刹那落"谢灭"去，立刻有"余识"生起，为余识"所间"隔，那眼识显然已不能一味相续了。熏习必然摄持在所熏的相续中，现在所熏的眼识既然没有现在，熏习怎又能独存？这样，"熏习"的种子，及"熏习所依"的眼识，都"不可得"。如果说：从这前"先灭"去了的，为"余识所间"隔了的，"现"在并"无有体"的"眼识"，因眼识的生起而"与彼贪等俱生"，这怎么合理呢？因眼识早已"过去"，"现"在并"无"实"体"呀！譬如说从"过去"久远

"现"在"无"有"体"的"业"力,而能引"生"新的"异熟果",这
自然是不合理的。

不但贪等烦恼的熏习不成,就是与"贪等俱生"的"眼识",
这与贪等俱生眼识"所有"的"熏习亦不成就"。为什么呢?因
眼识所有的熏习,无有所熏的依住处。这眼识的"熏习",当然
"不住贪中",因为"贪欲是能依"的不自在之心所;并且它"不"
能一类相续的"坚住",后念或者就有善心的生起。也不能说眼
识的熏习,"住所余识中",因为其余的耳等"诸识",彼此间的
"所依"是各各差"别"的,既不是前后一味相续,怎可以受熏呢?
并且眼识与耳识等,"又无决定俱生"俱"灭"义;经部不承认二
识同生,那当然不能为眼识熏习的所依。眼识的熏习,也"不得
住"在眼识"自体中",因为既是"自体,决定无有俱生俱灭"的。
总之,"眼识"决不能成为"贪等烦恼及随烦恼之所熏习";同时,
"此"眼"识"也决"非(眼等)识所熏"习的。"如说眼识"不能受
烦恼的熏习,与贪等俱的眼识自身也无所熏习,"所余"耳等诸
"转识,亦复如是"不能受熏,"如"其所"应"知的道理,应当加
以比类了解,这里不再一一别说了。

二　离欲后退烦恼杂染不成

**复次,从无想等上诸地没来生此间,尔时烦恼及随烦恼所染
初识,此识生时应无种子,由所依止及彼熏习并已过去,现无
体故。**

这是明离欲识退生下界的初生染识不成。如"从无想等
上"界"诸地"死"没,来生此间"欲界的天人,他那初生的一念

识，就是为欲界"烦恼及随烦恼所染"所系而属于欲界的"初识"，从何而生呢？上界诸天的有情，久已灭却了下界的染识，也就因他离却下界的染识，才得上生色、无色界。现在从上界又还生到下界来，那为欲界惑所染所系的初生"识生时"，岂不是"无种子"而生吗？因为欲界染识熏习的"所依止"的六识，"及彼"烦恼的"熏习"，都"已过去"，"现无"自"体"。现无自体的过去染识，当然不能为初生染识的生因。所以非承认有阿赖耶识持杂染种，相续来现在不可。上界有情虽没有欲界染识，但这染识的种子，阿赖耶中还是存在。待到上界寿尽还生下界时，那染识就可从赖耶中的种子生起现行了。

三　对治识生烦恼杂染不成

复次，对治烦恼识若已生，一切世间余识已灭，尔时若离阿赖耶识，所余烦恼及随烦恼种子在此对治识中，不应道理。此对治识自性解脱故，与余烦恼及随烦恼不俱生灭故。复于后时世间识生，尔时若离阿赖耶识，彼诸熏习及所依止久已过去，现无体故，应无种子而更得生。是故若离阿赖耶识，烦恼杂染皆不得成。

再从无漏心生以后的烦恼上去推察："对治烦恼识"，就是无漏心最初生起，小乘在初果，大乘在初地。这对治心"若已生"起，那时，"一切世间"有漏的"余识"，都"已灭"去，像光明与黑暗一样，不能同时并存。可是，对治识初生，只是对治见道所断的烦恼，修道所断的烦恼是对治不了的，还是存在。这时，假使"离阿赖耶识"的持种以外，那修道才能对治的，见断"所余"的"烦恼及随烦恼种子",在什么地方呢？若说就"在此对治识中",这是"不"合"道理"的。"此对治识"的"自性"是"解脱"离系的,它怎能摄持有系缚的惑种？如果说摄持染种,又怎么说自性解脱？并且受熏持种者,必须与能熏俱生俱灭,对治识"与余烦恼及随烦恼"的能熏现行"不俱生灭",它怎能摄藏其余修道所断的种子呢？这样,所余的烦恼种,不是要因无所依住而散失了吗？修道的惑种,必然还在,还在有漏识中,这有漏识就是阿赖耶。

"复于后时",就是在得了对治识以后。小乘或大乘,在见道后,出无漏观的时候,有漏的"世间识"还要"生"起。这时,假使"离阿赖耶识"为它的能生因,那世间识的"诸熏习及所依止"的六识,"久已过去,现无体"性,那出观以后的有漏六识,"应无种子而更得生"！若许无种而可生,也该许可无学圣者还要转成凡夫,这过失太大了！

由上种种的道理看来,可见必须建立阿赖耶识,作为烦恼杂染的所依。假使想"离阿赖耶识"以外另行建立,那结果是"烦恼杂染皆不得成"立。

丙　业杂染非赖耶不成

云何为业杂染不成？行为缘识不相应故。此若无者,取为缘有亦不相应。

假使没有阿赖耶识,十二缘起支中的行缘识及取缘有皆不得成。十二缘起,或约三世说,或约二世说,一世说。约二世说：前十支从无明到有是现在(或过去)因,生老死二支是未来(或现在)果。本论是采取二世说的。

怎么说"行为缘识不相应"呢？如现在起身口意的三业是行支；这业行与赖耶俱生俱灭，熏成业种，摄藏于赖耶中，这就是识支。因业行而有赖耶识种，叫行缘识。若不谈阿赖耶识，这业力熏成的识中业种，就是行缘识的"识"是什么呢？不能说是六识，六识是有间断、不坚固、前后相违差别的，不能受熏成种。所以说除阿赖耶，行缘识不成。

怎么说"取为缘有亦不相应"呢？取是四取，有是临近招感后有果报的有支熏习。赖耶识中的业种子，由取力的熏发，使它成为感受后有果报的有支熏习，这叫取缘有。假使不立阿赖耶识，就是没有从业所有的业种，没有业种，取又熏发那个呢？又有什么东西因取而名为有呢？所以说取缘有不成。行是现业，有是成熟的业种，都在现世说。若不许有阿赖耶识，这业杂染就不得成立。

丁　生杂染非赖耶不成

一　约生位辨

（一）约非等引地辨

（1）结生相续不成

云何为生杂染不成？结相续时不相应故。若有于此非等引地没已生时，依中有位意起染污意识结生相续，此染污意识于中有中灭，于母胎中识羯罗蓝更相和合。若即意识与彼和合，既和合已依止此识于母胎中有意识转。若尔，即应有二意识于母胎中同时而转。又即与彼和合之识是意识性，不应

道理，依染污故，时无断故，意识所缘不可得故。设和合识即是意识，为此和合意识即是一切种子识？为依止此识所生余意识是一切种子识？若此和合识是一切种子识，即是阿赖耶识，汝以异名立为意识。若能依止识是一切种子识，是则所依因识非一切种子识，能依果识是一切种子识，不应道理。是故成就此和合识非是意识，但是异熟识，是一切种子识。

生杂染不成，就是在一期生命的初生到命终的异熟果上，证明必有阿赖耶识的存在，现在且就非等引地的"结相续时不相应"来说。等引，印度话是三摩呬多，是色、无色界的定名，通于有心无心，离开昏沉掉举平等所引的定心，叫等引；或说等的本身就是定，由定引发功德，所以叫等引。简单说，等引地就是上二界，非等引地就是欲界。结生相续，是后生接续前生，在结生相续的过程中，必须有阿赖耶识，假使没有，结生相续是不可能的。

如有众生在"此非等引地"的欲界死"没已"后，仍在非等引地的欲界受"生时"，死有与生有之间，有中有身，"依中有位"的"意"根，"起染污意识"，而作"结生相续"的活动，这"染污意识"缘生有境而起嗔或爱。它"于中有中"刹那"灭"后，就进入生有位，"于母胎中识羯罗蓝更相和合"。和合就是父精母血的羯罗蓝，与入胎的识事相互结合，成为新生命的自体。当最初和合时，唯有异熟识，揽赤白二渧为所依，而摄受为自体，完成结生相续的工作。假使不承认有阿赖耶识，谁与羯罗蓝和合呢？假若说："即意识与彼"父精母血"和合"，"既和合"了以后，又"依止此"和合的意"识"，"于母胎中"复"有意识转"起，那么，"即应有二意识于母胎中同时而转"了。最初入胎时的意识,有摄受生命自体的力量,当然不能失掉,依止它再生起一个意识,这不是同时有两个意识吗?在一身中,同时有两个意识生起,这是不可能的,契经中有明白的证据。并且这"与彼"羯罗蓝"和合之识",说它是"意识性",是根本"不应道理"的。为什么?一、"依染污故":中有末心的意识,缘生有而起嗔爱,是染污的;入母胎的三事和合识,就依止这染污意识而生。结生相续识的所依识,必定是依染污而起的,但一般的意识却不然,不一定是依染污的,有时也依不染污。所以入胎和合识与意识有其不同,不应说它是意识性。二、"时无断故"(隋译:此句与上文的"依染污故"合为一句):结生相续的和合识从入胎到老死,在一期生命中是相续不断的,意识却有时间断,像无想定等;可见和合识与意识不同。三、"意识所缘不可得故":意识的所缘明了可得,但母胎中的和合识,所缘境是不可知的。缘境不可知的和合识,自然不是缘境明了可得的意识性了。虽然上座部说有所缘行相不可知的细意识,但这在唯识家看来,那就是阿赖耶识,不过名字不同罢了。

纵然退一步承认这"和合识即是意识",那么,还是"此和合意识即是一切种子识"呢?还是以这和合意识为依止,"依止此识所生"的其"余意识是一切种子识"呢?若说"和合识是一切种子识",那和合意识"即是"大乘所说的"阿赖耶识",不过你不欢喜称它阿赖耶,"以异名立为意识"罢了。若说依止和合识所生的"能依止识是一切种子识",那就很可笑了!"所依"止的和合"因识非一切种子识",所生的"能依果识",反称它"是一切种子识",这样因果倒置,怎么合乎"道理"？这样,"成就"这与羯罗蓝"和合识非是意识,但是"阿赖耶果相的"异熟识"与因相的"一切种子识"。

(2)执受根身不成

复次,结生相续已,若离异熟识,执受色根亦不可得。其余诸识各别依故,不坚住故,是诸色根不应离识。

有情受生,所得的色根,从出胎到老死,在一期生命中,不烂不坏,这是阿陀那识执取的力量。假使"离异熟识",在其余的转识中求这"执受色根"的功能,是决定"不可得"的。为什么呢？"其余诸识各别依故"：色等五根,是眼识等各别的所依；如眼识依眼根,这眼识充其量也只能够执受眼根。它既不依耳等根,自然也不能执受它们；耳识等也是这样。"不坚住故"：诸识纵能各自执受自己所依根,但或起或不起,常被余识所间断,间断时又有谁去执受呢？转识虽不能遍执诸根,不能恒常执受诸根,但诸色根却是这样相续不坏,必有它的执受者。所以应信受"是诸色根不应离识",勿以为离开了能执受的识,诸色根还可以灵活地存在。离了识的执受,色根便要烂坏。死人和活人的差别,就在于有无识在执受根身。必有执受的识,既不是转识,那就非承认阿赖耶识的存在不可。

(3)识与名色互依不成

若离异熟识,识与名色更互相依,譬如芦束相依而转,此亦不成。

契经说:"识缘名色,名色缘识,如是二法展转相依,譬如芦束俱时而转。"假使"离异熟识",那"识与名色"的"更互相依,譬如芦束相依而转"的圣教与事实,就不得成。识,是阿赖耶识;名,是非色的受等四蕴,转识也都摄在名中;色,是羯罗蓝。名色以识为缘,识又以这名色为所依止,相续而转。假使没有根本识,与名色相依而转的识是什么呢? 若说识是意识,名中的识蕴是五识身,这也是讲不通的,因为羯罗蓝位还没有前五识。有识支的识,有名中的识,同时相依,如二芦束,不能说它同是一识。这样,非在名中的意识以外,别立异熟识不可。

(4)识食不成

若离异熟识,已生有情,识食不成。何以故? 以六识中随取一识,于三界中已生有情能作食事不可得故。

资养增益维持有情的生命,叫食。凡是有情,不能无食,所以经上说:"一切有情皆依食住。"佛陀说食有四种:段食、触食、思食、识食;前三种食且不谈。由于有漏识的执受,一期的生命才相续而住,不死不坏,因此,识有维持有情生命资养有情根身的作用,所以叫识食。假使"离异熟识,已生有情"的"识食",就"不成"立。因为六识在无心位中有所间断,在有心位中也随着所依根、所缘境、三性、三界、九地等种种差别而转变;所以这不遍三界不恒时有的"六识中","随"便"取"哪"一识",把它作为是"三界中已生有情能作食事"的识,是绝对不可能的。因此,诸转识以外,必另有一类不易、恒时相续、遍于三界、执持身命的异熟识在。

（二）约等引地解

（1）结生心种子不成

若从此没，于等引地正受生时，由非等引染污意识结生相续，此非等引染污之心，彼地所摄，离异熟识，余种子体定不可得。

前从非等引地（欲界）的受生，说明异熟识的存在；这里再约等引地（色无色界）来说：如有有情"从此"欲界死了在"等引地"的色界或无色界去受生，当他结生相续的"正受生时"，一定"由非等引"（散心）的"染污意识"去"结生相续"。这结生心，是中有的末心，它系著上界的定味而起爱著，所以必是染污的散心。这"非等引"的散心，不属于非等引地（欲界），它是为上界烦恼所系而属于"彼"等引"地所摄"的。这受生的染污意识，从何而生呢？若说在欲界临死的一刹那中带有种子，可是欲界死没的那一念是非等引地心，受生的是等引地心，二者不能俱生俱灭，怎能受熏而成为上界的染心种子？若说在定地受生的初一刹那心带有种子，可是，种是生现义，种子是因，有种是持种义，种子是果。把一刹那心的种，看为种（能）与有种（所），理论上如何可通？若说过去生中所得的色界心，为现在的色界心作种子，这更不成，能摄持那色界熏习的转识（他不承认赖耶），早已长时间断，种子又在哪里立足？若以为转识间断，不成种子，熏习是住在色根中的，这不但下界的色根不能为上界的心种，色根也不是所熏法。"离异熟识"，不论以其"余"的哪一法作"种子体"，决"定不可得"，所以必须承认有阿赖耶识，无始时来，摄持上界系心的熏习,从这熏习,生起上界的结生相续心。

(2)染善心种不成

复次,生无色界,若离一切种子异熟识,染污善心应无种子,染污善心应无依持。

上面讲的等引地受生,是通约上二界说的,现在单就无色界来说。"生无色界"的有情,假使"离一切种子异熟识",那么,这无色界的"染污善心",就"应无种子"为它的生起之因,"应无"生起它的所"依持"法了。除异熟识以外,其他的一切都不能合乎摄持种子的定义,唯有阿赖耶识摄受种子,染污善心才能各从自种生。这里所说的善心,是指无色的三摩地心,贪著爱味这三摩地的,是染污心。无性把种子与依持分开,前者约种子赖耶说,后者约现行赖耶说。世亲以为种子就是所依止,有种子就有依止,种子没有,依止也不可得。依世亲的解释,所知依,就是依于种子,种子指能生性,依指现行从种子生,有依和种子二名,其实还是一件事。

(3)出世心异熟不成

又即于彼若出世心正现在前,余世间心皆灭尽故,尔时便应灭离彼趣。若生非想非非想处,无所有处出世间心现在前时,即应二趣悉皆灭离。此出世识不以非想非非想处为所依趣,亦不应以无所有处为所依趣,亦非涅槃为所依趣。

前从界地的不同,辨明赖耶的存在,这里再就有漏无漏的不同来说。"又即于彼"无色界天上的有情,前五识是没有的,如果不承认异熟识,那就只有第六意识。这样,无色界有情,在无漏"出世心正现在前"的时候,除这现前的无漏心外,其"余"的一切有漏"世间心,皆灭尽"了,也"便应"该"灭离彼"无色界"趣"的异熟,不再系属于无色界。异熟总果报体,是建立在识上的,生在某一趣,就有某一趣的异熟识,无色界无漏心现前,如果不立赖耶为异熟体,那就没有异熟趣的世间心,这岂不就要不由功用,证得无余涅槃,而超出三界吗?然而事实上却并不如此。要避免这重大的过失,应建立异熟赖耶识。

再单从无色界最高级的非想非非想处的有情来说:非非想定是不能引发无漏慧的,所谓"无漏大王,不在边地"。因为非非想定的有情心识暗钝,观行微劣的缘故。"若生非想非非想处",要断非非想的烦恼,非依下地无所有处等定生起无漏心不可。当这"无所有处出世间心现在前时",如果没有异熟识,那它属于哪一趣呢?"即应二趣悉皆灭离"。这无漏的"出世识",是依无所有处定生,当时没有非非想系的有漏心,所以"不以非想非非想处为所依趣"。他还是非想非非想处的有情,所以也"不应以无所有处为所依趣"。又不可说"涅槃为所依趣",这无漏心现前的时候,还是有余依的,不是究竟无余依的涅槃,并且涅槃也不是有情所依的异熟体。这三者皆不可为所依趣,而他必然还有异熟的趣体,这不能不依于异熟识了。

二　约死位辨

又将没时,造善造恶,或下或上所依渐冷,若不信有阿赖耶识,皆不得成。是故若离一切种子异熟识者,此生杂染亦不得成。

死，是生命最后崩溃的阶段，严格地说，是最后的一念。它是"有"（生命的存在），不要误解为死后。有情的生命"将"告结束的死"没时"，因"造善造恶"而有"或下或上"的"所依渐冷"的不同。若这有情生前是造善的，他所依的身体，就从下渐渐地冷到心；若生前是造恶的，就从上渐渐地冷到心：到了心窝，才彻底地全身冷透了。这所依的渐冷，表显识的渐离，生命也就渐渐地完了。经说"寿暖识三，更互依持"，暖没有了，知道是识再不持色根；从这执持的一点，可以有力地证明阿赖耶。"不信有阿赖耶识"，那以什么为执持寿暖而最后离身的识呢？"是故"以下，总结生杂染非依赖耶不可。

戊　世间清净非赖耶不成

云何世间清净不成？谓未离欲缠贪未得色缠心者，即以欲缠善心为离欲缠贪故勤修加行。此欲缠加行心，与色缠心不俱生灭故，非彼所熏，为彼种子不应道理。又色缠心过去多生余心间隔，不应为今定心种子，唯无有故。是故成就色缠定心一切种子异熟果识，展转传来为今因缘；加行善心为增上缘。如是一切离欲地中，如应当知。如是世间清净，若离一切种子异熟识，理不得成。

三杂染的非赖耶不成，已如上说了；二清净的非赖耶不成，兹当解释。于中先说世间的清净不成。世间清净，是说以世间的有漏道，离下八地修所断惑而上生。有尚"未离欲"界所系（缠）的"贪"爱，"未得色"界所系的定"心"者，他因为要想出"离欲缠贪"，希望上生色界，就"以欲缠善心"，"勤修"厌下欣上的"加行"。这"欲缠"的"加行心","与色缠"的定"心",界地既不同,定散也有差别,"不"能与它"俱生灭"。这欲缠加行心,既"非彼"色缠定心"所熏"习,不能熏习成种,说它能"为彼种子",自然是"不应道理"的了。如果说,色缠定心的生起,不以欲缠的善心为缘,而是以过去的色缠定心为种子,但这还是不成。"色缠心过去",或过去"多生"了,过去的色缠心,在这长时的过程中,为"余心"所"间隔",既已间断,就"不应为今定心种子"。因间断了的过去心,现在决定"无有"自体,无有,怎么可以说它是种子?因此,可以"成就"这样的理论:"色缠定心"的现起,因"一切种子异熟果识"持着色缠心的种子,"展转传来,为今"色缠定心生起的亲"因缘"。至于勤修欲缠所系的"加行善心",只是引发色缠定心的有力的"增上缘"罢了。

离欲界贪欲而引生色界定心,是"如是";依色界心起离色界贪欲的加行善心,求生无色界定心,也是这样,都是以异熟识所执持的种子为亲因缘,而以欣上厌下的加行善心为增上缘。所以说:"一切离欲(欲是欲贪)地中,如应当知。"这上面,就是成立世间清净要以赖耶为所依。

己　出世清净非赖耶不成

一　约出世心辨

(一)闻熏习非赖耶不成

云何出世清净不成?谓世尊说依他言音及内各别如理作意,由此为因正见得生。此他言音,如理作意,为熏耳识?为熏意识?为两俱熏?若于彼法如理思惟,尔时耳识且不得起;

意识亦为种种散动余识所间。若与如理作意相应生时，此闻所熏意识与彼熏习久灭过去，定无有体，云何复为种子能生后时如理作意相应之心？又此如理作意相应是世间心，彼正见相应是出世心，曾未有时俱生俱灭，是故此心非彼所熏。既不被熏，为彼种子，不应道理。是故出世清净，若离一切种子异熟果识，亦不得成。此中闻熏习摄受彼种子不相应故。

先引圣教说明出世清净的因缘，再说明出世清净离本识为因也不得成立。所引的圣教，是大小共许的。生起出世清净的正见，须有两个因缘：一、"依他言音"，就是多闻正法；二、依所闻教法而作自心"内各别如理作意"，就是如理思惟。"由此"听闻教法与自心的——如理观察"为因"缘，通达诸法实相的出世的"正见"——无分别智，才"得生"起。

因"他言音"而引起的"如理作意"，就是由闻所成的闻慧。这如理作意的熏习，若有阿赖耶识，可熏于阿赖耶识中；若不承认赖耶的存在，那"为熏耳识，为熏意识，为两俱熏"呢？不能说熏于能闻的耳识，它听法以后，"若于彼法"而作"如理思惟"，那时的"耳识"尚"且不得起"，不能与作意俱生俱灭，怎样能受熏成种呢？也不能说熏于意识，"意识"不能坚住，它"为种种散动"的"余（五）识所间"隔，怎么可以受熏？各别熏习耳意二识尚且不可，两俱受熏的不成，更显然可知。纵然当时的意识曾受闻熏习，但在后来"与如理作意相应"的意识"生时"，曾受"闻所熏"的"意识，与彼"熏习所成的"熏习"，"久"已谢"灭过去"，现在决"定无有"意识及彼熏习的自"体"，没有，怎么可以"复为种子，能生后时"与彼"如理作意相应之心"呢？

　　纵然闻熏习有体,能生后时的如理作意心——思修慧,但这"如理作意相应"的意识,"是世间心",那出世"正见相应"的意识是"出世心",世与出世,有漏与无漏,性质上是相违的;它们从来不"曾""有时俱生俱灭",所以世间"心非彼"出世心"所熏"习。世间"既"然从来"不被"出世的正见心所"熏"习,说它"为彼"正见心生起的"种子",也还是"不应道理"的。所以"若离一切种子异熟果识",那"出世清净"的正见,"亦不得成"。不成的主要理由,是"此"世间的有漏意识"中",对于依他言音的正"闻熏习",没有适合"摄受(持)彼"出世清净正见"种子"的条件;能摄能生性为自体,持令不失,这才与熏习的定义相应。意识不能摄受能生性为自体,亦不能保持它不失,故"不相应"。

(二)辨闻熏

(1)因

复次,云何一切种子异熟果识为杂染因,复为出世能对治彼净心种子? 又出世心昔未曾习,故彼熏习决定应无,既无熏习从何种生? 是故应答:从最清净法界等流正闻熏习种子所生。

　　赖耶是杂染的,杂染法为清净法的因缘,这是很可讨论的。这"一切种子异熟果识"既然"为杂染因",又怎么"复为出世能对治彼"杂染的"净心种子"? 这是染为净因难。论主批评有漏的如理作意,说它没有受过无漏的熏习,所以不成正见之因。这理由,可以同样批评赖耶受熏的,无漏的"出世心",由"昔"至今,也"未曾"熏"习"过,何来它的熏习? 所以说"故彼熏习,决

定应无"。"既无熏习",这出世的无漏心,"从何种生"呢？这是
未熏无种难。论主的见解,应这样说:"从最清净法界等流正闻
熏习种子所生。"这是解答未熏无种难的。至于染为净因难,则
置之不答,因为论主根本不承认异熟识为清净心的种子。

谈到出世心的因缘,先要说到清净种子的来源。清净种子,
就是正闻熏习;正闻熏习的来由,是因为听闻最清净法界的等流
正法。三乘圣法从此生的法界,是本性清净而离染显现的,所以
叫清净法界。世尊远离二障,亲证这离言说相,不像小乘的但离
烦恼障,所以最为清净。因大悲心的激发,怜愍救度一切苦恼有
情,就从内自所证的清净法界,用善巧的方法宣说出来。这虽不
就是法界,却是从法界流出,是法界的流类,并且也还平等、相
似。众生听此清净法界等流正法的影像教,也就熏成了出世的
清净心种。譬如某一名胜地,我们从未去过,也不曾知道;去过
的人,要使大众前往游览起见,就用摄影机把它映下来,公示大
众,并说明经过的山川道路。我们所看到的,当然只是这名胜的
影像,并非本质,并非亲历其境,但因此我们心中就留下这名胜
的影子,甚至发心前往游历。正闻熏习也是这样,清净法界究竟
是怎样,众生没有亲证到,但由佛陀大悲显示出来,众生闻此清
净法界等流的正法,也就熏习成清净的种子了！

【附论】

闻熏习,以清净法界为因,无分别智为果,因果皆属于真实
性,所以闻熏习也是真实性的。就是佛陀的等流正法,是真实性
的等流,也属于真实性。正法与闻熏习,为什么不属遍计性及依
他性？因为依他性是虚妄杂染,遍计执性是颠倒之因,正法是真

实性的等流,闻熏习又是正法的熏习,所以虽是世间的,却能引发真实性的无分别智,复能悟入诸法的真实性。这与平常的有漏无漏的观念,略有点不同。现在是说:一个向生死流转的遍计依他性路走,一个向出世真实性的路走,就是在向生死流的心中,发生一个向清净真实性反流的动力,渐渐把它拉转来。本论但建立新熏,不说本有。这不是有漏唯生有漏、无漏唯生无漏的见解所能理解的。能得出世心,由清净法界的等流正闻熏习;因此,法界虽没有内外彼此的差别,却也不是内心在缠的法界——如来藏,是诸佛证悟的法界。这与本有无漏的妄心派或真心派,都有其不同。

(2)所依

此闻熏习,为是阿赖耶识自性? 为非阿赖耶识自性? 若是阿赖耶识自性,云何是彼对治种子? 若非阿赖耶识自性,此闻熏习种子所依云何可见? 乃至证得诸佛菩提,此闻熏习随在一种所依转处,寄在异熟识中,与彼和合俱转,犹如水乳;然非阿赖耶识,是彼对治种子性故。

听闻正法所熏成的出世清净心种,依于阿赖耶识,这闻熏习与阿赖耶的关系,还大可研究:这"闻熏习,为是阿赖耶识自性"呢?"非阿赖耶识自性"呢?"若"说"是阿赖耶识自性",那它就是杂染法,杂染法只是增长杂染法,决不能自己对治自己,那怎么"是彼"阿赖耶的能"对治"者的"种子"? 若说"非阿赖耶识自性",那"闻熏习种子"以赖耶为"所依"的道理,又"云何可见"呢?

　　闻熏习种子,确是依于赖耶,但却不可说它以赖耶为自性,能依与所依是不一定同性的。从众生发心,"至证得诸佛菩提",这"闻熏习","随在一种所依转处",它总是"寄在异熟识中,与彼和合俱转,犹如水乳"。这就是说:曾闻正法的人,随他在哪一界哪一趣,所依异熟的现起之处,闻熏习就寄在那一趣的相续的异熟识中,以赖耶为所依,但并不是赖耶自性。譬如水之与乳,可以融合一味,但乳不是水,水不是乳,二者自性是各别不同的。闻熏习在异熟识中也是这样,虽融合无间,然闻熏习"非阿赖耶识"自性,反而"是彼"赖耶的能"对治"道的"种子性"。

　　【附论】

　　净种的所依,本论说是寄在异熟识中。赖耶是生命(蕴处界)的中心,它执持有色诸根,而遍于根身中转,所以有处说清净种是六处中的殊胜功能(有人以为这六处是说第六意处,并不正确),大乘经中又都说蕴处界中有这胜能。

　　闻熏习不是赖耶,却与它和合,这颇不易于理解,也是学者诤论的所在。妄心派以妄识为中心的,这又以妄识的细心赖耶为主体,赖耶与妄染的种子无异无杂(也有不一义),而清净种子却寄于其中,不就是赖耶,也不离赖耶,说它是非一非异。真心派是以清净的心性(如来藏)为中心,这现起虚妄的在缠真心,也可以叫做阿赖耶。它与清净的称性功德(净种)无异无杂(也有不一义),而说一切虚妄熏习,不离于如来藏藏识,然也并非即是真心,结果又是个非一非异。真心派说虚妄熏习是客,真常的如来藏藏识是主体;妄心派说正闻熏习是客,虚妄的异熟藏识才是主体。我们可以看出真妄二派,所说明的事实是一样的,不过各依其一据点说明罢了。以妄心为主体的,有漏法的产生,很容易说明,而清净寄于其中,从虚妄而转成清净(转依),就比较困难了。以真心为主体的,无漏法的生起,很容易明白,而杂染覆净而不染,及依真起妄,又似乎困难了些。我们要研究不同的思想,要知道它们不同的所依,不然,只是滚成一团而已。

(3)品类

此中依下品熏习成中品熏习,依中品熏习成上品熏习,依闻思修多分修作得相应故。

这是说明闻熏习有三品的不同,或可就三慧的熏习分为三品,也可就一一慧的熏习各分三品。"依下品熏习成中品熏习,依中品熏习成上品熏习",有二种解释,有的说:下品熏习转灭,转成中品熏习,由中品熏习又转成上品熏习,始终只是一类熏习的演进。有的说:由下品熏习产生新的中品熏习,那旧有的下品也就随着而转成中品;再由中品熏习,产生新的上品熏习,中下二品也就随着转成上品。约一品展转增胜说,似乎是合于本论的思想。如今天闻法如理思惟,明天又如理思惟,凡前后意义相同的,后后融摄前前,融合成更深刻严密的思惟熏习,并不是彼此间隔别不融。这三品是"依闻思修多"多的"修作",才获"得"从下成中、从中成上的"相应"。相应,是依此有彼的意义。

(4)体性与作用

又此正闻熏习种子下中上品,应知亦是法身种子,与阿赖耶识相违,非阿赖耶识所摄,是出世间最清净法界等流性故,虽是世间而是出世心种子性。又出世心虽未生时,已能对治诸

烦恼缠，已能对治诸险恶趣，已作一切所有恶业朽坏对治，又能随顺逢事一切诸佛菩萨。虽是世间，应知初修业菩萨所得亦法身摄。声闻独觉所得，唯解脱身摄。

闻熏习，不是赖耶自性，那它的自性是什么呢？"正闻熏习种子"的"下中上品"，它是"法身"的"种子"。法身的意义有广狭不同：有时，单指有情本具的如来藏性；有时，指赖耶转染还净，因无量清净熏习而显现的大圆镜智；有时，总指佛果位上的一切。这里的法身，约果智的法身说。这是法身的种子，所以是法身所摄。闻熏习种子，"与阿赖耶识相违"，是能对治赖耶的，所以"非阿赖耶识所摄"。它是"出世间最清净法界等流性"，是因净法界而有的，所以在它闻熏的时候，"虽是世间"，没有生起无漏心，却能成为"出世心种子性"。平常的世间杂染法，是向生死方面走的，所以不但是恶，就是善心，也不能成为出世心的种子性。现在的闻熏习，虽是世间，而能成为出世的种子性，是因为它有掉过头来趣向涅槃的关系。

在地前未得出世无漏智的菩萨，"出世心虽"还"未生"现行，但它的闻熏习，已有对治惑业生三杂染和生善的作用：一、"能对治诸烦恼缠"，缠是烦恼的现行，无漏种有殊胜力，能伏令不起。二、"能对治诸险恶趣"，受闻熏的菩萨，既对治了粗恶的现行烦恼，就不会再新造十恶业，也就不会堕入险恶的三趣了。纵然有时还要堕三恶道，也能很快地脱离，受苦也很轻微。三、"已作一切所有恶业朽坏对治"，过去所造的恶业，除极重的定业以外，大都能灭坏或者减轻。四、"随顺逢事一切诸佛菩萨"，他既离三杂染的恶的一分，就能生人间天上，见佛闻法，修集种种的功德善根。由此,我们可以知道,种子也有伟大的作用,它就是不起现行,也有某种力量,内在活动着。听闻正法的熏习力,把众生从生死里拔出来,但这不唯是听闻而已,是由闻法而熏发悲心,生起坚固的大菩提心(小乘是出离心)。持戒、修定、广学教理,都不一定能解脱生死,非有有力的厌离心或菩提心不可;有厌离心或菩提心,才会在内心发生一种反流作用,才能从生死趣向解脱。如上所说的正闻熏习,"虽是世间",但它的胜性,确是出世间的。因此,不但出世心生起以后,就是"初修业菩萨所得"的闻熏习,也是"法身"所"摄";换句话说,也是以法身为自性,而不是以赖耶为自性的。"声闻独觉"行者"所得"的闻熏习呢? 也不是阿赖耶识自性所摄,但不是法身摄,"唯解脱身摄"。解脱身,是离烦恼障而显现的人无我性;法身是离烦恼所知二障而圆满显现的真实性。小乘只能断烦恼障得解脱身,所以小乘的闻熏习,就以解脱身为自性。

【附论】

初业菩萨的闻熏是世间法,却不是有漏种(赖耶)现(转识)所摄,是法身所摄。依真谛译去理解,是这样:法身具常乐我净四德(本有的无为功德),四德的道是无漏有为,能开显本具的四德,所以闻熏习是四德的道的种子。闻熏习,外面直接闻法界等流正法而熏习,间接地引发本具四德的内熏,在赖耶中,出现一种非出世的而邻近出世的功能,是世间的出世影像。外愈熏,内也愈动,也就更逼近真实性。这闻熏习,在法界未开显以前,说它依赖耶。一到转依,它就与解性赖耶(具性德的法界)融合,为一切净法的所依。

又此熏习非阿赖耶识,是法身解脱身摄。如如熏习,下中上品次第渐增,如是如是异熟果识次第渐减,即转所依。既一切种所依转已,即异熟果识及一切种子无种子而转,一切种永断。

上面依出世心未起以前的闻熏习说它的作用与体性,这里是出世心生后的闻熏的作用与体性。"又此熏习非阿赖耶识,是法身解脱身摄",这是把闻熏的体性总结地提一下,作为转染成净的所依止。闻熏习经"如"是"如"是展转地"熏习",它由"下"品而"中"品,由中品而"上"品地"次第渐增",那时杂染品法所依的"异熟果识",也就"如是如是"地"次第渐减"。这样的染习渐减,净习渐增,到最后,杂染品类的种子彻底灭尽,妄染的阿赖耶"即转"为纯粹清净的法身,不再是杂染依,而是清净的"所依"法身(解性赖耶出缠)了。"既一切种"识,就是杂染法的"所依转"变了,那"异熟果识"(果相)"及一切种子"(因相)的赖耶自性,因"无"有杂染"种子而转",不复存在。因一切杂染种的永断,"一切种"类的染法也彻底地"永断",得究竟涅槃。

复次,云何犹如水乳? 非阿赖耶识与阿赖耶识同处俱转,而阿赖耶识一切种尽,非阿赖耶识一切种增? 譬如于水鹅所饮乳。又如世间得离欲时,非等引地熏习渐减,其等引地熏习渐增而得转依。

前说"闻熏习与阿赖耶识和合俱转,犹如水乳",很有融合而不能分离的样子,但从转依上看,却又可以分离,所以引起这一段问答。既然"犹如水乳"般的融成一味,"非赖耶识"自性的闻熏,"与阿赖耶识同处俱转",为什么二者不共存亡,"阿赖耶识"的"一切"杂染"种尽","非阿赖耶识"自性的"一切"清净"种增"呢? 两者和合,但不是一体,所以还是可以分离的。"譬如"水乳虽然融合一味,而鹅"于水"中饮乳的时候,"鹅所饮"的只是"乳"并不饮水,乳饮完了,水还是存在。水如清净种,乳如杂染种,修道者断杂染种,不断清净种,也就是这样的。"又如"欲界的有情,想修发上界的禅定,他在"世间得离欲"的"时"候,阿赖耶识中的欲界"非等引地"的"熏习",如是如是地"渐减",上界"等引地"的熏习,也就同时如是如是地"渐增",于是,"转"去下界的劣"依"而得上界的胜依。离欲界的熏习而转增上界的熏习如此,现在所说的转舍染种而转得净种所依,亦复如是。

【附论】

　　无漏最初的一念,从何而生? 这在萨婆多的三世实有思想中是不成问题的。清净无漏法,未来早存在,不过假借现在的有漏加行善,把它引生起来就是。所以他们最初一念的无漏,没有同类因,因为从不曾有过无漏;但有俱有、相应因等,所以还是从因缘生。在否认未来实有而主张现在有的,这最初一念无漏心产生的因缘,确乎很成问题。小乘学者,有几个不同的解说:一、经部本计:他说圣道无漏种子,现在就存在的,不过有为无漏法还没有生。他从萨婆多出来,却主张现在有,他的"圣道现在",不过把有部的未来有拉到现在来而已。化地末计也有这个意见。二、经部譬喻师:他不承认凡夫现有无漏为性的无漏种,无漏法的产生是由有漏法转成的,也可以叫做无漏种。三、大众与分别说者,主张心性本净就是无漏的根据。综上小乘诸说,一说有本有无漏因,二说有漏将来可以转成无漏,三说有漏无漏间有一共通的心性。

唯识家主张唯有现在,不承认未来实有,它怎样解答这问题呢?在《瑜伽·本地分》、《庄严论》等,主张有本有的无漏种子,叫做本性住种,这是采取经部本计与化地末计的,也就是有部未来法的现在化。本论的见解,本有无漏种不能成立。本论的定义:"内种必由熏习而有";没有熏习是不成种子的;无漏种是什么时候熏成的呢?论主不赞同本性住种的主张,所以采取了经部的思想,另辟路径,建立闻熏习的新熏说。但这思想是否圆满呢?种子从熏习而有,熏习的定义,是"俱生俱灭,带彼能生因性"。有漏世间心熏成的闻熏习,能否成为出世清净心因呢?本论的见解,是可能的;但自有人觉得有待补充。那么,除采用经部的新熏说以外,只有两条路可走:一、在新熏(生)以上,加上《本地分》的本有种,像护法《成唯识论》所说。他的解说是:因本有种的深隐,《摄论》所以不说;其实,这闻熏习只是引生无漏心的增上缘,亲生的因缘,还是本有无漏种。他虽然很巧妙地会通了,但与本论"内种必由熏习而有"的定义是否吻合呢?二、在新熏种以外,承认有本有种,但不同于《瑜伽》、《庄严》的有为无漏本性住种,而是诸法法性本具的一切无为功德(接近心性本净说):世亲的《佛性论》,说二种佛性,在行性佛性外,还有理性佛性。这本有的佛性,是一切众生所共有的如来藏性,没有离缠的有情,虽不能显现,但是本来具足的。实际上,《本地分》的无始传来的六处殊胜的本性住种,和世亲说的理性佛性,蕴界处中的胜相——如来藏,原是一个。只要把《瑜伽》的六处殊胜,与《楞伽》、《密严》、《无上依》、《最胜天王般若》等的如来(界)藏比较一看,就可知道。不读大乘经的唯识学者,理性佛性上再加《瑜伽》的本性住性习所成性,真是头上安头。但承认这个思想,就得承认唯是一乘,不能说有究竟三乘。这么一来,又与《瑜伽》不合了。

新熏的思想,说杂染依赖耶建立,但其中又插入清净的成分。这清净的成分,一方依于杂染的赖耶,一方又属于法身所摄,所以似乎难知!真谛说解性赖耶是清净法界,是每个众生的如来藏性,故闻熏习,初为世间,虽依赖耶,实际就内与法界相应的。其闻熏习与解性和合,或转依的时候,杂染熏习依于赖耶,清净法界是以无漏界为依的。这样说,或者还可以通得过去。

依本论的新熏说,建立三乘的差别,以二障可对治不可对治来分别:众生本没有大小乘的差别,由于闻法的关系,有熏成大乘的种性,有熏成小乘的种性,有熏成大小乘两种种性。熏成小乘种性的人,现在证阿罗汉果,入无余涅槃,到此就算究竟,成为定性的声闻。有人疑问:他既可以熏成大乘,为什么会有定性声闻?这是不成问题的,他熏得了小乘的种性,很快的就入无余涅槃,他心中存着先入为主的小乘见,不受大乘的熏习,所以他的所知障没有办法对治。假使有了小乘种性,在没有进入不可转变的阶段,那还是可以熏成大乘,回小向大的。但永不成佛的无性有情,似乎不易建立。或可以说:约未熏以前,叫他做无性;受熏以后,没有不成佛或证二乘果的。

二　约灭定识辨

（一）正辨灭定识非赖耶不成

又入灭定识不离身，圣所说故。此中异熟识应成不离身，非为治此灭定生故。

小乘三果的圣者与不退菩萨以上，方能修入灭尽定。"入灭定"，也叫入灭受想定，它虽没有受想，但"识不离身"，也是"圣"者佛陀在契经中"所说"的。这"应"该"成"立"异熟识"就是"不离身"的识，不能说是其他转识。因为修入此定，目的在对治粗动的转识，所以转识一定不起。但并"非为"厌离异熟识，对"治此"识而修习引"生""灭定"，所以灭尽定中，不妨有异熟识。这是大乘学者标揭自己的主张。

小乘论师讲到灭定要有细意识，都出发于种子的所依与根身的执受之要求。因为灭尽定是无漏清净的，所以虽不是建立清净依，也附带在此一谈。

又非出定此识复生，由异熟识既间断已，离结相续无重生故。

这破有部的主张。有部说：虽在灭尽定中，不起识的作用，但出定后，必然复生意识。如隔日疟一样，它虽然不在发作，但疟病并没有离身。所以灭定虽没有识，也可以叫做识不离身。论主破它说：决"非出定"后"此识复生"，可以名为不离身。不离身识是异熟识，它不同转识的断已复生，"异熟识"不断则已，"既间断已"，就舍离此身，舍身以后，"离"了"结"生"相续"，更摄持开展另一新生命之外，决"无""重生"之理。有部的生命存亡，由于命根，意识不妨断而复续，并不是什么异熟识；唯识家认为总异熟果是建立在果报识上的，所以不许异熟识可断。两家的定义不同。

又若有执以意识故灭定有心，此心不成：定不应成故，所缘行相不可得故，应有善根相应过故，不善无记不应理故，应有想受现行过故，触可得故，于三摩地有功能故，应有唯灭想过失故，应有其思信等善根现行过故，拔彼能依令离所依不应理故，有譬喻故，如非遍行此不有故。

　　再破经部譬喻师，它是主张灭定有细意识的。此定叫无心定，也叫灭受想定，受想与意识能不能脱离关系？有意识有没有受想心所？这都是问题。经部师上座主张没有受想等心所，但有不离识而假立的触；上座的弟子大德逻摩，主张触也没有。在论主看来，若说"以意识故"，佛说"灭定有心"，这有种种的过失。

　　"定不应成故"，约定体难。此定叫无心定，定中既有了意识心，无心定体怎么建立？若说没有五识所以叫无心定，那么，一切定都应该叫无心定，因为一切定都是没有前五识的。事实上，其余的一切定，有意识存在，虽没有五识，不叫无心定，可见灭定既称为无心定，不能说它有意识存在。"所缘行相不可得故"，约所缘行相难。缘境的时候，心上现起一种了境的相貌，名为行相。一般意识的所缘境及其行相，皆明白可知，但灭定识的所缘境及行相，不像一般意识的明了可知，所以不可说灭定中识是意识。

　　"应有善根相应过故，不善无记不应理故"，约三性难。灭定是善的，就应该有无贪等善根心所与它相应，因为心识的本性是无记的，必须与善心所相应，心识才能成相应善。如果有善心所，那就有下面所说有心所的过失了。假如说它没有善心所，那它怎么是善呢？决不能说它是不善无记的，因为它确是善性的，而且是无漏性的，是圣人所入的。

以下，是从若有善根心所，应有心所作难，难它不成灭受想定。"应有想受现行过故"，受想是遍行法，它是与心不相离的。现在既有非遍行的善根心所，那受想也就该存在现行了；假如受想现行，那与灭受想定的名称自语相违。再进一步说：若有意识，有受想，也该有"触可得"了，因为触是成立在根境识三和合上的。根境识三和生触，由触，受想思等诸心所才能生起呀！入灭尽定，它还有可意触或中容触，不然，出定不应该有这感觉。因为"于三摩地"中"有"触的"功能"，所以知道有触可得。既然有触，就应该有从触引起的觉受。假定有了觉受，那就"有唯灭想"的"过失"，可以名为灭想定，不可名灭受想定了。并且，于三摩地中，若有触受心所的功能，那定中也就"应有其思"，受想尚能现起，为什么没有思呢？就是"信等善根"也应当"现行"了。这还成什么灭受想定呢？所以不应说不离身识是第六意识。

上面是据有心所的见地作难，但经部不承认，以为心心所可以分离。修此定的圣者，但厌离心所，并不厌离心，所以定中有意识，没有从意识生起的心所。论主不许它有心无所，所以说心是所依，心所是能依，"拔彼能依"的心所，"令离所依"，而留下所依的心王，这是"不应"道"理"的！因为心王与心所，无始时来，就互不相离，存则俱存，灭则俱灭。并且，还"有譬喻"，像无想定也是离了能依心所，所依的心就随之而灭。但经部还是不同情，它也有譬喻，如出入息是身行，四禅以上的有情，出入息的呼吸（身行）灭了，而身仍然存在。这样，受想是心行，也不妨受想灭而细意识存，何必要责令心与受想的心行俱有俱无呢？论主的见解，不能用身行作比喻，不然，语行的寻伺灭了，语也应当不灭，所以其中大有差别。身口意三行，对于身口意，有遍有不遍，遍行的灭了，法必定随灭；不是遍行的灭了，法可以仍然存在。出入息不是遍行的，所以出入息灭了，身体还存在。寻伺于语是遍行，所以寻伺灭了，语也就随灭。受想于心也是遍行的，所以受想灭时，心定随灭。"如"身行"非遍行"的意义，"此"受想的意行中是"不有"的，所以不能用身行作比喻。

又此定中由意识故执有心者，此心是善不善无记皆不得成，故不应理。

　　魏译有这一段，没有前一段；陈译隋译有前一段，又没有这一段。释论说："今当略显第二颂义"，可知这本是两种不同的诵本，本译是把它糅合了。灭尽定中，"由意识故执有心"，此细心，无论说它"是善不善无记"，"皆不得成"，故应许不离身识是异熟识。赖耶不也是无记吗？怎么得成呢？假如它许可意识是异熟无记，那也就是赖耶的别名，也可以成立了。但它不许是异熟无记，所以说它无记不成，是约威仪工巧等无记心说的。

（二）附论色心无间生为种不成

若复有执色心无间生是诸法种子，此不得成，如前已说。又

从无色、无想天没，灭定等出，不应道理。又阿罗汉后心不成。唯可容有等无间缘。

　　熏习为种说，小乘有好几派，有主张色心受熏为种的，有主张心心所法受熏为种的。色心为种子的，有以为刹那刹那前色引后色，前心引后心。但主张无色界无色、无心定无心的学者，觉得这有通不过的地方，如无色界没有色，无心定没有心，这色心的种子是什么呢？因此，经部中的先轨范师，主张色心互持种子。无色界没有色，但是有心，就以这心持色法的种子；无心定虽没有心，但还有色，就以这色持心法的种子。这里所破的"有执色心无间生是诸法种子"，是约前后自类引生说的。论主认为这"不得成"立，"如前"破二念不俱有等，"已说"它无熏习的可能了。论主又从无色界无色、无心定无心（六识）的见地，破斥他："又从无色"界没，生欲色界的时候，色法久已断灭，现在色法的生起，以什么为种呢？又有从"无想天没"，或从"灭定等出"，心法在无想天及二无心定中，也久已断灭，现在心法的生起，又以什么为因呢？若许有阿赖耶识，摄持色心的种子，就没有这样的过失。"又阿罗汉"的最"后心"，刹那灭了以后，不再生色心，他灰身泯智，入无余依涅槃了。若以前刹那的色心为后刹那色心的种子，那么，罗汉的最后心，不再生色心，也"不成"立，如是，永远不能入无余涅槃了。唯把种子建立在赖耶中，才能因对治道起时，染分的种子分分除去，获得转依。他把色心作为能生的种子——因缘，是错误的，前念的色心望于后念的色心，只"可容有等无间缘"而已。经部学者，不但承认心有等无间缘，色法也有等无间缘的。所以本论采取经部的思想，承认它有等无间缘,不过不许它也有亲因缘。本论承认它有等无间缘,有说,这是论主纵许的。

庚　结成赖耶

如是若离一切种子异熟果识,杂染清净皆不得成,是故成就如前所说相阿赖耶识,决定是有。

总结上面的所说,可知安立三"相"的"阿赖耶识,决定是有"。

辛　别释转依非赖耶不成

此中三颂:菩萨于净心,远离于五识,无余,心转依云何汝当作?若对治转依,非断故不成,果因无差别,于永断成过。无种或无体,若许为转依,无彼二无故,转依不应理。

再从转舍杂染依的见地,证实非有赖耶不可。"菩萨于净心"的净心,指出世的清净无漏心。在出世净无漏心现前的时候,是一定"远离于"眼等"识"的,其余有漏善或无记的意识,也不会生起,所以说"无余"。这时候,唯无漏的意识现前。如果没有阿赖耶识持杂染种,这染"心"的"转依",怎样安立呢?这先简去五识与有漏的意识,使他理解转依,没有其他染心可以转依,非接受赖耶不可。或转去依他性中的杂染分,转显清净分,这是在现行上说。又一切杂染分的熏习离去,净分渐增到最清净法界全体现前,具足一切功德,这也叫做转依,是就种子方面说。虽下文说到六识转依,或约三性说转依,但主要的是所知依染习的转依。这转依,本是说转去杂染依的有漏界,使它彻底地不存在,转得最清净依的无漏法界,所以这转依的寂灭,不但说舍染,还是说因舍杂染而显现的清净——大般涅槃。

"若"说"对治"就是"转依",这不能成立,因为出世净心最初现前的时候,但是无漏对治道,并"非(永)断"杂染的种子,所以以对治为转依,是"不成"的。若承认对治就是转依,那就"果因无差别"了。如小乘的究竟果是阿罗汉,前三果虽也是果,但还在因地修行对治道;如大乘的极果是佛位,十地菩萨也还在因中修行,都不是转依的涅槃。若说对治就是转依,小乘初果,大乘初地以上——因,就与转依的究竟果,不是没有差别了吗?所以这种主张,"于永断"染种的转依正义,"成"为很大的"过"失。

【附论】

有人说:本论的见解,要到最后金刚道才是断,初地以来的无漏心,只是对治罢了:它的根据就是这一颂。这完全错误了!这是破他不立赖耶,对治道生起时,不能安立因果的差别。如果建立阿赖耶,在初地无漏现起时,未尝不断杂染的种现,不过不是永断而已。本文的断,是永断,是彼果断的大般涅槃。在彼果断的究竟转依上讲,所以说净心现前不就是转依,因为尚未永断,不然,就有因果无差别的过失了。有了阿赖耶的染种在,对治道虽断其一分,它还没有究竟转依,所以能建立因果的差别。

假使不立赖耶,那还是说"无种"为转依呢?还是说"无体"叫转依呢?(无体,世亲说无识体,无性说无有种体。)"若许"这二者"为转依",不能成立!如不立赖耶,那么在一念净心现前时,根本就没有杂染种子与识体,可为对治的所治,可使它转有成无。既"无"有"彼二"者灭"无"的意义,说为"转依",是决定

"不应理"的！若建立阿赖耶识，转依则成。因为一切种子在阿
赖耶识中，可为能对治道所对治的对象，转舍一切杂染分，转依
而得清净的法身。

第三项　成立赖耶差别

甲　总标

复次，此阿赖耶识差别云何？略说应知或三种，或四种。

　　前面以教安立、以理安立三相，及抉择赖耶为染净依，主要
在成立本识，说明它与种子的关系，因果等总相。这里再谈谈它
的差别。赖耶是一味的，它的种种差别相，是根据现实推论所
得。宇宙人生，有着多种多样的差别作用，可知宇宙人生的真因
缘，也该有种种的差别性。赖耶的差别，就是种子作用的差别。
这先总标"或三种，或四种"两类，下面一一分别。

乙　三种差别

**此中三种者，谓三种熏习差别故：一、名言熏习差别，二、我见
熏习差别，三、有支熏习差别。**

　　这里只说到"三种熏习差别"的名字，没有加以解说，因为
在所知相中，有较详细的说明。差别虽有三种，其实就是一个名
言熏习，不过据某一点的特殊意义，又分别建立而已。
　　一、"名言熏习差别"：名言有二：（一）在心识上能觉种种的
能解行相（表象及概念等），叫显境名言。（二）在觉了以后，以
种种言语把它说出来，叫表义名言（表义名言，古代本是言说

法,后代又以文字表达,也是表义名言的一类)。显境表义二种
名言,发生相互密切的关系,因言语传达而引生思想,因思想而
吐为言语。离了名言,我们就不能有所知,也不能使人有所知,
我们能知所知的一切,不过是名言假立。我们了境的时候,由名
言而熏成的功能,在将来有能分别所分别种种的名言现起,这能
生性,就是名言熏习。一切如幻行相,皆是名言,这在唯识学的
成立上,有极端重要的地位。

二、"我见熏习差别":染污末那执赖耶为自内我,熏成了我
见熏习。因我见熏习的关系,众生有各各的差别,以自为我,以
彼为他。众生界的彼此独立的人格(拿人讲),就是建立在这我
见熏习上。

三、"有支熏习差别":上天堂入地狱,流转诸趣而受苦乐异
熟的差别,是有支熏习的力量。因为造了福非福不动业而熏成
的种子,为三有的差别因,所以叫有支。

这三种熏习,能赅括宇宙人生一切法的差别因。

丙　四种差别

一　总标

四种者:一、引发差别,二、异熟差别,三、缘相差别,四、相貌
差别。

先总标四种差别的名字。

二　引发差别

此中引发差别者,谓新起熏习。此若无者,行为缘识,取为缘

有,应不得成。

"引发差别",指"新"熏而"起"的"熏习"。为什么叫引发呢? 由业力的熏发,能引发某一类自体熏习成熟,感受异熟果。本论的意见,赖耶必有引发熏习的差别作用,"若无"有这新起的熏习,那"行为缘识,取为缘有"的圣教"应不得成"立了。身口意的三业(行)活动,必然熏成种子在阿赖耶(识),这业种再由取力的熏发,才为能感三有果报的有。有"行缘识,取缘有"的事实,赖耶中必有引发差别存在。

三　异熟差别

此中异熟差别者,谓行有为缘,于诸趣中异熟差别。此若无者,则无种子,后有诸法生应不成。

由"行有为缘"的力量,有情"于诸趣中"招感"异熟"果的"差别",这能感异熟差别的种子,就叫异熟差别。这也是推果知因。假使这缘起的阿赖耶识没有异熟差别的功能,那因行有为缘而感得后有诸法生起的事实,也就"应不成"立。

引发差别与异熟差别,有什么不同? 异熟差别指能生异熟的种子,不是异熟果体,主要在说明有业种才有异熟果。引发差别,在说明应有新熏的业种。引发就受熏说,异熟就能得果说。

四　缘相差别

此中缘相差别者,谓即意中我执缘相。此若无者,染污意中我执所缘,应不得成。

缘是所缘,相有为境及为因的意义。这"缘相差别",就是染污"意中"我执的所"缘相"。染意有内缘执我的作用,所以推论到本识有为所缘相的差别。"若无"缘相差别,"染污意中"的"我执所缘,应不得成"。一切种子赖耶识融合一味,相续如流,似乎有恒在不变的相状,所以染意缘之而执我。《成唯识论》说染意唯缘赖耶见分,其实不然,它是缘一切种识的瀑流。这里所讲的赖耶差别,都是就种子识说的,这缘相差别,自也不能例外。还有更明白的根据,到"入所知相"中再说。

五   相貌差别

(一)总标

此中相貌差别者:谓即此识有共相,有不共相,无受生种子相,有受生种子相等。

这是标举,义如下释。

(二)共不共相与有受生无受生相

共相者,谓器世间种子。不共相者,谓各别内处种子。共相即是无受生种子,不共相即是有受生种子。

阿赖耶识中,应有两类种子:一、"共相"种——能现起"器世间"的依报"种子";二、"不共相"种——能现起有情世间的正报"种子"。"各别内处",就是有情各各不同的内六根。六根是有情生命的自体,我的不是你的,你的不是我的,这叫不共相;其他不属于有情的自体,似乎离却有情独立存在的身外物,属于宇宙的,大自然的,一切有情共业所感的,这叫共相。所以有共不共的差别,在于缘境熏习时的观念的不同。如缘茶壶把它认为非生命的,就熏成共相种;若缘眼等,把它认为有情的,就熏成不共相种;因种子而生起现行,也就有共不共的差别。

《成唯识论》以净色根为不共中不共;以根所依处的色香味触的扶根尘为不共中共;共与不共的差别,在是否为其他有情所受用。它根据自变自缘的定义,所以说净色根,不是其他有情所共变,是不共中的不共。不过依《辨中边论》说,"似自他身五根性现",显然是说净色根和扶根尘,都是自它共变的。共不共相的本义,就是属不属于有情的意思。属于有情的,我们觉得它一一有情各各不同,这就叫不共相;不属于有情的,就是共相。共相既不摄为有情的自体,就是不生觉受的东西,所以共相种"即是无受生种子";不共相既摄为有情的自体,它的种子"即是有受生种子"。共不共相的分别,主要是在有没有觉受。

对治生时,唯不共相所对治灭。共相为他分别所持,但见清净,如瑜伽师于一物中种种胜解,种种所见皆得成立。

这是说对治道生的时候,共不共相有灭不灭的差别。某一有情的无漏道"对治生时",他个人的"不共相"是"所对治"的对象,渐渐地损减到尽"灭"。但器世间的"共相","为他"没有现起无漏有情的"分别所持",所以不因一人的对治道起而整个器世间灭去。所以在对治道生的圣者,也不灭共相的器世间,"但"能不同一般人的所见,而"见"到"清净"的世间。共相不共相如此,赖耶中的共不共相种子,也可推论其存亡。共相种子,不是转灭,只是转为清净。《成唯识论》说共变的第三家义,有情各变自己的器界,所以他在对治生时,他自变的一分器界,就随之被对治了,而其他有情所变的则不随灭,所以不因他个人的一分消灭,以至影响到整个的世界。譬如一室千灯,一盏灯光熄了,余灯仍然照样辉煌着。它与本论,有着某种的差别。本论的见解,正像经上说的:"如来见于三界,不如三界所见。"对象是同的,不过众生不得自在,佛已得自在;众生不清净,佛已得清净。所以共相的器世间,不能说它是灭,只可说世界净化了!如修止观而得成就的"瑜伽师",他"于一物中",能随心中"种种"不同的"胜解",观想它是金石,是白骨,而"种种所见"差别的异相,"皆得成立"。瑜伽的意义是相应,修习止观而得到相应的,叫瑜伽师。

此中二颂:难断难遍知,应知名共结,瑜伽者心异,由外相大故,净者虽不灭,而于中见净;又清净佛土,由佛见清净。

"难断"除而又"难遍知"的,"应知名共结"。共结是一切有情共同(相似)结使所起的共相。个人的事情,容易解决,有关大众的事情,就难得解决,所以说共相是难断难遍知的(结是系缚义)。修"瑜伽者",也只能做到随观"心"而"异"见。"由"这共相是非有情所摄的"外相",世界无边,是非常广"大"的,所以不能把它断灭。出世的清"净者","虽不"能把广大的共结世界"灭"掉,但它"于"共相"中见"的,却不是不堪的秽浊世界,而是没有染污的清"净"世界。"心净则国土净",就是这个意思。"清净佛土",到初地以上的菩萨,也可以见到少分,这里说"由佛见清净",是约究竟说的。佛住的清净国土,并不一定是另一世界,所以《法华经》中说,佛住此土的灵鹫山,虽然劫火洞然,此土不坏。

复有别颂：对前所引种种胜解，种种所见皆得成立。诸瑜伽师于一物，种种胜解各不同，种种所见皆得成，故知所取唯有识。此若无者，诸器世间，有情世间生起差别，应不得成。

这颂，魏译中没有，世亲也没有解释，既然说别颂，该是上二颂的另一诵本，本译又把它综合了。颂中成立"所取唯有识"的道理，唯心所现的思想，此颂可以略见一斑，余义如文可知。"此"下是结文。如上所说的共相种不共相种的差别相"若无"有的话，"器世间"与"有情世间"就该要浑成一团，它们"生起"的种种"差别"相，就都"不"能"成"立了！

（三）粗重轻安相

复有粗重相及轻安相：粗重相者，谓烦恼随烦恼种子。轻安相者，谓有漏善法种子。此若无者，所感异熟无所堪能，有所堪能所依差别，应不得成。

"粗重相"，指根本"烦恼、随烦恼"的染污"种子"。"轻安相"，指一切"有漏善法"的"种子"。粗重与轻安的分别，在有堪能与无堪能。如人生病，身体沉重，四肢无力，这就是无所堪能的粗重相；若人健康，身体轻快，精神饱满，这就是有所堪能的轻安相。换句话讲：有为善及出世可能的叫轻安，无为善及出世可能的叫粗重。怎么知道赖耶中有这二相呢？"若无"这二相的差别，那众生"所感异熟"果报，为什么有"无所堪能，有所堪能"的"所依差别"呢？有情所感的异熟所依，有有堪能与无堪能两者，可知赖耶中必有这二相的差别。

（四）有无受尽相

复有有受尽相无受尽相：有受尽相者，谓已成熟异熟果善不善种子。无受尽相者，谓名言熏习种子，无始时来种种戏论流转种子故。此若无者，已作已作善恶二业，与果受尽，应不得成。又新名言熏习生起，应不得成。

从生果的功能有尽无尽，推知赖耶有这二相。这就是有支与名言两种熏习。"有受尽相"，是那已经"成熟"而感受"异熟果"的"善不善种子"。因善不善熏成的业种子，有增上的力量，助感异熟果，这感果的力量尽了，所感得的异熟果报也就告一段落，这叫有受尽相的种子。"无受尽相"，就是那"名言熏习种子"，从"无始时来"，有"种种戏论"名言的熏习，成为生死"流转"中转起名言戏论的"种子"，这叫无受尽相的种子。

赖耶中假使没有受尽相，那"已作善已作恶"的"二业"，就应感果无穷，业种"与果"而"受"用有"尽"的意义，则"不得成"。如果没有无受尽相，"新名言熏习"的"生起"，也就"应不得成"立。因为要有无始时来的本有名言熏习，才能现起新熏的名言种，假使没有本有的名言种，就没有名言的现行，新起的名言熏习也就无从熏习而成。有新名言的熏习，可知必有本有的种子。本论说内种必从熏习而有，这本有的名言熏习，应该是无始来法尔熏成的戏论种。

（五）譬喻相

复有譬喻相：谓此阿赖耶识，幻焰梦翳为譬喻故。此若无者，由不实遍计种子故，颠倒缘相，应不得成。

譬喻相,是说"此阿赖耶识"应以"幻焰梦翳为譬喻"。幻喻有二种,或者譬喻所生所现的似有非实的幻事;或者譬喻能幻者,如幻师能积集草木等,幻化象马等事;阿赖耶识能集种种的种子,显现一切法。焰,是阳焰,渴鹿见阳焰以为是水。梦,是说由梦心梦见种种事。翳,是眼翳,由眼有眚翳,妄见发毛火轮空花等。这譬喻,都是譬喻能现起实无其事而好像有体的虚妄相。赖耶应有这种譬喻相,假使没有,那"由不实遍计种子"而现起的种种"颠倒缘相,应不得成"。不实遍计种子,从其他的译本上看,就是虚妄分别种子,种子的本身是虚妄分别为自性的,从它所现起的,也是虚妄分别法。从不实遍计种子,现起种种似有而实无的幻事,成为乱识颠倒缘的境相。因有非义为义的乱相,可知赖耶中必有如幻翳的虚妄分别种子。

(六)具足不具足相

复有具足相不具足相:谓诸具缚者,名具足相。世间离欲者,名损减相。有学声闻及诸菩萨,名一分永拔相。阿罗汉、独觉及诸如来,名烦恼障全永拔相,及烦恼所知障全永拔相,如其所应此若无者,如是次第杂染还灭应不得成。

一般凡夫,一切障都没有远离,叫"具缚者",由这具缚的凡夫,可知赖耶中的染种悉皆具足,"名具足相"。"世间离欲者",如外道等修定,断灭欲界修道所断的烦恼,这叫"损减相"。

"有学声闻",永拔一分烦恼障;见道以上"诸菩萨",永断烦恼所知障各一分,这叫"一分永拔相"。无学的"阿罗汉"及"独觉",拔去全分烦恼障,名"烦恼障全永拔相"。"诸如来"完全拔

去烦恼所知二障,这叫"烦恼所知障全永拔相"。从凡夫的具足
二障,到三乘圣者的拔去一分或拔去全分,所依的赖耶种也该有
损减一分或完全转依,有具足相与不具足相的差别。假使没有
这差别,那有情的"杂染","次第"到"还灭"的阶段,皆"不得
成"了。

第四项　辨赖耶是无覆性

**何因缘故善不善法能感异熟,其异熟果无覆无记? 由异熟果
无覆无记,与善不善互不相违,善与不善互相违故。若异熟
果善不善性,杂染还灭应不得成,是故异熟识唯无覆无记。**

　　总异熟果,是无覆无记性,这思想与有部相同,不过所指不
同。"能感异熟"的因性,是"善不善法",而所感的"异熟果"
体,是"无覆无记",这是什么道理呢? "由异熟果无覆无记",才
能"与善不善互不相违"。为善不善所感的果报,为什么不是善
不善呢? 因为"善与不善"是"互相违"的。若"异熟果"是"善"
的,就不能依之而起不善,如果永远是善,"杂染"流转就不得
成。若异熟果是"不善性"的,那就不能生起善法,这样,清净
"还灭"也就因此"不得成"立。因有这样的关系,"异熟识"决
定是"无覆无记"的。

第三章　所知相

第一节　出体相

第一项　略释三相

甲　总标

已说所知依,所知相复云何应观? 此略有三种:一、依他起相,二、遍计所执相,三、圆成实相。

"所知"法的"依"止,"已"经"说"过;"所知相"也得研究一下。这所知相,如果要作广泛的说明,那真是千差万别,言不胜言。概"略"地说,"有三种:一、依他起相,二、遍计所执相,三、圆成实相"。这三相中,依他起是中心,依依他起而显现为义,就是遍计执相。遍计,是遍所计度的意思。离却错误的认识,通达无义,就是圆成实。所知依章,重在说明染净诸法的因性,这因性就是阿赖耶识。但怎么叫唯识? 究竟唯什么识? 在所知依章里,几乎没有谈到;这所知相章,就是要说明依这因性赖耶所现起的一切法,分别它的心境空有,也就是建立唯识;所以本章在说明唯识义方面,是很重要的。

乙　依他起相

此中何者依他起相? 谓阿赖耶识为种子,虚妄分别所摄诸识。此复云何? 谓身,身者,受者识,彼所受识,彼能受识,世

识,数识,处识,言说识,自他差别识,善趣恶趣死生识。此中
若身,身者,受者识,彼所受识,彼能受识,世识,数识,处识,
言说识,此由名言熏习种子。若自他差别识,此由我见熏习
种子。若善趣恶趣死生识,此由有支熏习种子。由此诸识,
一切界趣杂染所摄依他起相虚妄分别皆得显现。如此诸识,
皆是虚妄分别所摄,唯识为性,是无所有非真实义显现所依;
如是名为依他起相。

　　依他起相是什么? 本论用三义来说明:它的因缘,是"阿赖
耶识为种子"。它的自性,是"虚妄分别所摄":就是说它以乱识
为自体的。它的别相,是由赖耶功能所现起以妄识为自性的
"诸识"。识,是明了显现的意思。

　　【附论】
　　虚妄分别,唯识学上有不同的解释:玄奘传的唯识,虚妄分
别但指依他起;真谛传的唯识,却通指依他与遍计。他译的《中
边分别论》说:虚妄分别是能取、所取、分别;分别是有,能取、所
取是无。他译的世亲释,也有这个思想。《庄严论》的"非真分
别故(或译虚妄分别相),是名分别相。……不真分别故,是说
依他相",也是通指依他与遍计为虚妄分别的。

　　依他与遍计,都可称为虚妄分别的,但定义应该稍有不同。
依他起是识为自性的,识生时能显现种种的颠倒缘相,对这所缘
相又认识不清而起颠倒。在这两方面,识都含有虚妄的成分,所
以依他起是能现起虚妄的分别,分别的本身也是虚妄。至于遍
计相,它是分别所起的虚妄相;这虚妄相虽似乎离心而有,其实
还是以分别为性的,所以也说是虚妄分别。真谛说:虚妄是遍计

性(他译作分别性),分别是依他性;有时又说:虚妄是遍计性,虚妄分别是依他性;有时更进一步地说:依他是虚妄分别性,遍计也是虚妄分别性。这种见地,是采取《庄严论》的。我认为依他、遍计的本义,是似有的心——分别,无实的境——虚妄。这两者,从依他看到遍计,从遍计看到依他,在凡夫位上,是俱有俱无而不能相离的;因此,依他与遍计,都是虚妄分别的;都是似有非实,无实而似有的;也都可以用如幻来比喻的;真实性显现(清净法),这两者都不能存在的。《庄严论》的体系,确是这样。不过从《中边论》说的"三界心心所,谓虚妄分别"、本论说的"虚妄分别所摄诸识"看来,虚妄分别是侧重在依他起。

先解说诸识:玄奘传的唯识学,总是说八识;但《中边分别论》说"根""尘""我""识"的四种;《庄严论》说六种;本论说十一识;或多或少,开合没有一定。初期的唯识学,是把万有归纳成几类,这几类摄尽万有,而这都是识所显现以识为自性的,所以建立种种识。奘传的唯识学,把万法中常人所看为能分别者,建立为识,再拿这识去解释一切。一是归纳的,一是演绎的。

诸识,可分为十一识:一、"身"识,就是五色根。二、"身者"识,世亲说是染污末那,染末那为什么叫身者? 这是值得研究的。身识的身,是五色根;这身者识的身字,也应该是根身。下文的受者识是能受识的所依,可见这里的身者,应是根身的所依体。阿陀那识不是执受根身,为根身的所依吗? 真谛不是说阿陀那是末那的异名吗? 世亲以染末那为身者识,与末那亦名阿陀那识,当然有重大的关系。三、"受者识",就是无间灭意,是六识生起所依的无间灭意根。这身者与受者,就是本论所说的二种意。四、"彼所受识",就是所取的六尘。五、"彼能受识",就是能取的六识。六、"世识",是相续不断的时间。七、"数识",是一二三四等数目。八、"处识",是有情的住处。九、"言说识",是依见闻觉知而起的语言。十、"自他差别识",是有情间自他各各的差别。十一、"善趣恶趣死生识",是在善恶趣中的死生流转。宇宙间种种差别的相状,把它归纳成十一种,这十一种都是以识为自性而明了显现的,所以一切都叫识。

再解说阿赖耶识为种子:这十一识,都是从赖耶中的熏习所生,这又可以分为三类:"身,身者……言说识"的九识,"由名言熏习种子"而现起的,是第一类。"自他差别识","由我见熏习种子"而现起的,是第二类。"善趣恶趣死生识","由有支熏习种子"为因而现起的,是第三类。一切法不出十一识,一切种不出三熏习,这就是解释阿赖耶识为种子。

再说虚妄分别所摄:从赖耶种子生起的"诸识",可以总摄"一切"三"界"、五"趣",三种"杂染所摄"的"依他起相"。依他起就是三杂染,这是《解深密经》所说的;现在用十一识来总摄它。这十一类都是识,所以三杂染所摄的依他起相,是"虚妄分别"为自性的意义,"皆得显现"。若但说三种杂染,不知它是否唯识,现在把这些都摄归于识,都称之为识。识,就是虚妄分别,那么,三杂染所摄的依他起相,一切都是虚妄分别为自性的了。这"诸识,皆是虚妄分别所摄",也就可知它"唯识为性"。

谈到唯识,就要知道无义。妄心所取的对象叫做义;在我们看,义是离心以外实有的,实际上它根本没有独立的自体,不过在分别心上现起这似境的影像罢了。所以外境不是客观的存在,而是内心妄现的影像。像我们在五蕴和合上,妄执有我,这我就是毫无自体,唯是妄心倒计的义。这义,是无所有的,它是以虚妄分别心为依而显现的,所以论说:"是无所有非真实义显现所依"。这为非真实境相所依的,就是唯识为性的"依他起相"。因此,我们知道:依他起相是赖耶种子所生,是虚妄分别为自性,是非真实义的所依。

丙　遍计所执相

此中何者遍计所执相? 谓于无义唯有识中似义显现。

凡夫因无始来的虚妄熏习,在虚妄分别心现起时,就在这"无义唯有识中",有种种"似义"的分别相"显现";这似义就是遍计所执相。《成唯识论》说:"或复内识转似外境,我法分别熏习力故,诸识生时变似我法,此我法相,虽在内识,而由分别似外境现",很可为本论的遍计执性作注脚。

丁　圆成实相

此中何者圆成实相? 谓即于彼依他起相,由似义相永无有性。

"于彼依他起相"上,因遍计性的"似义相永无有性",就是彻底通达遍计性无,依他诸法因空却遍计执性所显的空相,叫圆成实相。

现在,我们可以获得三相的基本而简单的认识:依他起是虚妄分别的心,遍计执是似义显现的境,圆成实是因空却遍计所执性所显的诸法空相。《辨中边论》说:"唯所执,依他,及圆成实性:境故,分别故,及二空故说。"它也说境故是遍计所执,分别故是依他起,二空故是圆成实,这是唯识学上三相的定义。

【附论】

依他与遍计,论中的解说似乎有些不同,因之,后代的唯识学也有不同的诤论。但据我看来,这完全是一贯的。且先说似乎不同:一、虚妄分别心中,现起似义的影像,似义是遍计性,分别是依他起,这像本文及《中边》的"境故"、"心故";《成唯识论》卷一的"或复内识转似外境;我法分别熏习力故,诸识生时变似我法";卷十的"然相分等依识变现,非如识性依他中实;不尔,唯识理应不成";《楞伽经》的"由自心执著,心似外境转;彼所见非有,是故说唯心":都是这个见解。二、从虚妄分别心中,生起能所取,能取所取是遍计性,虚妄分别是依他起。如《中边论》的"虚妄分别有,于此二都无";《庄严大乘经论》的"如彼起幻师,譬说虚分别,如彼诸幻事,譬说二种迷";《成唯识论》卷八的"有义三界心及心所……,无始妄熏,虽各体一而似二生,谓见相分即能所取,如是二分情有理无,此相说为遍计所执……圣教说虚妄分别是依他起,二取名为遍计所执"。三、从缘所现起的,如身身者等能取所取是依他起,依他是可以有二分的;像《庄严论》的"所取及能取,二相各三光,不真分别故,是说依他相";《成唯识论》的"或识相见,等从缘生,俱依他起"。取缘起所现为境,而见为实境,才是遍计性。甚至在同一论中,就有这似乎不同的见解,你能说它自相矛盾吗(除《成唯识论》,它是引述各师的异见)?它虽然是一贯的,但论师间却分化出对立的思想。

```
              相识 ————— 所取 ———┐  似
         ┌─              ╲         │  义
         │                 ╲       │  显
  虚 ─────┤                  ╲      │  现
  妄      │                   ╲     │
  分      └─ 见识 ————— 能取 ───┘
  别
```

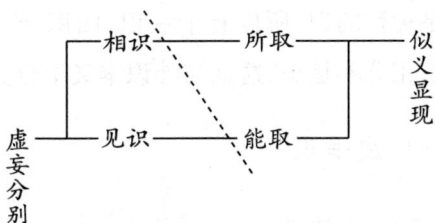

　　唯识的本义,依他的虚妄分别心是有,遍计的似义显现境是
无。论中不同的解说,甚至似乎矛盾,都只是两者圆满的解说。
怎样才是依他有? 是赖耶种子所生的,虚妄分别为性的。在分
别自性缘起的立场上,一切依赖耶所生的,无不是识。能取是
识——赖耶的见识;所取也是识——赖耶的相识。在藏识所现
中,是依他起。总摄起来,只是一藏识;随义安立,有十一识。怎
么才是遍计性? 是分别心所取的,似义显现为性的。在受用缘
起的认识上,凡夫乱识所取的一切,无不是境,所取的境相是境,
似有离境的内心,也未尝不是境。在望文生义的学者看来,见识
相识与能取所取有一种差别;其实,只是一心、一境。从境的认
识上,理解它以虚妄为性,从种所生,一切唯识,而现有二分。反
之,唯识所现的幻相,我们并不能了达。成为我们所认识的,早
就是遍计性了。从凡常的见地,理解到一切唯识,见相都是依他
起的;依种子所生虚妄分别为性的而成为我们的认识,见相都是
遍计性。纵横观察安立,只是虚妄分别为依他(推本归识),显
现似义(随取成境)为妄计而已!
　　唯识的特义,在有心无境。一切的物相,我们初看起来,好
像有实在的外境,有别体的能取所取;其实一切境界,皆是虚妄
分别心所现的,都是虚妄分别心所摄的。遍计性上见到的种种,

探其实际,只是种种的识,所以有十一识,四识,或见识相识等。若说见分是识,相分不是识,这就与唯识本义不合。

第二项 广成唯识

甲 明一切无义成唯识

一   出十一识体以摄法

此中身,身者,受者识,应知即是眼等六内界。彼所受识,应知即是色等六外界。彼能受识,应知即是眼等六识界。其余诸识,应知是此诸识差别。

从上面看来,这段文似乎是十一识的解释,但从下文的意义看来,这是在总摄一切法。要成立一切法唯识,必须先把十一识提一提,知道了什么是一切法,才好说明唯识。

十一识中的"身"识,"身者"识,"受者识",就是眼耳鼻舌身意的"内六界";"彼所受识",就是色声香味触法的"六外界";"彼能受识",就是眼识耳识鼻识舌识身识意识的"六识界"。一切法不出六根六尘六识的十八界,这十八界是有情的一切。所以这五种识,已能赅摄一切法的自性。至于"其余"的世等"诸识",不过"是此"身等"诸识"的"差别"相,依身等五识的作用而安立的。

二   辨唯识无义

(一)譬喻显示

又此诸识皆唯有识,都无义故。此中以何为喻显示?应知梦

等为喻显示。谓如梦中都无其义独唯有识，虽种种色声香味触，舍林地山似义影现，而于此中都无有义。由此喻显，应随了知一切时处皆唯有识。由此等言，应知复有幻诳、鹿爱、眩翳等喻。

上面的"诸识"，是以虚妄分别为自性的，"都"是"无义"的，所以也"皆唯有识"。理论与实际固然是这样，但我们不知唯识所现，有"何"譬"喻"可以"显示"此义呢？"应知梦等为喻显示"。梦等譬喻，在梦境实有的学者，像有部他们，还是不会因此而信解唯识；不过对那承认梦境是假的经部，就很有力量。

"梦中"的境界，是"无其义"而"唯有识"的；这是大家所能体会到的。在梦中"虽"见到"种种色声香味触"以及房"舍"树"林"大"地"高"山"，"似"乎有"义"相"影现"，但谁也承认这些"都无有"实在的境"义"，唯独是心识的变现。"由此"梦"喻"的"显"示，"应随"即"了知"，我们在"一切时"一切"处"所见到的种种外境，不就是真实，也像梦境一样，不是实有的，"唯有识"所变现罢了。

【附论】

梦心的譬喻有不同的解释。妄心派说：梦心是虚妄分别心，睡眠心所，像赖耶中的虚妄分别种子，因睡眠相应的梦心，现出种种梦境来。真心派说：心本是明明白白的觉知，由于睡眠的力量，使它成了错乱的梦心，因梦心而生起梦境；这样，明知的心是真心，因无明晦昧真心，所以真心就转成梦心一样的妄心，因妄心而有种种的分别事识（六识）与六尘。

"由此"，前文梦等的"等言"（言就是字），"应知"不但梦境是这样,"复有幻诳、鹿爱、眩翳"的比"喻"。幻诳,就是那变幻术的,在没有中幻出种种东西,好像是实有的,欺诳无知的婴孩。地上的水分,受阳光的蒸发,化成水气上升,在阳光的映照中,远远望去,好像波动的池水,这叫阳焰。一心想找水喝的渴鹿,就误认它为水,所以阳焰也叫做鹿爱。空中原没有花,但在眼目昏眩或有障翳的人看来,便觉空中天花乱坠。从这种种的譬喻,我们应该知道外境都是无实的,不过由虚妄横计为实有罢了。

若于觉时一切时处皆如梦等唯有识者,如从梦觉便觉梦中皆唯有识,觉时何故不如是转?真智觉时亦如是转:如在梦中此觉不转,从梦觉时此觉乃转,如是未得真智觉时,此觉不转,得真智觉此觉乃转。

从上面的梦等譬喻,发生这么一个问题:如唯识家所说,我们醒"觉"明了的"时"候,于"一切时"一切"处"所见到的种种现象,"皆如梦"中所见的一样,是虚妄不实"唯有识"的。那么,做梦的人梦中固然不知道梦境是假,但他"如从梦觉"以后,"便"会"觉"得"梦中"的境界,不过"唯有识"的变现。我们不是明明醒觉的吗?"何故"现在"觉时"的人,"不"能"转"(生)起这样的认识:现前所见到的境界,不是实在,唯有识呢?

要晓得,我们现在是在生死长夜的大梦中,从来没有醒悟过,所以所见到的一切,都误认为实有。假使从无明梦中醒过来,得到通达无义的无分别智,起"真"实"智觉",了知诸法实相的"时"候,自然也能"转"起这样的认识:所见的一切,唯识无义。"如在梦中"的时候,"此觉"知它无实的认识"不转",要"从梦"中醒"觉时",那能知梦境无实的明"觉,乃"得"转"起。

这样,我们现在"未得真智觉时,此觉"自然"不转";如果"得"了无分别的"真智觉",像地上菩萨,"此"唯识无义的"觉"慧,"乃"能"转"起。所以不能因自己在梦中,否认梦境的无实。

(二)教理比知

其有未得真智觉者,于唯识中云何比知? 由教及理应可比知。

得现量智的圣者,可以悟入唯识,如从梦觉;但那"未得真智觉",如在梦中的凡夫,"于唯识"无义的道理,应以什么方法使它"比"类推度而"知"? 这可"由"圣"教及理"论来证明"比知"。圣教,是由圣者现知现见后而说的,在他本身是现量;但在我们,圣教就成为比量的材料和根据。还有,佛菩萨所说的余事可信,他的诚实不妄可信,这唯识的见解,我们虽不能完全明白,也必然可信;所以比知中有所谓"信圣人语故"。

此中教者,如十地经薄伽梵说:如是三界,皆唯有心。又薄伽梵解深密经亦如是说,谓彼经中慈氏菩萨问世尊言:诸三摩地所行影像,彼与此心当言有异? 当言无异? 佛告慈氏:当言无异,何以故? 由彼影像唯是识故;我说识所缘,唯识所现故。世尊! 若三摩地所行影像,即与此心无有异者,云何此心还取此心? 慈氏! 无有少法能取少法,然即此心如是生时,即有如是影像显现。如质为缘还见本质,而谓我今见于影像,及谓离质别有所见影像显现。此心亦尔,如是生时,相似有异所见影现。

"十地经"是《华严经》的《十地品》,它的"三界"所有"唯"

是一"心"的圣教,很可作为有心无境的明证。但这唯有心的心,地论派说是真心赖耶,摄论派说是真妄和合的赖耶,与奘传的唯识不同。又在"解深密经"《分别瑜伽品》里,慈氏菩萨请问佛陀关于心境是一是异的问题。"慈氏菩萨问世尊言":"三摩地"中"所行"的"影像",它"与"能缘的"心",应当说是"有异"还是"无异"呢?心在境界上转叫行,就是缘虑,故所行、所缘、所取,有同样的意义。专注一心叫三摩地;三摩地所行的影像,如修不净观的,先到荒山坟冢间,看那死人溃烂的相状或残骸骷髅,然后在修定时,观想这样的境相,即于定心中现起溃烂及骨骸的情境。这定心所现的,像明镜中现起的影像一样,所以叫影像。影像,是内心所现起的,它的本义如此。唯识学说一切皆是自心的影像,它的认识都从定中的经验得来,所以它与修定的瑜伽者,有特别的关系。

佛的意见:应"当"说它是"无异"的!因为那"所缘"的"影像",并不是心外的,就"是"我们心"识"的一分,所以"我说"它就是"识"。凡"所缘"虑的境界,都是"唯识所现"的。我说识的识,是能分别的心,是见识,也是指出它的自性。所缘唯识所现的识,是所分别的境,是相识,是依识而现起的。能分别的是识,所分别的也是识,那么,怎可说它是异的呢?

"我说识所缘,唯识所现故"二句,魏译作:"彼念唯识所明,识我说。"陈译作:"我说唯有识,此色相境界,识所显现。"隋译作:"唯识所现,我说唯识。"我说识的识,都有所缘即是识的意义,本译不明。

慈氏菩萨又问:"世尊"!心是能缘的,境是所缘的,如果像方才所说的"三摩地"中"所行"的"影像，即与此"能缘的"心，无有"别"异"；无异，就是一法，一法就不应有能所的差别，"云何此心还"能缘"取此心"呢？心若可以缘心，那与世间的眼不自见、刀不自割、指不自触的理论，不是相违反了吗？

佛又答复他说："慈氏"！你以为一法才不能自取吗？要知道，不论什么法，不论它是一是异，都是不能取的。根本上"无有少法能"够缘"取少法"。不过，虽没有能取的心，所取的境，然却在这样的能缘"心""生"起的时候，"即有"那样的所取的"影像显现"，并不真是离能缘心以外，有什么可为心识所缘的东西！这"如"依止自己的面目等本"质为缘"，于水镜中"还见"自己的面目的"本质"；不明的人，就以为"我今见"到了"影像"，并且以为"离"开自己面目的本"质"，别有一个"所见"的"影像显现"，其实这是错误的！有情的虚妄分别"心"也是这样，在它"如是生"起的"时"候，就自然地现起所取的义"相"，并且还"似"乎"有异"于心的"所见影"像显"现"，所以有能取的心，所取的境。这种别体能所的观念，根本具有错乱的成分。

【附论】

本论所说的本质与影像，就是虚妄分别心与似义显现境。与《成唯识论》所说的本质相分影像相分完全不同，不可混滥。

佛教的缘起论，在法与法之间，没有一法是能取者的，不过在缘起的关系下，显现有能取所取的了境作用罢了。如说"依止"，并不是像世俗的"人依于壁"，也是在缘起的前后或同时的关系上，安立为能依所依。这种见解，本是佛教的共义。所以，不是另有一法从这里到那里去依止它或者取它；在刹那生灭的见解上，这是不可能的，因此，达到了"法法不相及，法法不相知"的定义，这是缘起论的特色。这正确的缘起论，彼此也存有多少不同的见解。唯识学，也是在这个原则上而善巧建立的。刹那间妄心起时，就自然有所取影像显现。这不是心识把那实有的东西摄下来成为影像，而是妄心因名言熏习而映出的影像，似现能取所取的关系。

即由此教理亦显现。所以者何？于定心中随所观见诸青淤等所知影像，一切无别青淤等事，但见自心。由此道理，菩萨于其一切识中，应可比知皆唯有识，无有境界。又于如是青淤等中，非忆持识见所缘境，现前住故。闻思所成二忆持识，亦以过去为所缘故，所现影像得成唯识。由此比量，菩萨虽未得真智觉，于唯识中应可比知。

"即由此"上面所引的圣"教"，唯识无境的思想，在"理"论上也就可以明"显"地表"现"出来。如修不净观的行者，"于定心中，随"他观想"所观见"的种种"青淤"脓烂"等所知影像"，实际上所知的"一切"，并"无"心外"别"物的"青淤"脓烂"等事"，"但"由心识的显现，随心识的所欲，还"见"到"自心"罢了。"由此"修观的事实与理论，"菩萨"对"于一切识中"（或是十一识，或是一切的认识），也就"应可比知皆唯有识"，"无有"离心的"境界"。

有人说：定中见到的青淤等影像，并不是观行者的心识所现，而是由于昔日在荒郊野冢间见到过青淤腐烂等相貌，现在只是忆持，只是过去境相的重现，不能说是三摩地中心识所现的影像。这种说法,不然! 定中所见到的"青淤"白骨充满等影像,并"非忆持识"追忆过去所见的外境,因为过去并不曾这样见过。何况定中"见"的"所缘境"界,很明显地"现"在心"前",坚固安"住",绝不同忆持识所见的过去落谢影像,隐约不明,忽有忽灭的。所以定中所见的影像,唯识所现的理论,是无可否认的。

外人说:定中所见的,是修所成的现量境,你说它不是忆持从前所见的外境,成立它是唯识;那么,人们由过去闻法,或思惟正法,现在仍能忆持不忘,这忆念所及的境界,应当是离识别有,不是自心还见自心的了! 这也是唯识的:"闻思所成"的"二忆持","以过去为所缘",但过去已经过去了,过去就不是现在,是非有。现在心上现起似乎过去的所缘,这是现似过去,实际上还是现在。现在心上"所现"似的过去"影像",这不是自心所现吗? 因此,"唯识"的理论"得成"。"由此比量"道理,"菩萨虽"还"未得真知觉",但"于唯识"的理论,已"可"从"比"量获得正确的"知"见。

(三)通释妨难

(1)有色非识疑

如是已说种种诸识,如梦等喻,即于此中眼识等识可成唯识,眼等诸识既是有色,亦唯有识云何可见? 此亦如前由教及理。

"种种诸识"的自性,不出十八界,这十八界皆唯有识的道理,前"已说""如梦等喻"显示明白了。但有人还疑惑:十八界识中，"眼识等"的六识"识"是能分别的，"可"以"成"立为"唯识"；"眼等"的五根识，色等的五境识，这"诸识既是有色"法，怎么可以说它"亦唯有识"呢？论主说：这"由"前面所引的圣"教，及"所辨的比量道"理"，已经可以知道，如何又起疑惑呢？

（2）色相坚住疑

若此诸识亦体是识，何故乃似色性显现，一类坚住，相续而转？与颠倒等诸杂染法为依处故；若不尔者，于非义中起义颠倒，应不得有。此若无者，烦恼所知二障杂染应不得有。此若无者，诸清净法亦应无有。是故诸识应如是转。

外人说：这自然还大有疑问："若此"五根五尘的"诸识"，它的"体"性也"是识"的话，它应该与心一样的起灭无常，变幻莫测，为什么在我们的认识上，这五根五尘，有"一类"的、"坚住"的、"相续而转"的、"似"于"色性"的状态"显现"？一类，是前后一类相似，不觉它有什么显著的变化。坚住，是长期存在，有安定不动的形态。相续，是无间断的现起。这一类的、坚住的、相续的，是色（物质）的特性，怎能说它与不一类、不坚住、不相续的心是同一的东西？

论中解答这问题，不从问处作正面直接的解说，而是直探迷悟根本来说明的。我们的认识，谁都承认没有究竟，众生是有根本错误的。我们的认识有什么错误？基本的错觉在哪里？这一类坚住相续而转的色性，似乎是离心实有的色境，就是错误的根本所在。无始以来的虚妄熏习，使我们的妄心起时，自然现起似色的义相，这才成为颠倒错误。所以这一类坚住相续而转的色境,是为"颠倒等诸杂染法"作所"依处"的。颠倒等诸杂染法,决非完全出于意识的幻想,在所见的影像上,有它的根据,就是非义为义。它虽不是实有的外境,却也自然地显现为实有的境相,所以一般人总觉得它是客观的存在。假使没有这一类坚住的色相,那"于非义中起义颠倒",就"不得有"了! 如果这非义为义不是倒相,那我们就没有颠倒,大家能正见法相,不是成佛了吗? 我们还有颠倒,还没有认识诸法的真相,除了非义为义,还有什么作为颠倒的所依呢? 正因有非义为义的色性显现,所以引起颠倒。"若无"非义所起的义颠倒,"烦恼所知二障杂染",也就"应不得有"。因为烦恼所知二障是从根本颠倒——非义计义所引起的。如果没有二障,就没有所治所舍法,那能治能得的"诸清净法"也就"应无有"! 所以根境"诸识应"当"如是"现似色性相续而"转"。总之,凡夫有颠倒,所以必须承认这似色是倒相;似色是倒相,所以一切唯有识。

此中有颂:乱相及乱体,应许为色识,及与非色识,若无余亦无。

这是引《庄严论·述求品》颂来助明上述的理论:"乱"是错乱颠倒,若于无中现有,非义似义而为虚妄诸识生起的因性,叫"乱相"。相就是因(依止)与境界,异译都作"乱因"。"乱体"就是虚妄分别——能分别的自体,颠倒错乱的自体。那为乱识生起的因性——乱相,就是似义显现的"色识";那乱识的自体,就是"非色识";虽都是识,却现起色与非色的二分。这二者是相依而有的,依非色识而现起色识,也因非色似色的色识,生起见似色为色的非色识。既相依而共存,自然也就一灭而共灭,所以"若无"色识的乱相,"余"非色识的乱体"亦无"。这是说遍计依他的展转相依:乱相是遍计执性(从种生边也可通依他),乱体是依他起。从依他起而有遍计性,因遍计性而有依他的乱识。

(3)自性和合疑

何故身,身者,受者识,所受识,能受识,于一切身中俱有和合转,能圆满生受用所显故。

这段文魏译本没有。

在"一切"有情的生命相续"身中","身"等五种"识",都"俱有和合"而"转",从来没有分离,这是什么道理呢?一切众生的根境识三者,于一切受"生"中,必须"圆满"具有的,不能说有根尘没有识,有尘识没有根,或有根识没有尘。要圆满具有,才能于一切趣中"受用"。受用,必依根缘境而发识,因受用"所显",这五种识,于一身中有和合俱转的必要。

【附论】

身等五种识,就是根尘识的十八界。依一般的见解,这十八界不能说在一有情的生命体中都和合俱转的。不但无色界的有情不具足十八界,就是受生欲界的人身,也不得具足。名色六处,是有情受生的生命主体,能受识与所受识,似乎不能说和合俱转。所以奘译的世亲释论不说有五种识,只说身身者受者的三识(六处)和合俱转。不过依唯识的见地说,不妨说五识。一切唯识,有识就必然现似六根为所依,与六尘为所缘,以有情的生命为中心,这一切都不离识,都和合俱转。

（4）差别影现疑

何故如说世等诸识差别而转？无始时来生死流转无断绝故；诸有情界无数量故；诸器世界无数量故；诸所作事展转言说无数量故；各别摄取受用差别无数量故；诸爱非爱业果异熟受用差别无数量故，所受生死种种差别无数量故。

十八界识既可总摄一切法，为什么又安立六种差别识呢？所以问："何故如说世等诸识差别而转？"五种识，是有情受生的生命的全体。从有情为中心来解答这一问题：因为有情，从"无始时来，生死流转"相续"无断绝"，现有三世久暂等时间的影像，所以建立世识。"有情界"在种类方面，在生命个体方面，都有"无数"无"量"的差别，因此建立数识。有有情必有它的所住处，这有情所住的"器世界"，也有"无数量"的地点及形态，所以要建立处识。有情在"诸所作事"的见闻觉知上，彼此"展转"地互相传达，产生各式各样不同的"言说"，"无"有"数量"，所以建立言说识。一切有情，"各别摄取"各自的根身，依此而有"受用"各自境界的"差别"，自他受用有"无数量"的差别，所以要建立自他差别识。有情随业升沉中，有可"爱"的"业果异熟"，和"非爱"的业果异熟，"受用"苦乐的"差别""无数"无"量"，及有情的一期生命结束，另起一新的生命，"所受生死种种"的"差别无数量"，所以要建立善趣恶趣死生识。

上来先以梦等譬喻显示，次以教理比知，末后讨论到有色非识、色相坚住、自性和合、差别影现的问题，其唯一的目的，在成立一切法皆唯有识，无有其义。

乙　安立三相成唯识

一　约转识能所成唯识

（一）约多识论者说

复次,云何安立如是诸识成唯识性? 略由三相:一、由唯识,无有义故;二、由二性,有相有见二识别故;三、由种种,种种行相而生起故。

前虽归纳一切法为十一识,并讨论到唯识无义;但依识为中心,展开为一切唯识的体系,还没有建立。这十一种识,可以"略由三相"中,"成"立它"唯识"为"性"。三相,就是三种方法或三种形式。

"一、由唯识,无有义故":一切法唯是虚妄分别的乱识,没有似义显现的所取义,所取义是没有实体的。这是唯识的根本义;下面的两相,不过为说明现象,给予唯识的一种解说罢了。"二、由二性,有相有见二识别故":二性就是相识和见识;虽然唯是一识,但在乱识现起的时候,就有一分所取的相,一分能取的见的二性差别现前,这相见皆是识,所以叫相识见识。一般人以为相是外境,见是内心,实际上两种都是识。"三、由种种,种种行相而生起故":种种就是多种多样。在能所交涉的心境上,有种种的行相现起,所以虽唯是一识,而成为千差万别的不同现象。

【附论】

由上三相成立唯识,经中也常有谈到。思想本是一贯的,不要把它看成这是一分义,那是二分义,或三分四分义。这只是说：诸法唯是一识；在识现起时，有相见的二性；在相见二性的心境交涉中，有种种的行相，而结论是一切唯识。

《密严经》说："一切唯有觉，所觉义皆无，能觉所觉性，自然如是转。"上二句是说唯识义，下二句是说二性义。该经又说："众生心二性，内外一切分，所取能取缠，见种种差别。"前二句是说二性义，后二句是说种种义，都是一贯无碍的（护法引此颂证明它的四分义，不免穿凿）。唯识的主要思想，在显示所取的境没有实体，一切唯识为性。但众生心一旦生起，因无始的熏习力，就自然有境与心的二分现前。若没有相分，也就没有见分，所以成了二性；但不是有心境判然不同的体性，仍然是识。同时在心境的关系上，那见闻觉知的行相，有着无量无边的差别，这差别，同样的还是唯识。

有人以本论说有二性为理由，说见相二分是依他起；其实《摄论》说的二性，固然可以解说为依他起（相分就是识），还可以解说为一依一遍，或者二性皆是遍计性。如果说，说二性成立唯识，所以是依他起，下面还说有种种，难道也是依他起吗？

所以者何？此一切识无有义故，得成唯识。有相见故，得成二种：若眼等识，以色等识为相，以眼识识为见；乃至以身识识为见；若意识，以一切眼为最初，法为最后诸识为相，以意识识为见。由此意识有分别故，似一切识而生起故。

这一段是从多识论的见地，解说三相来成立唯识。在能受识方面，有六识的差别，不是一意识的随根得名，这叫多识论者。"一切"诸"识"，"无有"实"义"，都是依名言而安立的，所以"得成唯识"。虽没有实义，然"有相见"俱时现前，所以又"得成二种"；二种就是二性。"眼等"前五"识"现似色等的境相，就"以色等识为相，以"了别色境的"眼识识为见；乃至以"了别触境的"身识识为见"。"意识"呢？它"以一切"法，从"眼"到"法"的"诸（十二）识为相"。换句话说：一切眼根识，一切耳根识，乃至一切法识，凡是意识所缘的，都是意识的相，而"以"了此一切相的"意识识为见"。意识识为什么能遍以诸识为相呢？"由此意识有分别故"。五识是有漏的现量性，只有自性分别，不能分析、综合、推比、联想等，所以说它无分别。意识就不然，具有三种分别，能随念，计度，所以名为有分别。有分别，不但现在能遍缘一切，因遍缘一切而熏成的意识种子，在它现起时，也自然"似一切识而生起"。意识上似现一切法的义相，所以它能以一切法为相。

二种与种种，论文上没有明显的段落，所以论师间的见解也有不同。有人说：五识是二种，意识是种种。世亲说：不但意识有二种与种种，前五识也有二种与种种。如眼识了色，有青黄赤白种种的行相；耳识缘声，也有男女牛马等种种的声音。但依论文看来，可以这样说：前五识有二种，意识有二种还有种种。意识以一切为相，意识识为见，不能说它不具二种；它的以一切为相，似一切识而生起，下文说它"无边行相，分别而转"，正是意识的种种遍所计义。三相中的种种，依论文看，是专指意识的。

此中有颂：唯识二种种，观者意能入，由悟入唯心，彼亦能伏离。

"唯识二种种"，总标唯识、二性、种种的三相。"观者"是修瑜伽的行者。观行人由观察唯识、二性、种种这三相的"意"趣，而"能"悟"入"唯识所现。"由悟入唯心",就能悟入遍计性的义相无性,与一切唯心安立的依他起。进一步,"彼"虚妄分别心的依他相,也"能伏离",悟入平等法界。在以三相悟入唯识时,虽通达义相无实,但还有唯心的影像显现——依他觉。这似有乱识心相,还是似义显现的细分。真能遣除似义的遍计境,那能见的依他识相也就不复存在,才能真正达到境无心亦无的地步。加行位的世第一法(或可兼忍)能伏唯心的依他相,通达位能离;离,即离能所的分别,证真实性。心境本是不能离的,都是似有实无,实无而似有的;不过在修习求证的过程中,先通达所知无实,再反观心亦不可得。在这实践的修持上,发挥建立有心无境的唯识学。

(二)约一意识者说

(1)约一意识成立唯识

又于此中,有一类师说一意识,彼彼依转得彼彼名,如意思业名身语业。又于一切所依转时,似种种相二影像转:谓唯义影像,及分别影像。又一切处亦似所触影像而转,有色界中,即此意识依止身故,如余色根依止于身。

在"此"三相安立唯识"中","有一类"一意识"师",主张唯"一意识",其余的诸识没有别体。一类师,奘师说,是古师的不正义,故论云有一类师,好像说另有一部分学者主张一意识,不是正统的共同的思想。真谛却译为诸师,好像说这是一般共同的主张。不论是另一部分或是大家的意见,佛教是有多心论和一意识论两派的。在小乘学派中,都是讨论六识的一体与别体;

就是本论也还在六识上立论（也可以看作七心现行）。但把这思想引申到唯识学中，就转化为八识差别或一体的思想了。本论有时明显地说到六识，有时在应说六识的地方又但说意识，特别在这段中，兼采这两个不同的思想。无著论师在这点上，还在旋回踌躇间。后来护法他们，是特别发挥多心论的。

一意识师，并不是不说前五识，主要的诤论，在五识有否离意识而独立的自体。依一意识师看，五识只是意识多方面的活动。本来是一意识，但由"彼彼"眼等根为"依"止而"转"起时，就"得彼彼"眼等识的"名"字；虽有不同的名字，其实还是一个意识，不过随所依的根而了不同的境，所以给它不同的名字罢了。如一个人，在他深研学问方面叫他做学者；若他又善于绘画，又叫他做画家；有各种不同的技能，他就有多种不同的名字。这可举一个喻："如意思业，名身语业。"在内心思虑决定而未达到身语动作的阶段，这思心所叫意业。由思发动而生起身语的动作，虽仍旧是思心所，但因所依的不同，动身的思名为身业，发语的思名为语业，这身语业与意业，合有三种业的名字，其实只是一思。这譬喻，是经部学者所承认的。现在说一意而立为六识，与一思而立为三业相同，都只是体一而随用异名。

世亲说：一意识师在一意识外，另有阿赖耶，没有谈到别有末那。从下面安立义识中看，这一意识师似乎已建立赖耶种识与染意的。一意识，本来在说明能受六识的一体，从意识依五根转而安立前五识，从意识推论到细分，而安立执受身根的身者识，末那当然也没有别体。至于赖耶，据真谛译说："此本识入意识摄，以同类故。"

　　二部释论都这样问：如染污意根为杂染依，依染意而生起的，就成为杂染；意识随所依的色根而转，色根是无分别的，识也应该成为无分别了？这不尽然！因为"于一切所依转"的"时"候，有现"似种种相"的能取所取的"二影像转"。二影像就是"唯义影像"，"分别影像"。其实，本文是一意识师以三相成立唯识。前面说一意识，就是初相由唯识。这种种相，二影像转，就是后二相的由二性，由种种。唯一意识安立为六识，不是没有境相吗？虽唯一意识，却也现起义及分别的影像。在《摄论》的体系上，似义是遍计执性的，分别心才是依他起；现在说义与分别，二性都是依意识似现的影像，很有能取所取皆遍计执性的意趣。但这二者，虽是显现的影像，若指出它以分别心为性，这所现的也就是依他起了。

　　一意识师要转向细意识方面安立唯识了。这意识（心识的统一）在欲色界"一切处"中，意识也内在的"似"现"所触"的"影像而转"。这所触的影像，不是说前五识中身识的所触。如定中没有身识，但还有苦乐的觉受，这觉受自然是意识的，所以意识也似有觉受所触的影像而转。现起所触影像的理由，是因为"有色界中"的"意识"，是一定"依止身"根的。意识既依止身根，就自然要依身根而现起所触的影像。"如余色根依止于身"，这是举同喻来说明。眼等有色诸根，要依止身根才得存在，若身根损坏，或受某种强烈的触击，诸色根也就随之损坏，或引起变化。意识也是这样，既依身根而起作用，那身根触触而有何变化或损坏，意识也就生起连带关系，因触受所触而变化，或者损坏。所以意识在有色界中，必然内在地现起微细的所触影像而觉受它。这样说来,意识不就是一般所说的阿陀那吗? 似所触影像与依止身,就是阿陀那的执受有色诸根,和与根身共同安危——身者识。一意识师的唯识学,从意识出发,向了别五尘转(外),向执受根身转(内),比上面的多识论者明确而进步得多。

(2) 引经证成一意识

此中有颂:若远行,独行,无身寐于窟,调此难调心,我说真梵志。又如经言:如是五根所行境界,意各能受,意为彼依。又如所说十二处中,说六识身皆名意处。

有一分学者,不信受一意识的理论,所以要引《阿含》本教来证明:一、引《法句经》的独行教:一切时、一切处无不随心所至,所以心叫"远行"。心又是"独行"的,每一个有情,唯有一意识,并非有多识共同取境。"无身"是说心没有质碍的色法,这无质碍的住在身中,所以上面说"依止于身",这叫"寐于窟"。有的说:窟是心脏。这猿猴般的心,难调难伏,假使能"调"伏"此难调"伏的"心",就能得自在,可以自己控制自己,远离一切三业不净,这才可说他是"真梵志"(净行)。引此经证明一意识,重要在独行二字。

二、引《中阿含》的意能遍受教:又有经中说:"五根所行"的"境界","意""能"一一地领"受";同时"意"又"为彼"五根起用的所"依"。意能总受一切的境界,它又是五根要作取境活动的所依,意实在是精神活动的大本营。本经是把一切心识的活动,总括在意中。五根所取的,它一一能领受,可见一般所说的

五识，只是意的别名。因此，五根取境，也得依意为依。一意的
见解，明白可见。从识的自性上说，意是统一的、根本的心识的
总名。从识的作用差别上看，意又现起六识的活动。

　　三、引意处教：又如经中常常"说"到"十二处"，这十二处是
摄尽一切法的。十二处就是眼等的六内处与色等的六外处，并
没有谈到六识，那怎能摄尽一切法呢？内六处不是有意处吗？
"六识身"都是摄在这意处中，六识"皆名意处"。由此看来，六
识唯有一意识，是很可成立的。

　　一意识师，引三经来证明，无著论师没有加以批判，可见一
心论的思想，至少在无著论中与多心论有同等的地位。

二　约本识因果成唯识

**若处安立阿赖耶识识为义识，应知此中余一切识是其相识，
若意识识及所依止是其见识，由彼相识是此见识生缘相故，
似义现时能作见识生依止事。如是名为安立诸识成唯识性。**

　　这是多识论者还是一意识师的思想，很难断定。不过世亲
说：一意识师"别有阿赖耶识"；论文又说"若意识识"，没有说六
识。从这两点看来，这是一意识师的。

　　上文都是依六识或一识，在认识论的立场上安立唯识。但
为什么有所取的似义显现，还没有说到，现在要依从本识种子生
起的本体论上安立唯识。把缘起的赖耶种子与缘起所生的转
识，合为一整然的体系。"若处安立阿赖耶识识为义识"，那么，
除意识识及所依止，其"余"的身等"一切识，是"阿赖耶识的"相
识"，"意识识及所依止"的染污意，"是"阿赖耶识的"见识"。

义识，魏译作"尘识"，无性解说为"因义"。这是说：阿赖耶识为一切的所依，才有其余的相识和见识。义与"显现为义"的义相同，它的含义不很明了。我想：或是赖耶为种子，是依遍计种种诸法而熏成的，这名言戏论的遍计种子，就从新熏得名为义吧！本文的意思是说：六（一意识）七识属于赖耶的见识，其余一切识属于赖耶的相识，这赖耶是相见识所依的根本。前面依转识安立唯识，分别见相，虽不谈赖耶，其实就是赖耶的见识与相识。本论谈赖耶，重在一切种子识，从一切种子识而现起一切识时，本识的一分取性，就转为六识所依止的意（阿陀那），成为赖耶的见识了。一切法为什么叫相识呢？相就是依止，因"由彼相识，是此见识生"起的所"缘相"，在相识的"似义现"起时，就"能作见识生"起的"依止事"，因此称为相识。

这样，阿赖耶识有相见的二识，这相见识就是分别所分别的诸识。诸识皆从一切种子识而现起，所以能"安立诸识成唯识性"。

【附论】

由识现起一切的唯识思想，最早的是《解深密经》。经中以一切种子心识为根本，一方面现起"有色诸根及所依执受"，"相名分别言说戏论习气执受"（相），另一方面，"阿陀那识为依止为建立故，六识身转"。从一本识而转起二类，奠定唯识思想的基本体系。

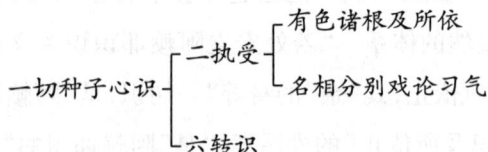

```
                      ┌─ 有色诸根及所依
               ┌ 二执受┤
一切种子心识 ──┤      └─ 名相分别戏论习气
               └ 六转识
```

《解深密经》，虽以一切种子心识为出发，但它侧重种识的不一，所以在二种执受中有戏论习气。这一切种子识，是心，它为六识所依止的时候，这又名为阿陀那的本识，就转称为意。它侧重本识的现行，所以除本识以外，没有别立，也不应别立转识的末那。到慈氏的《中边分别论》，从识现起似根、似尘、似我、似识四类。所以说："根尘我及识，本识生似彼。"本颂的内容，各方面有不同的解说。无性论师说：根、尘、我三法是所取相，识是能取相。

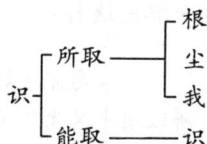

```
        ┌ 所取 ─┬ 根
        │       ├ 尘
识 ─────┤       └ 我
        │
        └ 能取 ─── 识
```

这与《深密经》相比，根尘就是《深密经》的"诸根及所依处"，但没有习气，有"我"。"我"既是所取相，这就有研究的必要了。有人在论典的比较研究中，发见四事中与我相当的有"我心熏习"，那么，《中边论》与《解深密经》，可说完全一致。不过，在慈氏、无著的论典里，把"我"解说为熏习，到底是不经见的，只可聊备一说。真谛的传说，把它分为二能二所，似乎最合本颂的真义：

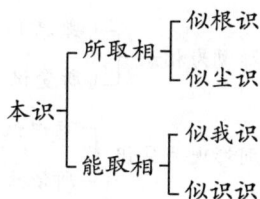

```
        ┌ 所取相 ─┬ 似根识
        │         └ 似尘识
本识 ───┤
        │         ┌ 似我识
        └ 能取相 ─┴ 似识识
```

在本识为种子而生起分别心时，一方面，似现根尘的相识；一方面，现起我识的见识。这样，与《解深密经》有一个不同，就是所取相中没有习气,能取相中多一个染末那。这是可以解说的,《中边》的本识——缘识,立足在种识融然合一的见地,特别重在种子。这样,所取相中自然不能再说习气。本识重在种子,它的一分取性现行,就是《解深密经》所说的六识依止性的阿陀那,把它与四惑相应的特殊作用,从本识中分离出来,建立末那,所以说阿陀那就是末那。再从《中边论》去看《大乘庄严经论》,它在虚妄分别的"熏习因"——阿赖耶中,现起了"所取及能取,二相各三光",依释论的分解是这样:

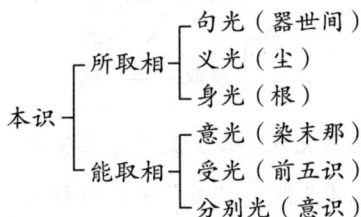

$$
\text{本识}
\begin{cases}
\text{所取相}
\begin{cases}
\text{句光(器世间)}\\
\text{义光(尘)}\\
\text{身光(根)}
\end{cases}\\
\text{能取相}
\begin{cases}
\text{意光(染末那)}\\
\text{受光(前五识)}\\
\text{分别光(意识)}
\end{cases}
\end{cases}
$$

《庄严》的能取三光,与《中边》全同,不过把六识开为二类而已。所取三光中,身义就是根尘,但多了一器世间的句光。在本论中,虽然总摄一切法为十一识,但后六种是差别,自性只是身等五识。把它与安立赖耶为义识配合起来是这样:

$$
\text{赖耶为义识}
\begin{cases}
\text{似义影现为相识}
\begin{cases}
\text{(身识)}\\
\text{(所受识)}
\end{cases}\\
\text{似分别影现为见识}
\begin{cases}
\text{意识识(能受识)}\\
\text{所依止(身者识、受者识)}
\end{cases}
\end{cases}
$$

本论的体系,与《中边》、《庄严》可说是全同的,器世间是所受识的差别。它从一意识的见地,所以总合能受用的六识为一意识识。所依止中的身者识,是染意;受者识是无间灭意。为义识的赖耶,自然就是心了。从这些比较中,可以得一结论:所取相中的根尘,能取相中的六识,是一切无诤的。此外,还有细心现行与种子。如果把本识侧重在细心现行上,那所取相中就多一习气,能取相中就不能再有末那,这是《解深密》所说的。如果把本识侧重在种子上,那所取相中,就不能再有习气,能取相中就有另立染意的必要。这是《中边》、《庄严》、《摄论》说的。这样,慈氏、无著的唯识学,一种为心,七转为意及识,是正统而一致的主张。

此外,还有一个思想体系:世亲的《庄严释》、《摄大乘论释》,大体上顺从本论的见解,但他的《辨中边论释》,却别作解说。他的解释现起四事,不用本识为种的见解,而用诸识各别现起的见解,所以把根尘我识,都看为所取的义。这四者,都是所取相。世亲释也有它的根据,《摄抉择分》也是根据这四种境界,证明多心俱生的。这个见解,直向转变有三的思想前进。

$$
\begin{array}{l}
似根 \\
\qquad\rangle\;(本识)\;所了 \\
似尘 \\
似我\;——\;末那所了 \\
似识\;——\;六识所了
\end{array}
$$

从种识现起的一切,确乎都可以成为我们的所取的。但这种解说,使唯识传统的思想,从一本识而现起能分别所分别二相的体系,隐晦不明。我们不能说这是错误,只能说是重大的转变。如果这都是所取的境,根尘应是本识所了知的,本识应是侧重现识的,但它没有说到种子,又别立末那。这与《深密》、《中边》、《庄严》、《摄论》等都不相合。它是八识现行的差别论,不

再是《深密》的一本现、六转现的七心论,也不是《庄严》等一种心、七转现的八识论。这思想在《三十唯识颂》中,更见圆熟:

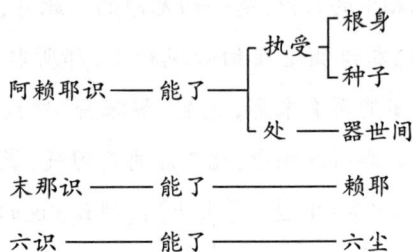

```
                         ┌ 根身
                  ┌ 执受 ┤
阿赖耶识 —— 能了 ┤      └ 种子
                  └ 处 —— 器世间

末那识 —— 能了 —— 赖耶

六识 —— 能了 —— 六尘
```

　　这与所取四境比较,把根尘转化为根与器界,又根据《深密》的二执受,加上种子。三能变的体系,把古典中赖耶一识能变的见解改变。这两大体系,成为摄论宗与唯识宗重要的区别点。不过虽有古说与后起的不同,但同是唯识学中权威的思想。古人不能分疏这不同的体系,只偏依一己所重的自是非他,结果,永远是此路不通!像真谛,他侧重《摄论》,自然接近古义。但他的《中边论释》与《决定藏论》,无法讳饰三能变的痕迹,于是乎补充、解说、改文;但他本人所译的论典,终于不能避免自己撞着。玄奘依《唯识三十颂》,特别依护法义,自然接近世亲的新义。但对《摄大乘论》等,就是有小小的润饰,到底不能改变《摄论》的体系。那些一笔抹煞古义,以为唯有玄奘所传才是正确的见解,这岂止胆大而已!我们先要理解它的差别,然后再作融贯;不然,牵强附会的圆融,与偏执者一样的走上绝路!

　　丙　成就四智成无义

诸义现前分明显现而非是有,云何可见?如世尊言:若诸菩萨成就四法,能随悟入一切唯识都无有义。一者、成就相违识相智,如饿鬼傍生及诸天人,同于一事,见彼所识有差别故。二者、成就无所缘识现可得智,如过去未来梦影缘中有所得故。三者、成就应离功用无颠倒智,如有义中能缘义识应无颠倒,不由功用知真实故。四者、成就三种胜智随转妙智,何等为三? 一、得心自在一切菩萨,得静虑者,随胜解力诸义显现。二、得奢摩他修法观者,才作意时诸义显现。三、已得无分别智者无分别智现在前时,一切诸义皆不显现。由此所说三种胜智随转妙智,及前所说三种因缘,诸义无义道理成就。

这里说的,还是为了成立唯识,不过从无义方面去成立。"诸义"在我们的五识上,自然"现前","分明显示",不是我们意识所能转移的,"而"说它"非是有",是唯识所现,这"何"以"见"得呢?"世尊"在《阿毗达磨大乘经》中早就解答过这个问题,他说:"若诸菩萨",能"成就四法"的正确认识,就"能随"之"悟入一切唯识",知道它"都无有义"。四法是:

一、"成就相违识相智":"饿鬼,傍生,及诸天人",在"同""一事"物上,各有所"见","彼"等"所"认"识"的大"有差别";这类有情以为是这样,那类有情却又是那样。如江河中的水,在饿鬼见到那是脓血火焰;在傍生界的鱼类见到是坦荡的大路,弘伟的宫殿;在诸天见到是七宝庄严;在人类看来是清冷的流水。古人所谓"一境应四心",就是这个道理。在同一对象上,有种种不同的认识,可知我们所认识的一切,不是事物的真相,是我们自心的变现。通达这种意义的智慧,叫相违识相(彼此不同的认识)智。得了这智慧,就可悟入唯识无境的道理。

二、"成就无所缘识现可得智"：我们的认识，不一定要有所缘的真实境界才能生起，没有真实的所缘，识也可以现起。"如过去未来"的境界，"梦"中所见的梦境，水中见到的月"影"，这些都不是实有的；但在这非实有的所"缘中"，能"有所"认识，有境界可"得"，这种认识的境界，不是唯心无义吗？明白这样道理的，叫无所缘识现可得智。

【附论】

无所缘识，在佛教中有很大的诤论：有部他们主张识一定要有所缘才得生起，哪怕缘涅槃也还有实有的涅槃作所缘。经部他们主张可以有无所缘的识。在空有的诤论中，这也是主题之一。主张实有的，过去未来都是实有，是实有的，识才能缘之而起，所谓"所缘有故，三世实有"。主张无的，过去未来皆非实有，虽然没有，识仍可以有，所谓"所缘无故，过未亦无"。大乘中世俗心可说有所缘的，但所缘是非实有的，空宗称之为自性，唯识宗称之为义。虽还有不同，大体上都是许可无所缘（义非实有，自性非有，或法性无行相）而生识的。

三、"成就应离功用无颠倒智"：无颠倒智，是对于所缘的境界，获得真实正确的认识，不再发生错误的执著。如果说：一切义都确如我们凡夫所认识的一样，离名言而实有的，那么，我们"能缘"这诸"义"的"识"，就"应"该"无颠倒"错误，而解脱诸障了！我们竟可以"不由功用"而自然地"知"道"真实"了。但实际上，我们的认识还有颠倒错误；要觉知真实，获得自由解脱，仍须加一番功行才行。这就可以反证所认识的义，没有真实了。

四、"成就三种胜智随转妙智"：有三种殊胜的智慧，能随心

而改变所缘,如果能修得这三种的胜智,微妙智,那唯识无义的
理论,就可以在实践中亲切地证实。三种是:(一)随自在者智
而转:已获"得心自在"的"一切菩萨",和已"得静虑"的声闻缘
觉,都能"随"他的增上"胜解力",使"诸义显现"。如欲令大地
变水就变为水,变火就变为火。由此,可知离心之外,没有实在
的义;假使外境是实有的,怎能随意解力而自在转变呢(这不但
三乘圣者,凡是能得静虑者,都能有这种经验)?(二)随观察者
智而转:"得"了殊胜的"奢摩他"(止),在定中"修法观者",在
他"才作意"的"时"候,"诸"教法的"义"相,就都"显现"在前。
如修无常、苦、空、无我的行者,如能观心成就,便有无常相,或苦
相、无我相等,随心所念而分明现前。这无常无我等诸义的显
现,都是随修法观者的观念而转变生起,可见并不是有离心实义
的存在。(三)随无分别智而转:"已得无分别智"的大地菩萨,
在他"无分别智现在前时","一切"遍计所执性的"诸义皆不显
现"。由这也可知诸法唯心,心外无境。假使心外的境是实有
的,圣者的无分别智,不但不能使义相不显,还根本不能成立;甚
至坏有为无,是颠倒不是真智。"由此所说三种胜智"的"随转
妙智",及"前"面"所说"的"三种"理由("因缘"),"诸义无义"
的"道理",可说已有充分的理由使它"成就"了。

第二节　释名义

第一项　正释三性

若依他起自性,实唯有识,似义显现之所依止,云何成依他

起？何因缘故名依他起？从自熏习种子所生，依他缘起故名依他起；生刹那后无有功能自然住故，名依他起。若遍计所执自性，依依他起实无所有似义显现，云何成遍计所执？何因缘故名遍计所执？无量行相意识遍计颠倒生相，故名遍计所执；自相实无，唯有遍计所执可得，是故说名遍计所执。若圆成实自性，是遍计所执永无有相，云何成圆成实？何因缘故名圆成实？由无变异性故名圆成实；又由清净所缘性故，一切善法最胜性故，由最胜义名圆成实。

　　此下解释三性的名义。三性都有二问，异译在答文中也分为两段，如说："成分别……说名分别。"本译稍不同。对依他起性，提出两个问题：假使说"依他起自性，实"在"唯有识"，是那不真实的"似义显现之所依止"，那么，为遍计执所依，这该成为他依，怎么反"成"为"依他起"呢？又有什么理由得"名"之为"依他起"呢？这两个问题，世亲说：初"问自摄受"，次"问为它说"。无性说：初问法体，次问名称。在问题的答复中，二释都是把它综合而解说的，就是说：问题虽有两个，答复却只一番。虽依各种译本看，答复也有两节；但把它分答，似乎不很适当。像上文的"何等名为熏习？熏习能诠何为所诠"，答复时也是名体总答的。遍计执性与圆成实性的问答也如此。一、依他生故：依他起法的现起，是"从自"类的"熏习种子所生"的，所以种子有"引自果"的定义。这现行，望能生的种子叫做他，"依他"种子为"缘"而生"起"，所以"名依他起"。二、依他住故：依他起性的东西，在"生"起的刹那是刹那即灭的，决"无有功能"可以"自然"安"住"。唯有在其他诸法的相互依持下，才能刹那间发生作用，所以"名依他起"。前一答是约依自种子他而生说的，后一答是约依现法他而暂住说的。或者是：前依种子亲因说的，后依其他助缘说的。一切法刹那生起，不能有一刹那的安住，因为它是即生即灭的；若生而可住，那就可以延长而不灭。所以说在刹那生起间可有缘起作用，这叫做住，非是不动不变的意义。简单说，仗因托缘而起的，就是依他起。

　　遍计所执性也有两个问题："遍计自性"是"依依他起"的"似义显现"，它本身"实"在"无所有"，那它就应该叫做依他起才对，怎么"成"为"遍计所执性"呢？又，依什么理由得"名"为"遍计所执"性呢？论中的解答，也有两句：一、遍计相故：意识生起时，对于所分别的似义，有"无量"种种的"行相"。所以无量行相的"意识"，能周"遍计"度一切境界，它是能遍计者。意识无量行相的遍计是颠倒的，是非义取义的乱识。但非义取义，不是全出于意识的构思。无始妄熏习力，意识生起的时候，自然的现起乱相——义，这乱相就是遍计所执性。它是意识分别所取的所分别，所以是乱识"颠倒生"起的所缘"相"。前面说乱相为因，能生乱体，也就是此义。它是能遍计的所缘，是遍计心所遍计的，所以叫遍计所执性。二、遍所计故：似义显现的乱相，它的"自相实"在是毫"无"自体的。依本译说：它"唯"是那能"遍计"的虚妄分别心的"所执"而已。但依陈隋二译看来，这似义并没有它的自体，"唯有遍计"的乱识为它的自性，离却名言识，不复存在。它是分别——识所现的，所以叫遍计性；也就是有人说的"实无唯计"。总之，遍计本是妄识的能缘作用。前说它的能生遍计——意识；这说它是遍计的假立。它所以称遍计执性，都从遍计的分别心来。

圆成实性也有两个问题：若说"圆成实自性，是遍计所执"性的"永无有相"，没有遍计所执性，为什么"成圆成实"自性呢？又，有什么理由可以得"名圆成实"性呢？论文中也举二句来答复：一、无变异性故：遍计性永无所显的法性，是恒恒时常常时"无"有"变异"的，它是诸法的真实"性"。就是在欺诳的乱相显现时，它也还是如此；离却乱相而显现真相时，它也还是如此。这不变异的性，是圆满、成就、真实，所以叫圆成实性。二、胜义故：胜义有两个意思：（一）胜义是"清净"的胜智的"所缘性"（义），因胜智的通达而获清净的，就是圆成实；它不像遍计执性的是杂染颠倒的所缘。（二）胜义是"一切善法"的"最胜性"，它是一切善法中最殊胜的，所以也称为胜义善。"由"此二种的"最胜义"，所以"名圆成实"性。

这三性的名义，撮要说来：仗因（种子）托缘而有的，名依他起；为识所缘，依识而现的叫遍计执；法性所显的是圆成实。

第二项　别辨遍计执性

复次，有能遍计，有所遍计，遍计所执自性乃成。此中何者能遍计？何者所遍计？何者遍计所执自性？当知意识是能遍计，有分别故。所以者何？由此意识用自名言熏习为种子，及用一切识名言熏习为种子，是故意识无边行相分别而转，普于一切分别计度，故名遍计。又依他起自性，名所遍计。又若由此相令依他起自性成所遍计，此中是名遍计所执自性。由此相者，是如此义。

　　所遍计执性是在能遍计及所遍计的能所关涉上构成的,所以说,"有能遍计,有所遍计,遍计所执自性乃成"。因之,要说明遍计所执性,也得说明能遍计与所遍计。什么是"能遍计"?什么是"所遍计"? 由能所构成的"遍计所执自性"又是怎样的呢? 这三个问题,一一地答复:

　　一、能遍计:"意识是能遍计",这意识,《成唯识论》解说为"意及意识(六七二识)名意识故"。第七是意,第六是意识,综合起来叫意识,这是一种巧妙的解说。依本论看,能遍计的意识就是第六识,因为意识是"有分别"识。有分别的解说,是"由此意识用自名言熏习为种子,及用一切识名言熏习为种子"。自名言熏习的种子,就是在第六意识能分别时,这能分别熏成它能分别的见识种子。一切识名言熏习的种子,就是在第六意识缘眼等见识及色声等的相识时,因所分别而熏成意识的相识种子。由这二类种子,所以第六"意识"现起的时候,起"无边"的"行相",于所缘的一一法中,"分别而转"。因为"普于一切分别计度,故名"能"遍计"。这与上文的"由此意识有分别故,似一切识而生起故"、"无量行相意识遍计",都是指意识而言的。第六意识,是迷悟的关键,起惑造业,修行证真,都是在意识中。它在遍计颠倒中,确是最重要的,所以本论特别说是意识。

　　【附论】

　　依本论的见解,"意识是能遍计","无量行相意识遍计",意识是能遍计,这是不成问题的。但眼等五识,染污意,藏识,是否能遍计呢? 表面上看似乎不是,能遍计中没有说眼识等。然从另一方面看却不然,似义显现是遍计所执性,这是否唯是意识的缘相呢？如一意识成立唯识的时候，说"于一切所依转时，似种种相二影像转"，它的一意识是总摄六识的，这可知道六转识分别，都有似义显现的缘相。又如色相坚住疑中，说"乃似色性显现一类坚住相续而转，与颠倒等杂染诸法为依处"；又称乱相为"色识"，这都可见六识都有似义显现的缘相。五识也是乱识，能说它不是能遍计吗？护法说：唯第六第七意识是能遍计，他是以"意识是能遍计"的论文为根据的。安慧说：不但意识是能遍计，五八识也是能遍计，虚妄分别就是乱识，有虚妄分别生时，必有似义显现，所以眼等识不能说它不是能遍计。二师各有依据，并且都可在本论中获得根据，我们怎样抉择呢？从本论的体系来说，六识皆有似义显现，缘相不仅限于意识，有能分别必有所分别，所分别就是似义显现。那么，为什么唯意识是能遍计呢？眼等识缘境，或是唯一刹那，或是行相昧劣，说它能遍计要难理解些，所以特别拿意识来说。应该这样说：五识染末那有俱生的能遍计，意识不但有俱生的，而且还有分别生的能遍计。赖耶呢，它是"根本分别"，也该是能遍计。不过染意与种子心，到底是一而二、二而一的。从能生性融合的瀑流，建立赖耶，它虽是即识为性的，却侧重在种子。从它取性的虚妄分别心上说，建立末那。所以，有了末那的能遍计，可以不必说赖耶的能遍计性。如果把俱生的我法执分属赖耶与末那，那么，像安慧所说的也还适当。遍计是需要周遍计度的，五识可说周遍计度吗？遍，也不一定是念念遍缘一切，不过是种种而已。世亲论师等都说前五识不但二性，也还通种种，为什么不可称为遍计呢？

二、所遍计："依他起自性，名所遍计"，这点出所遍计是什么。能遍计的所缘,皆是从种子生起的依他起,因此立依他起为所遍计。

三、遍计所执性:"若由此相",由此相"是如此"的意"义"。究竟是什么意义呢? 如果周遍计度,以种种的行相去遍计依他起,"令依他起自性成"为遍计的"所遍计",这成为所遍计的依他,就"名遍计所执自性"。能遍计与所遍计,都是依他起,而能遍计所计的所遍计,就叫做遍计所执自性。所遍计与遍计所执性,到底是同呢异呢? 有人以为不同:所遍计是种子所生的依他,遍计执性是在依他上执为实有自性;依他是有的,遍计执性是无实的。依本论看来,并不如此。依他起为性的所遍计,就是在乱识生时,从熏习力自然现起的相识。它虽然唯识为自性的,但在有漏的虚妄分别心中,并不能了解。不但乱识见它是实有的义,这似现为义的本身也现起一种似实有的相;这倒相使乱识不能不颠倒,非经闻熏思修,不能理解它非义似义,也就是不能认识它唯识为性。所以它虽是名言熏习所生唯识为性的,如在能遍计心上出现的时候,它就是遍计所执性。总之,约从种所生唯识为性的方面,它是依他起性的所遍计;但在能所交涉的认识上,为缘而生乱识的执著上,它就是遍计所执性。遍计所执性,是所遍计的认识化。再说一句,如此心生,如此义现,在我们众生的有漏心中,所遍计与遍计执性,是一事的两面,并不能分离。到了地上的菩萨,后得智生起,这所遍计的似义显现,才能透视它是唯识非义,称为了达依他起。能了达而已,它的义相还不能全去,因妄习渐灭渐除,所遍计的似义相渐渐地淡化。直到五地,这唯识的依他相,与无义的真实相,才有并观的可能。所遍

计与遍计执性,勿太机械地分裂它才是!(真能通达依他起,能知者既不是能遍计,它也不成为所遍计了)

复次,云何遍计能遍计度?缘何境界?取何相貌?由何执著?由何起语?由何言说?何所增益?谓缘名为境,于依他起自性中取彼相貌,由见执著,由寻起语,由见闻等四种言说而起言说,于无义中增益为有:由此遍计能遍计度。

为要显示遍计所执自性,所以再说明"能遍计度"的意识"遍计"是怎样的成为计度。这就提出六个问题,给予一一的解说。一、"缘何境界"?能遍计心的所缘境——所遍计,是依他起的名言,就是唯识为自性的似义意言;意识"缘"这"名"言依他起法"为境"界。二、"取何相貌"?当能分别所分别的时候,"于依他起自性"的名言中,"取彼"与名相应的"相貌",就是似义显现的义相。这缘名取相二义,是遍于一切的虚妄分别心。三、"由何执著"?执著,是由取相而心中生起肯定的坚决的妄"见",认为确实如此,必然如此;非义而肯定它确有此离心的境界,便是"执著"。四、"由何起语"?不但自己执著,还要传达他的意见给别人,这主要的就是言语。我们的言语,都是"由寻"伺发动的,因寻伺语行的思虑,才能引"起语"言。五、"由何言说"?言说的来源,不外把自己的认识吐露出来;而自己的知识,又不外眼见、耳闻、鼻舌身的知、意的觉,所以"由见闻等四种言说而起言说"。六、"何所增益"?见闻觉知所感的一切境界,本来是似义显现假无实体的,但一经言说,使人随名起想,又误认它为实有,"于无义中,增益"它"为"实"有"。因这种种关系,意识"遍计能遍计度"。

第三节　辨一异

复次,此三自性为异为不异? 应言非异非不异。谓依他起自性,由异门故成依他起;即此自性由异门故成遍计所执,即此自性由异门故成圆成实。由何异门此依他起成依他起? 依他熏习种子起故。由何异门即此自性成遍计所执? 由是遍计所缘相故,又是遍计所遍计故。由何异门即此自性成圆成实? 如所遍计毕竟不如是有故。

在大乘佛法中说到真俗空有,都是认为非一非异的。现在说到三自性,也同样的说是"非异非不异"。在同一"依他起自性"中,"由"三种"异门"而成为三性。从同一的依他起性上说,不能说它是不一;从异门安立上看,又不能说三性是不异。异门是在同一事情上,约另一种意义,作另一种说明,或者另一种看法,并非说它就是三个东西。无性说"异门密意",与世亲的见解不同。那么,依什么"异门"建立"此依他起成依他起"呢? 约"依他熏习种子"为缘而"起"的意义,成立为依他起。唯识家说因缘,特重在种子,所以这里说依他起,略去依他而住的意义,着重在这一点上。遍计所执性又是怎样安立的呢?"由是"能生"遍计"心的"所缘相","又是遍计"所现的"所遍计"影像,所以成为遍计所执性。这与上面释名义中的定义完全相同。圆成实呢? 因为"如"遍计"所遍计"的义相,"毕竟不如是有",就是依他起法因通达遍计执性增益的义相,究竟不如是有,而显出空性,成立为圆成实性。

此下陈隋二译,有建立一意识的一段文,本译与魏译都没有。隋译的世亲释论,也没有解说。

第四节　辨品类

第一项　总辨三性品类

此三自性各有几种？谓依他起略有二种：一者、依他熏习种子而生起故，二者、依他杂染清净性不成故，由此二种依他别故，名依他起。遍计所执亦有二种：一者、自性遍计执故，二者、差别遍计执故，由此故名遍计所执。圆成实性亦有二种：一者、自性圆成实故，二者、清净圆成实故，由此故成圆成实性。

三自性各又分为二类。依他起有二类：一、"依他熏习种子而生起"的，这就是仗因托缘而生的依他起，侧重在杂染。二、"依他杂染清净性不成"的，这是说它本身不是固定的杂染或者清净，它如果为虚妄分别的所分别，成遍计执性，就是杂染的；如以无分别智通达它似义实无，成圆成实性，就是清净的。这自身没有一成不变性，随他若识若智而转的，所以也名为依他。

【附论】

平常把依他分为杂染依他、清净依他二种，像有漏的八识是杂染依他，八识转成的无漏智是清净依他，但本论没有这个解说。又有人依染净不成而建立依他的染分净分，在依他法上起遍计执，是依他的染分；依他本具的清净法性，是依他的净分。但这还是不能圆见本论的正义。

遍计所执性也有二类：一、"自性遍计所执"，就是遍计诸法一一的自性,如色声等。二、"差别遍计所执",就是遍计色声诸法的差别不同的义用,像色等的无常义、苦义、空义等。自性遍计,执诸法的自相;差别遍计,执诸法的共相。由遍计诸法的自性及差别,所以有两种遍计所执自性。圆成实性也有二类:一、"自性圆成实",法法本具的成实性,迷悟不变,凡圣一如的自性清净;特别多在凡夫位上说。二、"清净圆成实",这自性清净性,虽本来不染,但因离染而显现,这离垢真实性,在见道以上建立。由自性本具和离染所显的二义,在无差别中,建立两种圆成实。或可以说:自性圆成说,但约不生灭的法性说。清净圆成实,就是下文说到的四种清净名圆成实。

第二项　别辨遍计品类

复次,遍计有四种:一、自性遍计,二、差别遍计,三、有觉遍计,四、无觉遍计。有觉者,谓善名言;无觉者,谓不善名言。如是遍计复有五种:一、依名遍计义自性,谓如是名有如是义;二、依义遍计名自性,谓如是义有如是名;三、依名遍计名自性,谓遍计度未了义名;四、依义遍计义自性,谓遍计度未了名义;五、依二遍计二自性,谓遍计度此名此义如是体性。

遍计性的品类,上面虽说有两种的差别,若再加分析,尚有四种五种等不同。先说明四种遍计:一、"自性遍计",二、"差别遍计",这与前所说的一样,毋须再释。三、"有觉遍计",即"善名言"者的遍计。四、"无觉遍计",即"不善名言"者的遍计。如成年人能用言语表达所认识的,叫善名言的有觉遍计;如婴儿的咿呀,及牛羊等不能以言语传达它的意境,叫不善名言的无觉遍计。这两种都是从名言熏习种子现起名言的相，不过一个能起表义名言，一个不能起表义名言罢了。还可以这样分别：凡是遍计心上似义显现，只能直取它的义相，不能寻思构画，就是无觉的不善名言；如能安立名想，寻思构画，就是有觉的善名言。《大乘庄严经论》说："意言与习光，名义互光起，非真分别故，是名分别（遍计）相"，也就说到这二种遍计。

　　再说五种遍计：一、"依名遍计义自性"，听到某一不知意义的名字，就去推度那名下所诠的义是什么，以为"如是名有如是义"，这叫依名遍计义自性。二、"依义遍计名自性"，现见某一义相，不知它的名字，就去推想那义的能诠名是什么，以为"如是义有如是名"，这叫依义遍计名自性。三、"依名遍计名自性"，依已经了解所诠义的名，"遍计度未了义"的"名"，如听见一译名，譬如说阿赖耶，根本不知它的意义，现在用我国习知的名字去译它，说阿赖耶就是藏，依藏名去计度阿赖耶名，这样的遍计，叫依名遍计名自性。四、"依义遍计义自性"，依已知名称的义，"遍计度未了名"的"义"。如初见电灯，不知它是什么东西，见它能放光，知放光是灯名的所诠义，因此，以灯义去推度这电灯，这叫依义遍计义自性。五、"依二遍计二自性"，就是以已了义的名，及已了名的义，推求未了知的名义，或因名而推想到义，或因义而推想到名，"遍计度此名此义，如是体性"，这叫依二遍计二自性。

　　第三项　广辨十种分别

复次，总摄一切分别略有十种：一、根本分别，谓阿赖耶识。

二、缘相分别，谓色等识。三、显相分别，谓眼识等并所依识。四、缘相变异分别，谓老等变异，乐受等变异，贪等变异，逼害时节代谢等变异，捺洛迦等诸趣变异，及欲界等诸界变异。五、显相变异分别，谓即如前所说变异所有变异。六、他引分别，谓闻非正法类及闻正法类分别。七、不如理分别，谓诸外道闻非正法类分别。八、如理分别，谓正法中闻正法类分别。九、执著分别，谓不如理作意类，萨迦耶见为本六十二见趣相应分别。十、散动分别，谓诸菩萨十种分别：一、无相散动，二、有相散动，三、增益散动，四、损减散动，五、一性散动，六、异性散动，七、自性散动，八、差别散动，九、如名取义散动，十、如义取名散动。为对治此十种散动，一切般若波罗蜜多中说无分别智。如是所治能治，应知具摄般若波罗蜜多义。

上来分析遍计执性，这里再约十种分别来说。遍计执与分别，意义上有点不同：遍计执性是在能所遍计的关系上说，分别却不妨别说能遍计的分别心。

一、"根本分别"：就是"阿赖耶识"。赖耶是一切种子识，以虚妄分别为自性。一方面它本身是虚妄分别，另一方面它又是一切分别的根本，为一切分别生起的依止。所以也可说赖耶是能遍计。

二、"缘相分别"：就是"色等识"。色等一切法为缘而生颠倒分别，是能分别的所缘相，它本身是虚妄分别为自性，是识的一分；并且依色等相而生起分别，所以名为缘相分别。

三、"显相分别"：这是"眼识等"的六识识，"并"六识"所依"的染意"识"。这七转识能显了境相，它是能分别，又因之而起分别,所以名为显相分别。

这三种分别,统摄分别的一切,根本分别就是阿赖耶识为义识,缘相分别就是身识,彼所受识的相识,显相分别就是彼能受识,及所依止的身者识的见识。这三者都是识,本身就是分别,不必一定说因它而现起分别。安立赖耶为义识段,说意识及所依止,是一意识师的思想,这里说眼识等并所依止,是依多识论者的见地。

四、"缘相变异分别":这是由缘相分别的变异转动而产生的分别。如"老"病死等的变异,"乐受"与苦舍的三受变异,"贪"嗔痴三毒的变异,杀缚拷打的"逼害"变异,寒暑"时节"新陈"代谢"的变异,"捺落迦"、饿鬼、傍生等的"诸趣变异","欲界"色无色的"诸界变异"。因这种种的变异而引起分别,叫做缘相变异分别。

五、"显相变异分别":这是在识及所依止的显相分别上,因"如前所说"的种种"变异",而起的"所有"一切的"变异",如因根有利钝而识有明昧的变异,这叫显相变异分别。这两者,就是因一切法(现)变异而生的分别。根本分别微细不可知,所以不说根本变异分别。

六、"他引分别":这是因从他听"闻非正法类,及闻正法类"而引起的"分别"。

七、"不如理分别":"外道"们听"闻"那些"非正法类",而于其中生起的不称正理的妄"分别"。

八、"如理分别":"正法中"的佛弟子,听"闻"种种如理的"正法类",引生正见的"分别"。这三者,他引分别是总,如理不如理是别,是依分别生起的思想学说的邪正而分别,不像前四五两种是有情俱生的分别。

九、"执著分别":是"不如理作意类"的"萨迦耶(身)见为本",而起的"六十二见趣相应"的"分别",是小乘所对治的对象。以我见为主体,引起六十二种各别的意见,所以叫见趣。六十二见,以五蕴三世来分别:如说色是我,我有色,色属我,我在色中;第一句是我见,后三句是我所见。色蕴有这四句,受想行识四蕴也各有四句,总成二十句。再约三世相乘,过去二十句,现在二十句,未来二十句,成六十句;加上根本的身异命异(常见)身一命一(断见)的二种,合成六十二见。

十、"散动分别":这是大乘"菩萨"不共所对治的"十种分别"。散是散乱,动是流动;因这散动分别为障碍,使无分别智不得现前,使我们不见诸法的真实性。《般若经》中说的无分别智,就是对治这散动分别的。这十种散动分别依《般若经》而立。虽然,整个《般若经》都是遣除十种分别,而《学观品》有一段文,特别说得具足。现在且引《般若经》文,然后再一一地对照解说。经云:"舍利弗问世尊言:云何菩萨应行般若波罗蜜多?舍利弗!是菩萨实有菩萨,不见有菩萨,何以故?色自性空,不由空故。色空非色,色不离空,色即是空,空即是色。何以故?舍利弗!此但有名,谓之为色,此自性无生无灭,无染无净,假立客名,别别于法而起分别;假立客名,随起言说,如如言说,如是如是生起执著。如是一切菩萨不见,由不见故,不生执著。如说于色,乃至于识,当知亦尔。"陈隋二译,都引证《般若经》文,魏译也是没有的。唯识学者把这段经文,配为对治十种散动,这也就是唯识家对《般若经》的一种见解。(一)"无相散动":听说到无,譬如说无我,以为什么都没有自体,这无相,就是分别(遍计所执性)。要对治这无体的妄执,所以经说"实有菩萨"。意思说:诸法真性,为菩萨的自体,即是大我,不可说无。

【附论】

"实有菩萨"一句,唯识系所传的《般若经》中有,我国其余的译本都是没有的。从空宗的见解看来,"实有菩萨"一句,可说非常奇特,根本不通。唯识家说我空,无我,不在无其所无,在因无而显的诸法真实性,在有情中,就是如来藏。一切有情,平等具有这真实,所以一切有情有佛性,这就是大我。唯识学究竟是真常不空论者。

(二)"有相散动":听说到有,就以为什么都有,虚妄杂染都是真实,这有相,就是分别。为要对治这有相的妄执,所以经说"不见有菩萨"。依依他起的五蕴而妄计的小我,这是不可得的,现在就说不见这样的菩萨。世亲说:不见依他遍计,无性只说不见遍计所执性。

(三)"增益散动":于似义显现的非有中计有,执为实有,叫增益。对治这增益的妄执,所以经说"色自性空"。遍计性的实有色法,但是假相安立,不是自相安立,了知它本无自性空,就可对治增益散动。

(四)"损减散动":真实性的实有法,妄执为无,就是损减。对治这损减执,所以经说"不由空故"。色性与法性,并不是没有的,不因遍计性空而无,由此可以对治损减散动。

（五）"一性散动"：执依他圆成是一法，这是错误的，因为法与法性不能说是一，法是无常，法性是常，怎么可说是一性呢？要对治这计执，所以经说"色空非色"。就是说法性的色空，不是法的色；换句话说：圆成实不是依他起。

（六）"异性散动"：先从依圆二性来说，执依他圆成截然不同，这是不对的；因为圆成实是依他离义而显的，怎么可说是异？为对治这执著，所以经说："色不离空"，就是依他与空性有不能相离的关系。再从遍圆二性来说，遍圆不能说是异，所以经说"色即是空，空即是色"；遍计色，就是无所有，它与圆成空性不异。古人有的以不离解"即"，有的以相即解"即"，依本论的见解，不离并非是即，依他不能说即是空性，只能说不离。遍计不能说不离空性，只能说当体即是空性。

（七）"自性散动"：于诸法执有自性，如色自性，声自性；为对治这妄执，所以经说"此但有名"。就是一切诸法，但依假名安立，不能妄计一一法的真实自性。

（八）"差别散动"：于诸法中，分别是生，是灭，是染，是净，这种种分别，名为差别。为对治这种妄计，所以经说"此自性无生无灭无染无净"。

（九）"如名取义散动"：或者听到某一种名字，就依名而取其义为真实，名是假立，并非名中就有真实的所诠义。为对治这散动，所以经说"假立客名，别别于法而起分别"。这不过假名安立，依名的假立而起分别，并非实有所取的义。

（十）"如义取名散动"：还有见到某一事，就如其所取的义而推度它的名字，以为这法确有这名字。为对治此种散动，所以经说"假立客名，随起言说"。名字是假立的，并不能真实诠表。

　　真能"对治"上述的"十种散动"，唯有无分别智，所以"一切般若波罗蜜多"经"中"，都"说无分别智"。由这无分别的智慧，扫荡一切有分别的散动。这十种"能治"的智与"所治"的分别，"应知具摄般若波罗蜜多"经中的要"义"。

第五节　释妨难

第一项　异门无别难

若由异门，依他起自性有三自性，云何三自性不成无差别？若由异门成依他起，不即由此成遍计所执及圆成实；若由异门成遍计所执，不即由此成依他起及圆成实；若由异门成圆成实，不即由此成依他起及遍计所执。

　　"三自性"是"由"不同的意义与不同的观点的"异门"而说明"依他起自性"的，那为什么"三自性不"混杂而"成"为"无差别"呢？要知道：在依他熏习种子起的"异门，成"立它为"依他起"，并"不即由此"从种子生的定义去成立"遍计所执及圆成实"。在依遍计所缘相及遍计所遍计的"异门"，"成"立为"遍计所执"性，却并"不即由此"定义去"成"立"依他起及圆成实"。在依所遍计毕竟不如是有的"异门"，"成"立"圆成实"性，却并"不即由此"定义去"成"立"依他起及遍计所执"。三自性既都是观待它不同的异门而安立，在随义安立的差别上，自然也还是体系严整，毫不紊乱。如一人有多种技能立有多种的名字一样。

第二项　名不称体难

复次，云何得知如依他起自性，遍计所执自性显现而非称体？由名前觉无，称体相违故；由名有众多，多体相违故；由名不决定，杂体相违故。

这段文，在成立唯识无义的教理上有很重要的地位。"依他起自性"成为所遍计的认识境，就是依虚妄分别而起的"遍计所执自性"的似义"显现"；这似义显现的遍计执性，怎么知它"非"是"称"合依他起的法"体"呢？从种子所生，虚妄分别为性的，本来是依他起。在它显现为义成为乱识所计的境界，就说它不合乎依他起性的本相，是都无所有的，这确乎不易理解。简单地答复一句，依他起是名言识，虽一切都是意言假立，但我们认识时，觉得它确乎如此，不知它因意言的假立而无实；甚至觉得它离名言识而别有意境，所以义境不能称合依他的本相。要说明义境的不称名言，用三种理由来成立：

一、称体相违：由显境名言识的假名（依他起），觉得这是什么那是什么，这就是本论说的"缘名为境，取彼相貌"。这似义显现，属遍计所执性。如心里泛起茶壶的名言，才觉得这是茶壶；一般人觉得这茶壶（义）与茶壶的名言一致，其实不然。在没有安立茶壶名言的时候，只能认识其他名言假立的形相，不能认识它这是茶壶。若说名与义是称合的，那在不知它名字的时候，也该觉知它是茶壶才对，在没有"名"言以"前"，义"觉"就"无"能现起，名"称"与义"体相违"，所以知道遍计所执性显现不就是依他起性。

【附论】

名前无觉,可知义觉是依名言而成,这岂不可以成立名义的一致吗?不然!名、义,都是意言安立的,因观待不同,名与义没有一定的关系;但遍计所执性显现为义时,因无始熏习而有倒相现前;这似义的能遍计,也觉得它确乎如此,或者觉得它离名言而有,或者认为与名一致。离名而有,这固可用名前无觉去扫破它的妄执,成立唯是意言。但它唯是意言安立,而我们的义觉,却觉得它确乎如此,不能正觉它唯识,唯是假立,这又得用名前无觉去击破它随言(依他)执义(遍计)的一见了。

二、多体相违:如果依名觉义,认为名言与义体一致,那世间的任何一法,它的"名"字都"有众多",名言既有多种,那某一法也该随名而有"多体"了。但事实与此"相违",一法虽有多名,而并没有多体,可见名义是不相称的。

三、杂体相违:反之,同一名字,可以表显不同的所诠法,如"瞿"字可以表诠九法,可见"名"称是"不决定"表诠哪一义的。这样,诠种种义的一名,这与名一致的义,就在一名之中而成为"杂体"了,这也是与事理"相违"的。

此中有二颂:由名前觉无,多名,不决定;成称体,多体,杂体相违故。

这是重颂前义。"成"字贯通三相违,就是:由名前觉无,成称体相违;由名字众多,成多体相违;由名不决定,成杂体相违。本颂的前半颂,《显扬圣教论·成无性品》中也有。

法无而可得，无染而有净，应知如幻等，亦复似虚空。

这是顺便解说因遍计执性真实性所起的疑难，引《庄严论·弘法品》偈来解答。遍计所执性既是"法无"所有，怎么显现"而可得"，成为我们的所认识的。圆成实是清净的法性，它本不是杂染所染污的。既然本来"无染"，自然也就没有离染的清净，怎么又说"有净"呢？这不是等于没有生而说有死吗？"如幻等"，先答第一个问题：譬如幻化象马等的幻事，虽说没有象马的实体，但似象似马，还是显现可得，遍计所执性的无实而可得，也是这样。

【附论】

要注意的：这以幻化譬喻遍计执性，与下面的"幻等说于生，说无计所执"不同。幻化喻，平常都顽固地执著它是喻依他起的，这固然有根据；但依本文与《庄严论》看，是可以譬喻二性的。《庄严论》说："如彼起幻师，譬说虚分别；如彼诸幻事，譬说二种迷。"这幻师指"依咒术力变木石等为迷因"，就是依他起性的"起种种分别（如十一识）为颠倒因"：指幻师所幻的幻相，成为颠倒迷执的所依。它虽不是象马，但这象相马相，也确是幻相具有的形态，所以也可以称之为幻。那遍计所执的能取所取二迷，就是所见象马等相貌显现，这也叫做幻事。这两者，都有似有而实非有，非有而现可得的定义。从它种子所生唯识为性的幻相来说，它是可得而无实的，称为依他起性。从成为所遍计的遍计心境来说，它是无实而现可得的，称为遍计执性。我们虽可以从差别的观点，把它分为二事：实象实马的倒相，它没有实体，是遍计所执性，是无；幻象幻马的缘起相，显现可得，是依他起性，是如幻。但幻的本义，可以譬喻二性，是可以表示无实与现有的。后来一分唯识学者,以为幻不能说是无实,无实不能说如幻,把无实与可得分配二性,忘了幻相就是无实的,可以譬喻遍计所执性。因之,更走上依他实有上去。

再来解答第二个问题:"似虚空"本来如此,从没有丝毫的变化,也无所谓清净不清净。但被乌云所遮时,它虽依然如此,而可说受不清净法的隐覆。风吹云散,晴空显现,它虽还是如此,却不妨说它清净。圆成实性的清净也是这样,因它离垢清净,不是新净,所以又说本性清净。这两者的本体,没有差别,但可以假说差别,就是一在因位在染上建立,一在果位离染上建立。也就因此,诸法虽不能染污圆成的本来清净,但要显现本来清净,非离去染污不可。古人说:"修证则不无,污染则不得",正是这个意思。

第三项　依他都无难

复次,何故如所显现实无所有,而依他起自性非一切一切都无所有? 此若无者,圆成实自性亦无所有;此若无者,则一切皆无。若依他起及圆成实自性无有,应成无有染净过失。既现可得杂染清净,是故不应一切皆无。

根据遍计依他异门安立的观点,讨论依他为什么不是彻底没有。"如所显现"的一切法,确是"实无所有"的,像幻象幻马的不是真实,那为什么说遍计所执无实,"而依他起自性"显现可得,"非一切"所现的也于"一切"时中"都无所有"呢? 圆成实性,是依他起上离去遍计执性(显现为义)而显出的真实性;假使依他起法(唯识所现)如遍计所执性一样的是"无","圆成实自性亦无所有"了。又若依他起是"无","则一切"法"皆"应是"无"！依他起是杂染的,圆成实是清净的,因此,"若依他起及圆成实自性无有",便"成无有"杂"染"清"净"的"过失"。"既"然"杂染清净"是明白显"现"的"可得","故不应"说依他起法"一切皆无"！总之,似义显现的虽然不是实有,但从它唯识为性种子所生的缘生法说,并非完全没有。《辨中边》说"非实有全无",就是这个道理。

此中有颂：若无依他起,圆成实亦无,一切种若无,恒时无染净。

这是重颂,文义明白可知。

第六节　通契经

第一项　依三性通大乘经

甲　通方广教

一　正释三性

诸佛世尊于大乘中说方广教,彼教中言:云何应知遍计所执自性？应知异门说无所有。云何应知依他起自性？应知譬如幻、焰、梦、像、光、影、谷响、水月、变化。云何应知圆成实自性？应知宣说四清净法。何等名为四清净法？一者、自性清净,谓真如、空、实际、无相、胜义、法界。二者、离垢清净,谓即此离一切障垢。三者、得此道清净,谓一切菩提分法波罗蜜多等。四者、生此境清净,谓诸大乘妙正法教。由此法

教，清净缘故，非遍计所执自性；最清净法界等流性故，非依他起自性。如是四法，总摄一切清净法尽。

缘生法的唯识无义，虚妄无实，已可宣告成立。现在就以这成立的三性说，贯通一切大乘经。

方广，是一部经的别名，还是大乘经的总称？这虽难确定，但据《集论·法品》的解释，这是大乘经的总称。《庄严论·述求品》也说到幻等八喻，以为"世尊处处说此八譬"，可见不是一经的名字。开显广大甚深的法性，所以叫方广（有人见后《梵问经》有密意二字，判方广教是显说，错）。

佛在"大乘中说方广教"，凡是怎样说的，"应知"在说"遍计所执自性"？"应知"依"无所有"的"异门"而说的，像无实，不可得，非有等，就是。"依他起自性"又怎样可知呢？凡是说"如幻焰"等八种譬喻，就可以明白他在说依他起性。"圆成实自性"呢？凡是"宣说四清净法"，就"应知"是说圆成实性。本论的圆成实，范围很大，凡是清净法，都包括在内，所以本论没有别立清净依他的必要。四清净是：

一、"自性清净"：它的本体，从来是清净的，不是染污所能染污，就是在众生位，也是清净无染的。这自性清净，随义立名，异名是很多的，这里且说六种：（一）"真如"：真是真实不虚，如是如如不变，这真实不变的法性，说名真如。（二）"空"：这不是说无所有，是因空所显的诸法空性。（三）"实际"：不虚假叫实，究竟叫际，就是诸法的究竟真实性。（四）"无相"：于法性海中，无有虚妄不实的乱相。（五）"胜义"：胜是殊胜的妙智，义是境界，妙智所证的境界，叫胜义。（六）"法界"：三乘圣法，依此而有,所以名为法界。此自性清净,即在缠真如,一切众生本具的如来藏性。

二、"离垢清净":这"即"是真如等的自性清净法,"离一切障垢"显现出的清净本来面目。离垢清净与上面的自性清净,不但是一体,并且没有增减垢净。不过在因位未离垢时,叫自性清净;在离垢的果位,叫离垢清净罢了。

三、"得此道清净":能得能证这清净法性的道,像三十七"菩提分法"、十"波罗蜜多等"。这里说的,还是单指无漏道,还是也该摄地前的世间有漏道? 依本论的思想说,厌离于杂染趋向于清净的,虽还在世间,就摄属清净法。如前说的正闻熏习,尚且是法身所摄;世间波罗蜜多,像加行无分别智等,当然是包含在这得此道清净中的。

四、"生此境清净":能生此清净道的所缘境,就是"诸大乘妙正法教",也是清净的圆成实摄。这大乘教法,为什么是清净的呢? "由此法教",是引生"清净"无漏道果的因"缘",不像显现似义的乱相,是杂染的因缘,所以"非遍计所执自性"。它是佛陀悟证"最清净法界"的"等流性",不像依他起是从遍计妄执熏习所生,所以也"非依他起自性"。不是依遍二性,当然是圆成实性了。这"四法",可以"总摄一切清净法"。

【附论】

四种清净,就是三种般若:生此境清净是文字般若,得此道清净是观照般若,自性离垢清净是实相般若。龙树菩萨说:三般若中,实相般若是真般若;观照般若在它能显发般若方面;文字般若在能诠显般若方面,说它是般若。无漏妙智契证实相无相的空性，境智不二，为超越能所，融然一味的实相般若。离垢清净，不但是一般人心中的寂灭性而已。

唯识家平常把圆成实分两大类：一、不变异圆成，就是自性离垢清净；二、无颠倒圆成，就是得此道生此境清净。他们把自性离垢清净单看为无生灭不变异的法性，把四智菩提（生灭）摄在得此道中。但从另一方面看，法性本来清净，由闻教法而修清净道，由修清净道而显现离垢的清净，这离垢清净是摄有果位福智的。陈那论师有般若注释，把四清净解说为四种般若，离垢般若与一般所说的离垢清净不一样。

此中有二颂：幻等说于生，说无计所执，若说四清净，是谓圆成实。自性与离垢，清净道所缘，一切清净法，皆四相所摄。

此二颂是引用《阿毗达磨大乘经》的。"幻等说于生"的生，是依他缘生法。"说无计所执"的计所执，是遍计性。余文是重颂圆成实，其义可知。

二　依他八喻

复次，何缘如经所说于依他起自性说幻等喻？于依他起自性为除他虚妄疑故。他复云何于依他起自性有虚妄疑？由他于此有如是疑：云何实无有义而成所行境界？为除此疑说幻事喻。云何无义心心法转？为除此疑说阳焰喻。云何无义有爱非爱受用差别？为除此疑说所梦喻。云何无义净不净业爱非爱果差别而生？为除此疑说影像喻。云何无义种种识转？为除此疑说光影喻。云何无义种种戏论言说而转？为除此疑说谷响喻。云何无义而有实取诸三摩地所行境转？

为除此疑说水月喻。云何无义有诸菩萨无颠倒心，为办有情诸利乐事，故思受生？为除此疑说变化喻。

为什么要用"幻等"八"喻"来说明"依他起自性"呢？有人"于依他起自性"的虚妄分别法，生起各种不同的疑惑，"为"了要"除他虚妄"法中的"疑"惑，所以说幻等八喻。实际上，八喻不一定要这样各别地除遣疑惑，是可以互相通用的。现在偏据某一点解说这八喻的差别。

一、幻喻："由他于此"依他起性，"有如是疑"：似义显现的遍计执性，就是所遍计的依他起性。这似义既然都无所有，"实无有义"，怎么可以"成"为心心所"所行"的"境界"呢？"为除此"种"疑"惑，就"说幻事喻"来开示他：如幻术所变的象马牛羊，虽不是真实的象马，但象马的幻相，能成为我们认识的对象。依他起性也是这样，虽没有像乱识所见的实有的色等境义，但显现可得，能成为能遍计心心所法遍计所行的境界。

二、阳焰喻：有人这样疑惑：若依他起"无"有实"义"，所见的义相是没有的，那能认识的"心心"所"法"怎能依之而"转"起呢？"为除此疑"，就"说阳焰喻"：如春天的阳光，照耀那上腾的水汽，它虽不是水，但能生起渴鹿的水想。色等依他起也这样，虽不是实色，但它现起的倒相，能使心心所生起。世亲的解释不同：依他起法就是心心所，为什么心心所法转现义相呢？这像阳焰一样，它不是水而生水觉。

三、所梦喻：又有疑惑：若依他起"无"有实"义"，怎么会"有爱"的受用，"非爱"的"受用差别"呢？同样的是没有，似乎不能有这差别吧？"为除此疑"，就"说所梦喻"：如梦中所梦见的种种境界,虽都并无其事,但在梦中却真会生起怖畏或欣喜的心情,劳倦或舒适的生理感觉。依他起也是这样,虽所现的没有真实,可是有可爱和不可爱的受用差别现前。

四、影像喻:又有这样的疑惑:若依他起"无"有实"义",那怎么会有"净不净业"所感的"爱"果"非爱果"的"差别而生"呢?"为""铲""除此"种怀"疑",就"说影像"的譬"喻":如镜中的影像,是没有实质的,因外有本质的关系,镜中自然现起影像来。依他起的爱非爱果也是这样,虽没有爱非爱的实义,但依净不净的善恶业因,自有可爱不可爱的果报现起。

五、光影喻:有人起这样疑惑:若依他起"无"有实"义",怎么会有"种种识转"变生起?"为除"去"此"种"疑"惑,就"说光影"的譬"喻":如人在灯光下,作种种手势,墙壁上就有种种的影像现起,所谓"如弄影者,有其种种光影可得"。这光下所现出的光影,自然是不实在的。依他起的种种识也是这样,虽没有真实的种种识,但有种种诸识转起。这与阳焰喻的心心法转不同,前者是说没有实境,可以有心法的生起,此中是说没有实心却可以生起种种差别识。

六、谷响喻:又有一种疑惑:若依他起"无"有实"义",怎么会有"种种"(见闻觉知)的"戏论言说"差别"转"起呢?"为除此"种"疑"惑,"说谷响喻":如我们在山谷中呼唤什么就有什么回响。这回声,本没有人在说,但听起来好像实有其事。依他起的言说也是这样,虽没有实在的见闻觉知的言说,但可现起种种言说的语业。

七、水月喻:或者还有人会这样想:若依他起"无义",为什么"有"真"实"可"取"的"诸三摩地"中"所行"的"境"界"转"起呢？"为"要破"除此疑"，就"说水月"的譬"喻"，水中本没有实在的月，然因水的澄静明净，能映出相似的月影来。依他起的定中境界，像变水为地，变地为水等，也是这样，虽不是真实的，但由三摩地的力量，就随种种的胜解不同，现起似乎真实的定境。

八、变化喻：若依他起"无"有实"义"，那发大菩提心的"菩萨"，以"无颠倒"的正见"心"，"为"要成"办有情""利乐"的"事"业，"故思"于生死中"受生"，不是毫无意义吗？换句话说：既然没有真实，有情的生死痛苦，也都不是实有的，何须菩萨示现受生去化度呢？"为除此疑"，所以"说变化"的譬"喻"：如善于变化的幻师，以树叶稻草等，变为象马车乘，他明知这象马车乘是假的，但还是要变，因为变的东西，也还有用处。菩萨的受生也是这样，明知诸法无实，但仍变现种种身相，利乐有情。

从这种种的譬喻来看，虽然一切无实，但心境、业果、言说、度生等事，都显现可得。龙树解释幻等譬喻，着重在诸法空无实义，就是说虽有种种的相用，而实际却是空无所有。本论的八喻，则说虽不是真实，却显现可得，把它结归在有上。幻等喻，本是可通似有与非实的。

乙　通《梵问经》

世尊依何密意于梵问经中说：如来不得生死，不得涅槃？于依他起自性中，依遍计所执自性及圆成实自性，生死涅槃无差别密意。何以故？即此依他起自性，由遍计所执分成生死，由圆成实分成涅槃故。

"梵问经",就是《思益梵天所问经》。经中说:"如来不得生死,不得涅槃。"世间的生死和出世的涅槃,分明是有的,怎么说如来的正智中都不可得呢? 在唯识三性的见解中看来,这是依"依他起自性"的通二性,"生死涅槃无差别"的意义而说。因为"即"是"此依他起自性",但从它的随染边说,就是"遍计所执分成"为"生死",不能说它是涅槃。从它的随净边说,就是"圆成实分成"为"涅槃",不能说它是生死的。只是一个依他起自性,从它的通二性而显出的依他无定实来说,就没有生死可得,也没有涅槃可得。如来根据这个依他不定的深义,所以说不得生死不得涅槃。

【附论】

这与空宗的解说通达诸法无自性,在空性寂灭中,无生死涅槃可得不同。本论在依他诸法的无实性,随染净而转变上说。真常论者,又每以如来藏心的本来清净常住不变,说明生死本无,何来涅槃? 这又是一家之说。这些,在大乘学派的解说中,是随处可以发现他观点不同的。

丙　通《阿毗达磨大乘经》

阿毗达磨大乘经中薄伽梵说:法有三种:一、杂染分,二、清净分,三、彼二分。依何密意作如是说? 于依他起自性中,遍计所执自性是杂染分,圆成实自性是清净分,即依他起是彼二分:依此密意作如是说。于此义中以何喻显? 以金土藏为喻显示。譬如世间金土藏中三法可得:一地界,二土,三金。于地界中土非实有而现可得,金是实有而不可得;火烧炼时,土

相不现，金相显现。又此地界，土显现时虚妄显现；金显现时真实显现，是故地界是彼二分。识亦如是，无分别智火未烧时，于此识中所有虚妄遍计所执自性显现，所有真实圆成实自性不显现。此识若为无分别智火所烧时，于此识中所有真实圆成实自性显现，所有虚妄遍计所执自性不显现；是故此虚妄分别识依他起自性有彼二分，如金土藏中所有地界。

　　"阿毗达磨大乘经中"，"说"一切"法有三种：一、杂染分，二、清净分，三、彼二分"，这一切法三分的见解，佛陀"依"什么"意"趣要这样说呢？这是依依他的安立三性而说的。"于依他起自性中"，随染的"遍计所执自性"的一分，就"是杂染分"的一类；在依他起性中随净的"圆成实自性"的一分，就"是清净分"的一类；"即"此"依他起"性本身，不定属某一边，那就"是"有"彼"染净"二分"的一类。

　　关于依他起，本论确是说虚妄杂染，是染种所生的三杂染，虚妄分别为自性，是乱相，是乱体，但又说他是通染净二分的，说得最明白，就是这《阿毗达磨大乘经》。

　　"于此"三自性为三类法的意"义中"，且"以金土藏为"譬"喻"来"显示"它。藏是界义，等于现在所说的矿；矿中蕴藏多量矿产，所以称为藏。"譬如世间金土藏"——金矿"中"，有"三法可得：一地界，二土，三金"。地是坚性的能造大种，土与金是所造的色法。在金矿没有掘发炼净以前，"于地界中"，只见土而不见金，所以"土"是"非实有"的，却显"现可得"；"金是实有"的，反"而不可得"。以世俗的眼光来看，土与金虽都可说是实有的，但这里的意见是这样：金是实在不变的，纵然杂在土中，或把它粉碎，它的质量仍然是那么多，所以说是实有的。土却不同，金从土中炼出以后，金中不再有土的成分了，所以说它是非实有的。在采发后，加以"火"的"烧炼"，这"时"，非实有的"土相不现"，而实有的"金相"就"显现"可得了。这样，当"此地界"的"土"相"显现时"，就是"虚妄显现；金"相"显现"的"时"候，就是"真实显现"。而含有土金两法的"地界"，就"是"具"彼"虚妄真实的"二分"。

"识亦如是"以下，是合法。这识，真谛译作"本识"，这虽只一字之差，却大有诤论。奘师门下，都以为这识是八识，八识都是依他起，在虚妄分别的依他起上，执为实有，就是遍计所执性。离遍计所执性而显的空性，是圆成实。真谛译作本识，是富有一心论的意趣。在取性本识中，染习所现的能取所取的转识，虽然是染种所生，是依他，但从它的能取所取关涉上，是杂染的遍计执性。所以有时说"七识是分别性"。若本识离去染习，解性与无漏闻熏现起的一切，是清净的真实性。从本论的体系看来，谈转染转净，或是单从转识的能所上说，或是从本识的因果上说，其实可以综合的。现在从依他的中心，所知依赖耶具二分为义识，与安立见相，作一综合的解说：在虚妄分别心，"无分别智火未烧时"，就是世间生死随染的阶段。取性的赖耶识，无始来与戏论的熏习融为一味，从它现起虚妄的见识与相识。在从种所生的意义上，它固然是唯识为性的依他起，但它是虚妄，乱相，乱体，能所交织成的遍计所执性。因转识的遍计，熏成遍计所执种子，又摄藏种子在赖耶中；连一切种识在末那的认识中，也成为遍计所执性。所以说"于此识中所有虚妄遍计所执自性显现，所有真实圆成实自性不显现"。"此识若为无分别智火所烧时",就是从凡入圣到究竟满证的阶段。因听闻法界等流的正法,熏成闻熏习,解性赖耶识开始活动。因加行无分别智的观察唯识无义,闻熏习力渐渐地增盛起来,引生无分别智,正觉无义的真实性。但这时,不但赖耶中的染习还很多,就是从种所现的根身等,也还都是杂染的。这样的无分别智久久熏修,赖耶中的取性染习渐尽,净智渐增,到最后,一切杂染都清净了,解性赖耶与净智融然一味,为一切清净法的所依。这清净识不是虚妄,一切都名为圆成实性。所以说"于此识中所有真实圆成实自性显现,所有虚妄遍计所执自性不显现"。这"虚妄分别识",就是"依他起自性",可以"有彼二分",正与"金土藏中所有地界"一样。

【附论】

地论师把依他起解说为真妄和合,与这譬喻很有共同的意义。遍计是虚妄的,圆成是真实的,依他是染净间的联系,当然具有虚妄真实的二分。所以说,独妄不成依他,独真也不成依他,真妄和合才成为依他。我觉得,依他是唯识的,唯识是无义的。唯识的真相,与无义本来不能截成两橛。但在凡夫位上,它永远与义合流,所以它是虚妄的。到成佛,无义的唯识本相,才能全体显现,不再有丝毫的妄染,它是真实性的。它随缘无性,妄心派从生死位中识的虚妄分别出发,特别发挥了依他起的杂染。但久而久之,一分学者,几乎忘却了识的虚妄,从遍计性的熏习,就是戏论习气,或遍计所执种子而来;于是连成佛以后,还觉得识是虚妄的。其实,就是妄心派,在说明转染成净,也非谈依他通二分不可。依他具二分的真妄和合论者,只是从已证真实性的圣人识的见解出发,特别发挥了依他的无义本相。

丁　通余经

一　长行

世尊有处说一切法常,有处说一切法无常,有处说一切法非常非无常,依何密意作如是说? 谓依他起自性,由圆成实性分是常,由遍计所执性分是无常,由彼二分非常非无常:依此密意作如是说。如常,无常,无二;如是苦,乐,无二;净,不净,无二;空,不空,无二;我,无我,无二;寂静,不寂静,无二;有自性,无自性,无二;生,不生,无二;灭,不灭,无二;本来寂静,非本来寂静,无二;自性涅槃,非自性涅槃,无二;生死,涅槃,无二亦尔。如是等差别,一切诸佛密意语言,由三自性应随决了,如前说常无常等门。

佛陀在其余的经中,"有处说一切法"皆是"常"住的,"有处"又"说一切法无常","有处"更"说一切法"是"非常非无常"的,这不同的说法,到底是"依何密意"而说的呢? 这还是依依他异门安立三相说的。"依他起自性,由圆成实性"法性真如体的常住分,所以佛陀说一切法"是常"。同时依他起中又"由遍计所执性"的虚妄无常分,所以又说一切法"是无常"。而依他起的本身,在随染遍计性无常的方面看,不能说是常,在随净圆成性常住方面看,不能说是无常,由"彼"依他的通"二分",所以佛陀说一切法"非常非无常"。经中似乎矛盾的解说,只是"依此"三性的一性"密意作如是说"。"如常,无常,无二",是依依

他安立三性的一性而说的，"如是苦、乐、无二"等"差别"，凡是
"一切诸佛密意语言"，也是依三性的密意而说。所以"由三自
性"的见解，都"应随"他所说的而给以"决"择明"了"。像"苦"
是遍计性，"乐"是圆成性，"无二"（非苦非乐）是依他起的具二
分。"净"是圆成实，"不净"是遍计性，"无二"（非净非不净）是
依他起。"空"是遍计，"不空"是圆成实，"无二"（非空非不空）
是依他起。依真我说，圆成实是我，遍计是无我；依妄我说，
"我"是遍计性，"无我"是圆成实，"无二"（非我非无我）是依他
起。"寂静"是圆成实，"不寂静"是遍计性，"无二"（非寂静非
不寂静）是依他起。"有自性"是圆成，"无自性"是遍计，"无
二"（非有自性非无自性）是依他起。"生"是遍计性，"不生"是
圆成实，"无二"（非生非不生）是依他起。"灭"是遍计性，"不
灭"是圆成实，"无二"（非灭非不灭）是依他起。"本来寂静"是
圆成实，"非本来寂静"是遍计性，"无二"（非本来寂静非非本来
寂静）是依他起。"自性涅槃"是圆成实，"非自性涅槃"是遍计
性，"无二"（非自性涅槃，非非自性涅槃）是依他起。"生死"是
遍计执，"涅槃"是圆成实，"无二"（非生死非涅槃）是依他起。
这不过是一往之谈，其实不一定如此，像本来寂静等，都可以通
遍计圆成二性的。

二　偈颂

此中有多颂：如法实不有，如现非一种；非法非非法，故说无
二义。依一分开显，或有或非有；依二分说言，非有非非有。
如显现非有，是故说为无。由如是显现，是故说为有。自然，
自体无，自性不坚住，如执取不有，故许无自性。由无性故

成，后后所依止，无生灭，本寂，自性般涅槃。

第一颂解说无二，第三句的非法非非法，结释前二句："如"义显现"法"的"实"性是"不有"的，所以说"非法"。虽没有实体，但"如"显"现"的"非一种"的万有差别，明白的显现可得，所以说"非非法"。由这非法非非法的见解，"故说无二义"。

第二颂解说三分："依"依他起中的随染随净的"一分"，而"开显"解说，"或"依清净的真实性说"有"，"或"依杂染的遍计所执性说"非有"。如果通"依"依他的具"二分"而"说"，那它就由遍计所执性而"非有"，由圆成实性而"非非有"。本颂还可约依他的显现可得而无实的见解来说，这与下一颂的意义大体相同。

第三颂解说有无义："如"遍计执性能取所取的似义"显现"，都是"非有"实体的，"是故说"之"为无"。但"由"它的因无始来戏论熏习的转变力，而有"如是"的"显现"，"是故"又"说为有"。

第四颂与第五颂，是从《庄严大乘经论》引来的。第四颂解说一切法无自性的含义：这有小乘共许的三义，与大乘特有的见解，共有四个意义。一、"自然"无：约未来说，诸法从未来生起的时候，必有种种因缘，不是自然现起的，约这无自然生性，所以说无自性。二、"自体无"：约过去说，过去了的自体已经灭无，是不会再现起的，所以说无自性。三、"自性不坚住"：约现在说，诸法一刹那间生而即灭，不能有刹那的安住相，约这不坚住性，所以说无自性。这三种无自性义，是大小乘所共许的。四、"如执取不有"：这约大乘不共义说遍计所执性的无自性。依他起上似义显现的,如我们执取为实有的,没有实有的自相,这叫遍计所执相无自性。

【附论】

前三种,从缘起生灭上,说明过去现在未来的无自性,若执为实有,就是增益执。《深密经》说生无自然性,也是与小乘共的。不过小乘虽离去生无自然性,建立因果相续,只能厌离无常,并不能通达法空所显的真实性,所以又为大乘说遍计所执性的相无性。这如执取不有的相无性,在唯识学中,就是无义。空宗的无自性,与"如执取不有"的思想很接近;所谓"诸法无所有,如是有,如是无所有,愚夫不知,名为无明"。但认识论上的执取非有,立足于缘起无自性说,不如唯识学者那样的分成二截。依性空者的意见,无一法可取的无相义,实是《阿含经》的本义。

第五颂,依前相无自性的定义,成立无生无灭等:由一切诸法都是无自性的,故成立一切"无生";以无生为前提,能成立"无灭";无生无灭的东西,自然是"本"来"寂"静;以本来寂静,所以诸法的"自性"本来"般涅槃"。这前前的能为后后的所依止,所以说"由无性故成后后所依止"。

第二项　依四意趣四秘密决了一切佛言

复有四种意趣,四种秘密,一切佛言应随决了。四意趣者:一、平等意趣,谓如说言:我昔曾于彼时彼分,即名胜观正等觉者。二、别时意趣,谓如说言:若诵多宝如来名者,便于无上正等菩提已得决定。又如说言:由唯发愿,便得往生极乐世界。三、别义意趣,谓如说言:若已逢事尔所殑伽河沙等

佛,于大乘法方能解义。四、补特伽罗意乐意趣,谓如为一补特伽罗先赞布施,后还毁訾;如于布施,如是尸罗及一分修,当知亦尔。如是名为四种意趣。

　　照字面上讲:意趣是别有用意,不单是在文字表面上可以理解的。秘密是不明显,难以理解。现在用这两者解说如来说法的深义密意。因此,这两者定义是:依某一种意义,而为他说法,叫意趣。因这说法,决定能令有情深入圣教,得大利益,叫秘密。这"四种意趣"与"四种秘密",于"一切佛言",都"应随"它所说而给以"决"择"了"别。现在先说四意趣:

　　一、"平等意趣":如佛曾这样说:"我昔曾于彼时彼分,即名胜观正等觉者。"胜观(毗婆尸的义译),并不就是现在的释迦牟尼,而佛却说他就是。这并不是一佛,是约佛佛道同,诸佛法身平等的意趣而说。文中的彼时彼分,指彼毗婆尸佛成佛的时候;或者,彼分可以说是彼成佛的地点。

　　二、"别时意趣":佛陀为摄受一般懒惰懈怠的众生,所以方便说:"若诵多宝如来名者,便于无上菩提已得决定",不会再有退转。又说:"由唯发愿,便得往生极乐世界。"实际上,单单持诵多宝如来的名号,并不能于无上菩提得不退转;唯凭空口发愿,也不能往生西方极乐世界。佛陀的意思,是约另一时间说的,若持诵多宝如来的名号,就可种下成佛的善根;虽然,还不能直登不退,但将来一定要修证菩提。如鱼吞了钩一样,虽然还在水里,可说已经钓住了。发愿往生极乐也如此,久久地积集福德智慧的善根,将来定能往生极乐。如俗语说"一本万利",并不真的一个钱立刻获得万倍的盈利,而是说由这一个本钱,经过长久的经营,才可以获得万利。发愿为往生之因,念佛为不退之因,佛陀是依这种意思说的。

三、"别义意趣":经上说:"若已逢"遇、承"事"、礼拜、供养多如"殑伽河沙"数的诸"佛","于大乘法方能解义",不是短期间的参究所能通达的。这里说的解义,是指悟证胜义说的;若是平常的闻思理解,那又何须逢事这么多佛呢?

四、"补特伽罗意乐意趣":这就是称机说法。有的"补特伽罗"悭贪不舍,佛陀就"为"他"赞"叹"布施"的功德,使他除去悭贪。他布施了,却又执著布施为最究竟,"后"来佛又"毁訾"布施,说这布施不过是下品的善根,不是究竟。这种前后不同的说法,不是佛陀的矛盾,而反表现了他的善巧,能适应听众的根机。"如于布施",于"尸罗(戒)及一分修"的世间禅定,也都是这样或赞或毁。这等于《智度论》中说的"为人悉檀"。

四秘密者:一、令入秘密,谓声闻乘中或大乘中,依世俗谛理说有补特伽罗及有诸法自性差别。二、相秘密,谓于是处说诸法相显三自性。三、对治秘密,谓于是处说行对治八万四千。四、转变秘密,谓于是处以其别义,诸言诸字即显别义。如有颂言:觉不坚为坚,善住于颠倒,极烦恼所恼,得最上菩提。

再谈秘密。一、"令入秘密":诸法的实相,本来是无我,但因一分众生听说无我,误认为断灭,便生恐怖,不敢问津。本来是一切法性空,可是众生不能接受法空的道理,不但不能得利益,反而离去佛教。所以,要摄引他到佛教来,非方便说法不可。于是佛在"声闻乘中或大乘中,依世俗谛理",方便"说有补特伽罗",与"诸法自性差别"。但这只是一时的方便,不是佛教的胜义。

二、"相秘密"：为令有情悟入所知的真相，所以佛在"说诸法相"的时候，总是广"显三自性"，这三性，是一切法的总相。

【附论】

本论这样的解说，看不出它的秘密何在。《大乘庄严经论》中说的秘密，意义才明白可见：他说，为令小乘悟入无我，要使他不恐怖，所以说诸法有自性差别，这是令入秘密（初时教）。依三无性说一切法空，是相秘密（第二时教）。二秘密的本意在此。

三、"对治秘密"：众生有八万四千的烦恼，佛针对所治的烦恼"行"，"说对治"的"八万四千"法门，彼此各各不同，因所治烦恼不同的关系。

四、"转变秘密"：不以一般的定义，而"以其别义"，说"诸言诸字"，所以不能照字面上看。"即"在这所说的字句中，"显"示"别"一种意"义"。论中举的偈颂，即是一例。不坚的坚，是刚强不听招呼，难调难伏。调伏这难调的心，叫做不坚，不坚就是调柔的无散乱定。对于这调柔定，起坚固的觉慧，"觉"了这"不坚"的调柔定"为坚。善住于颠倒"，不是说起虚妄错谬的见解，是说常乐我净是四颠倒，要除去这颠倒，就得通达这颠倒，不为它所迷惑，而能善巧地安住于无常等。"极烦恼所恼"，这烦恼是修无边的难行苦行，身心所受极大的疲劳，这样做去，就可证"得最上菩提"。若依一般的解释，住颠倒，起烦恼，怎样会成佛呢？必须以另一种解说，才能符合正理，所以说它是秘密。

第三项　由三相造大乘法释

若有欲造大乘法释,略由三相应造其释:一者、由说缘起,二者、由说从缘所生法相,三者、由说语义。此中说缘起者,如说:言熏习所生诸法,此从彼,异熟与转识,更互为缘生。

这里且一谈解释经典的方法:"若有"人,"欲造大乘法"教的解"释",须从三方面去解说:一、"由说缘起"义,二、"由说从缘所生法相",三、"由说语义"。前二属于境相,后一语义则是说菩萨的大行,如来的果德。这三者,包括了大乘佛法的全部——性、相、行、果。

一、"说缘起":如阿毗达磨大乘颂说:从名"言熏习所生"的一切"诸法",就是赖耶为转识的因;"此"名言熏习,又"从彼"一切法的熏习而成,这是说转识为赖耶的因。所以"异熟"阿赖耶识,"与"三杂染的"转识",展转"更互为缘"而"生"。这就是本论所知依分所说的分别自性缘起(兼通余二缘起)。这样,我们可以知道:缘起是侧重从一切种生一切法,而一切种又从一切法熏习得来;种生现,现熏种,构成万有生起的因缘。

复次,彼转识相法,有相,有见,识为自性。又彼以依处为相,遍计所执为相,法性为相,由此显示三自性相。如说:从有相,有见,应知彼三相。复次,云何应释彼相?谓遍计所执相,于依他起相中实无所有;圆成实相于中实有。由此二种非有及有,非得及得,未见已见真者同时。谓于依他起自性中,无遍计所执故,有圆成实故。于此转时,若得彼即不得

此,若得此即不得彼。如说:依他所执无,成实于中有,故得及不得,其中二平等。

二、说缘生:从"彼"赖耶为种子所生起的"转识相法",就是根尘我识四识,或本论的身身者等十一识。这从本识转变生起的转识,分为二类:"有"似所取的"相","有"似能取的"见";这相、见,都以虚妄分别"识为自性"的。因虚妄分别识的本识赖耶中,有名言熏习,就自然地现起相识和见识。上面说的缘起,就是阿赖耶识为义识。此中说的缘生,若色识等及眼识等的诸识,以相为体,就是相识;眼识识等,以见为体,就是见识。"又彼"从种所生的转识,有三种相:(一)依他起是遍计圆成二自性的所依,故说"以依处为相"。(二)非实有的似义显现,而见为实有的遍计所执性,以能"遍计"的"所执为相"。(三)因通达诸义无实所显的圆成实,是诸法的真实性,所以以"法性为相"。用本识来显示缘起,用转识来显示缘生法相,是本论的特色。这个见解,如有颂说:"从有相,有见,应知彼三相。"怎样以有相有见的转识,解"释彼"三"相"呢? 相见之中,有遍计相,有依他相,有圆成相。从缘所生的有相有见是依他起。依此缘生的依他性,显现为义的"遍计所执相,于依他起相中","实"在是"无所有"的。"圆成实相于"依他起"中",却是"实有"的。像《中边论》说:"虚妄分别有,于此二都无,此中唯有空。"怎知此有彼无呢? "由此二种",遍计的"非有及"圆成的是"有",在未见真理的同一时间,遍计的非有是可得的,圆成的有是不可得的;在已见真理的同时,遍计的非有是不可得的,圆成的有是可得的,故论说"非得及得未见,已见真者同时"。上面的解说,就是说

"于依他起自性中，无遍计所执故，有圆成实故"。遍圆二性是一有一无的，所以"于此"依他起中，随染随净而"转"的"时"候，"若"凡夫"得彼"遍计所执性的时候，"即不得此"圆成实性；"若"圣者"得此"圆成实性，"即不得彼"遍计执性。这也如颂说的：于"依他"起中，遍计"所执"是"无"的，圆"成实"性"于"依他起"中"是"有"的。因此有"得及不得"：在依他起"中"，凡夫与圣人"二"者是"平等"平等的。就是说：在凡夫颠倒执著的时候，于依他起中有得不得，而圣人正见时，于依他起中也是一样的有得不得，不过所得与不得，恰好相反罢了。

【附论】

支那内学院根据本论的缘起与缘生，判缘起为唯识宗，判缘生为法相宗。太虚大师说法相必宗唯识，不能划为二宗，曾经有一度的诤辩。根据本论看，缘起是说本识为种，说一切法从种子生，种子从一切法生，并不能成为唯识的根据。像经部他们建立种子为因缘，并不建立唯识。反之，缘生法相，却说明真妄有无，显现为义的遍计性是无，分别识的依他性显现可得，有心无义，这才是真正的唯识。拿所知依和所知相二分来看，所知依分是讲缘起，只成立赖耶为万有的生起归著，还没有明白地建立唯识。所知相分说缘生，处处可以见到安立唯识无义。所以根据本文而分唯识法相二宗，根据不免薄弱。至于唯识法相是否可以分宗，那又是另一问题。

说语义者，谓先说初句，后以余句分别显示。或由德处，或由义处。由德处者，谓说佛功德：最清净觉，不二现行，趣无相法，住于佛住，逮得一切佛平等性，到无障处，不可转法，所行

无碍,其所安立不可思议,游于三世平等法性,其身流布一切世界,于一切法智无疑滞,于一切行成就大觉,于诸法智无有疑惑,凡所现身不可分别,一切菩萨等所求智,得佛无二住胜彼岸,不相间杂如来解脱妙智究竟,证无中边佛地平等,极于法界,尽虚空性,穷未来际。最清净觉者,应知此句由所余句分别显示,如是乃成善说法性。最清净觉者,谓佛世尊最清净觉,应知是佛二十一种功德所摄。谓于所知一向无障转功德,于有无无二相真如最胜清净能入功德,无功用佛事不休息住功德,于法身中所依意乐作业无差别功德,修一切障对治功德,降伏一切外道功德,生在世间不为世法所碍功德,安立正法功德,授记功德,于一切世界示现受用变化身功德,断疑功德,令入种种行功德,当来法生妙智功德,如其胜解示现功德,无量所依调伏有情加行功德,平等法身波罗蜜多成满功德,随其胜解示现差别佛土功德,三种佛身方处无分限功德,穷生死际常现利益安乐一切有情功德,无尽功德等。

三、"说语义":是"先说初句"为总纲,"后以余句分别显示"第一句的意义。这是唯识家释经的一种轨则。这语义又有二类:一、"德处",是就佛陀的果德而说。二、"义处",是就菩萨的利益安乐度脱众生的行门而说。处,是所依处。

"最清净觉"是初句总标,以"不二现行"到"穷生死际"等二十一句(魏译分十九句)去解释它。这是大乘经称赞佛德经文,本论用二十一种功德配合二十一别句,而这二十一种功德,都是在显示初句最清净觉。这里只把它总摄一表,不去逐句地解说了(本文出《大方广佛华严经》,《解深密经》也有)。

最清净觉

不二现行 ……………………	于所知一向无障转功德
趣无相法 ……………………	于有无无二相真如最胜清净能入功德
住于佛住 ……………………	无功用佛事不休息住功德
逮得一切佛平等性 …………	于法身中所依意乐作业无差别功德
到无障处 ……………………	修一切障对治功德
不可转法 ……………………	降伏一切外道功德
所行无碍 ……………………	生在世间不为世法所碍功德
其所安立不可思议 …………	安立正法功德
游于三世平等法性 …………	授记功德
其身流布一切世界 …………	于一切世界示现受用变化身功德
于一切法智无疑滞 …………	断疑功德
于一切行成就大觉 …………	令入种种行功德
于诸法智无有疑惑 …………	当来法生妙智功德
凡所现身不可分别 …………	如其胜解示现功德
一切菩萨等所求智 …………	无量所依调伏有情功德
得佛无二住胜彼岸 …………	平等法身波罗蜜多成满功德
不相间杂如来解脱妙智究竟……	随其胜解示现差别佛土功德
证无中边佛地平等 …………	三种佛身方处无分限功德
极于法界 ……………………	穷生死际常现利益安乐一切有情功德
尽虚空性 ……………………	无尽功德
穷未来际 ……………………	（究竟功德）

世尊二十一种功德

复次，由义处者，如说：若诸菩萨成就三十二法，乃名菩萨。谓于一切有情起利益安乐增上意乐故，令入一切智智故，自知我今何假智故，催伏慢故，坚牢胜意乐故，非假怜愍故，于亲非亲平等心故，永作善友乃至涅槃为后边故，应量而语故，含笑先言故，无限大悲故，于所受事无退弱故，无厌倦意故，闻义无厌故，于自作罪深见过故，于他作罪不嗔而诲故，于一切威仪中恒修治菩提心故,不悕异熟而行施故,不依一切有趣受持戒故,于诸有情无有恚碍而行忍故,为欲摄受一切善法勤精进故,舍无色界修静虑故,方便相应修般若故,由四摄事摄方便故,于持戒破戒善友无二故,以殷重心听闻正法故,以殷重心住阿练若故,于世杂事不爱乐故,于下劣乘曾不欣乐故,于大乘中深见功德故,远离恶友故,亲近善友故,恒修治四梵住故,常游戏五神通故,依趣智故,于住正行不住正行诸有情类不弃舍故,言决定故,重谛实故,大菩提心恒为首故。如是诸句,应知皆是初句差别;谓于一切有情起利益安乐增上意乐。此利益安乐增上意乐句,有十六业差别应知。此中十六业者:一、展转加行业;二、无颠倒业;三、不待他请自然加行业;四、不动坏业;五、无求染业,此有三句差别应知,谓无染系故,于恩非恩无爱恚故,于生生中恒随转故;六、相称语身业,此有二句差别应知;七、于乐于苦于无二中平等业;八、无下劣业;九、无退转业;十、摄方便业;十一、厌恶所治业,此有二句差别应知;十二、无间作意业;十三、胜进行业,此有七句差别应知,谓六波罗蜜多正加行故,及四摄事正加行故;十四、成满加行业,此有六句差别应知,谓亲近善士故,听闻正法故,住阿练若故,离恶寻思故,作意功德故,此复有二句差别应知,助伴功德故,此复有二句差别应知;十五、成满业,此有三句差别应知,谓无量清净故,得大威力故,证得功德故;十六、安立彼业,此有四句差别应知,谓御众功德故,决定无疑教授教诫故,财法摄一故,无杂染心故。如是诸句,应知皆是初句差别。

　　三十二法,见《宝积经》。"于一切有情起利益安乐增上意乐"是总标,其余的三十二法是别释。这三十二法,本论用菩萨的

十六业来配摄。所依的经文有三十八句,不知与三十二法是怎样开合的。陈译说"后有十六业及十六句,合三十二法",也不明了。无性释说"三十二法由十六业分别显示",这合于本论的意见,但三十八句与三十二法的关系,还是不得明了。列表如下:

（左侧总标：于一切有情起利益安乐增上意乐　　右侧总标：十六种业）

令入一切智智故		一、展转加行业
自知我今何假智故		二、无颠倒业
摧伏慢故		三、不待他请自然加行业
坚牢胜意乐故		四、不动坏业
非假怜愍故	无染系	五、无求染业
于亲非亲平等心故	恩非恩无爱恚	
永作善友乃至涅槃为后边故	生生恒随转	
应量而语故	语业	六、相称身语业
含笑先言故	身业	
无限大悲故		七、于苦于乐于无二中平等业
于所受事无退弱故		八、无下劣业
无厌倦意故		九、无退转业
闻义无厌故		十、摄方便业
于自作罪深见过故 于他作罪不嗔而诲故		十一、厌恶所治业
于一切威仪中恒修治菩提心故		十二、无间作意业
不希异熟而行施故	布施	十三、胜进行业
不依一切有趣受持戒故	持戒	
于诸有情无有恚碍而行忍故	忍辱	
为欲摄受一切善法勤精进故	精进	
舍无色界修静虑故	禅定	
方便相应修般若故	智慧	
由四摄事摄方便故	四摄	

于持戒破戒善友无二故 ………… 亲近善士		
以殷重心听闻正法故 ………… 听闻正法		
以殷重心住阿兰若故 ………… 住阿兰若		
于世杂事不爱乐故 ………… 离恶寻思	十四、成满加行业	
于下劣乘曾不欣乐故 ┐		
于大乘中深见功德故 ┘ ………… 作意功德		
远离恶友故 ┐		
亲近善友故 ┘ ………… 助伴功德		
恒修治四梵住故 ………… 无量清净		
常游戏五神通故 ………… 得大威力	十五、成满业	
依趣智故 ………… 证得功德		
于住正行不住正行 诸有情类不弃舍故 ………… 御众功德		
言决定故 ………… 决定无疑 教授教诫	十六、安立彼业	
重谛实故 ………… 财法摄一		
大菩提心恒为首故 ………… 无杂染心		

如说：由最初句故，句别德种类；由最初句故，句别义差别。

　　上二句颂德处，"由最初"（最清净觉）一"句"，总标出佛的功德，再以余"句"来分"别"显示别"德"的"种类"。下二句颂义处，"由最初"（于一切有情起利益安乐增上意乐）一"句"，总标出菩萨的利益安乐有情，然后一"句"一句地分"别"显示其"义"——利益的"差别"。

第四章　入所知相

第一节　长行

第一项　能入观体

如是已说所知相，入所知相云何应见？ 多闻熏习所依，非阿赖耶识所摄，如阿赖耶识成种子；如理作意所摄似法似义而生似所取事有见意言。

　　本章主要在说明唯识现观的证入。"入"是悟入的意思；"所知相"，就是上面说的一切法的三性。合起来讲，就是以现观悟入一切法唯识——从次第悟入三性到悟入平等法界。真正悟入法性的现观，是出世正见。出世正见，要先由如理作意的加行智——唯识观引生，所以现在先明能入的唯识观。唯识观的观体，从"多闻熏习所依"而来，可以说，多闻熏习是正观的因缘。多闻大乘法教熏成的闻熏习，叫多闻熏习。熏习所依，可以作两种解释：一、熏习的所依，《瑜伽论》说是六处相续，本论说是寄在异熟识中。二、所依就是熏习，熏习为净法的所依。多闻熏习在有漏位中，虽然寄于异熟识中，融合似一，但实属于法身，"非阿赖耶识所摄"，因它是赖耶的对治种子性。这闻熏习，"如阿赖耶识"摄持杂染的熏习，为杂染的所依种，它也这样的"成"为清净的所依"种子"，能生唯识的观慧。这观慧，是"如理作意所摄"的意言性。意言就是意识，它以名言分别为自性，以名言分别的作用而成为认识，所以叫意言。在意言生起时，"似法似义而生似所取事"，就是现起意言的相识。法是所听闻的大乘教法；义是大乘教法中所诠的义理。这法与义，都是意识观想中所似现的所观影像相，所以叫似法，似义，似所取事，这是能观意识的相识。另一方面，"有"能认识能观察的"见"，就是见识。总这能见所见的两方面，就是如理作意所摄的现观的自体——"意言"。意言下，真谛译有"分别"二字。

本文的前三句是说"多闻熏习"，后一句是说"如理作意"。虽可看为能生正见的二因二缘，但不应这样分为二事，论意是指出多闻熏习所生的如理作意，为能入的观体。

第二项　谁能悟入

此中谁能悟入所应知相？大乘多闻熏习相续，已得逢事无量诸佛出现于世，已得一向决定胜解，已善积集诸善根故，善备福智资粮菩萨。

具备什么条件的人才能引发观慧，悟入"所应知"的唯识"相"？这在诸经论中，或说夙习三多，或说五事具足，本论说具有四种力的菩萨才能悟入。一、因力：除一分小乘种姓，其余具有大乘种姓的人，就是对于"大乘"教法曾经"多闻熏习"在身心六处，或心"相续"的赖耶中，熏成了清净的熏习。这闻熏习，是悟入法相的主因。二、善友力：单有闻熏习还不够，要"已得逢事无量诸佛出现于世"。逢事，指供养、礼拜、赞叹、出家、修学等。既逢遇诸佛为善知识，自然能闻法修行，渐渐地悟入法界。所以，众生不怕不能了生死，只怕不能见佛闻法。多多见佛闻法,是解脱的主要条件。三、作意力:由多闻熏习亲近善友的关系,对大乘甚深的教法,"已得一向"的坚固"决定"的"胜解",没有犹豫。有这胜解力,任凭遇到什么违逆的外缘,或任何思想,都不能使他动摇信念,破坏他对于大乘法的修习。四、任持力:对于某种事业所有堪能担当的力量,叫任持力。对大乘教法生了坚固的信念以后,进一步地实行六度四摄自利利他的事业——法随法行,即是"已善积集诸善根"。具备这四种条件,那就成为能悟入"善备福"德"智"慧"资粮"的"菩萨"。

这四种力,或约次第说:由多闻大乘教法,受其熏习,就常能值遇诸佛,于是就产生了坚强不拔的胜解力,更进一步去实践,积集无量善根,培植无量功德。"听闻正法,亲近善友,如理作意,法随法行",正是这见道的因缘。或约前二引生后二说:由多闻教法,逢遇诸佛,所以能对大乘妙法深生信解,积集善根。具有这四种力的菩萨,就可以悟入唯识性了。

第三项　何处能入

何处能入? 谓即于彼有见似法似义意言,大乘法相等所生起;胜解行地,见道,修道,究竟道中,于一切法唯有识性,随闻胜解故,如理通达故,治一切障故,离一切障故。

具备四力的菩萨,从什么地方去悟入唯识呢? 论文说有二种:一从所观境处去悟入,二从所经历的位次中渐渐地悟入。

先说所观境处:"即于彼有见"的如理作意观中所现的"似法似义意言"处去悟入。这意言为性的似法似义相,是从听闻"大乘法相等所起"的。由听闻教法的因,生起意言的法义相,为所观与从此悟入的境界。这大乘法相,不唯记闻名相而已,法是法界等流所起的教法,诠显清净法界的教法,因闻熏习而生起的唯识无义、法空无性等似法似义相,才是悟入诸法唯识的所观处。再说所经历的位次:《成唯识论》把修行的位次分为五位——资粮,加行,通达,修习,究竟。本论只说四位,因为地前的资粮加行二位,可以总摄为胜解行地。这四位都悟入一切法唯识性,不过依所悟入的有相似的、正证的浅深,分为四位差别。在"胜解行地"的时候,修习现观,还不能现证法界,"随"于所"闻"的一切有为无为有漏无漏等教法,以及"一切法唯有识性"的道理,思惟观察,引生明确的"胜解",随解起观。"见道"位上,修习现观,能"如理通达"意言的非法非义,非能取非所取,现证一切法唯有识性。"修道"位中,更进一步地去修习对"治一切障"的胜道,就是十一重无明或二十二重愚及其粗重的能治道。到"究竟道中",就远"离一切障"碍,证得无上的佛果。

平常说唯识,指虚妄讲,所以在见道契入真实的时候,就说是悟入唯识的性,或说唯识观进一步就是入空。其实唯识是无义的,无义是唯识的。不过初证法界时,虽见到无义,还不能同时现观唯识,未能体用圆观。二谛并观以上的法界,可以叫法性心,自性清净心,依然是悟入唯识。见道的离有漏虚妄识相,见无义的空性,只是唯识真相中的一面。

第四项　由何能入

甲　总标

由何能入? 由善根力所任持故,谓三种相练磨心故,断四处

故,缘法义境止观恒常殷重加行无放逸故。

"由何能入",是说悟入的方便。第一方便,莫过于从因力、善友力、作意力所起的积集福慧资粮的善根力,"由善根力所任持",才能悟入所知相。但这善根力应使它精进不退,远离颠倒,所以又说"三种相练磨心"、"断四处"的两种方便。真正的悟入,主要在正观,所以说第四种以似法似义为所观境的"缘法义境",而"恒常"无间断的,"殷重"恭敬的,"加行无放逸",去实践的"止观"妙行。

乙　别释三练磨心

无量诸世界,无量人有情,刹那刹那证觉无上正等菩提,是为第一练磨其心。由此意乐,能行施等波罗蜜多;我已获得如是意乐,我由此故少用功力修习施等波罗蜜多,当得圆满,是为第二练磨其心。若有成就诸有障善,于命终时即便可爱一切自体圆满而生;我有妙善无障碍善,云何尔时不当获得一切圆满,是名第三练磨其心。

善根力所任持,已在谁能悟入中说过,所以不再解说,这里且解说三练磨。练磨心,就是训练磨励自己,克服自卑自弃的惰性。

释论说这三种练磨心,不单在胜解行地,他这样的分判:第一练磨心在胜解行地;第二练磨心已得净心意乐,是地上的菩萨;第三练磨心已得无漏妙智,在金刚喻定。其实,地上到十地满心的菩萨,是无须这样练磨其心的;胜解行地的菩萨,每起意志薄弱而退屈的心理,所以需要这三练磨心。胜解行地的菩萨,听到无上正等菩提甚深广大,难可证得,便生起退屈心,不敢前进。为对治这种心理,所以思惟观察:在"无量"的"诸世界"中,每个世界都有"无量"的"人"趣"有情";这无量的人类,每一"刹那"中,他们都在"证觉无上正等菩提",可见成佛并非希有难得,只在我愿不愿去行。"彼既丈夫我亦尔,不应自轻而退屈!""彼何人也,予何人也,有为者亦若是。"只要我肯努力前进,无上菩提是不难证得的。由此可将那懦弱退屈的心理消除于无形,这叫"第一练磨其心"。

胜解行地的菩萨,发起菩提心以后,听说所修的波罗蜜多甚深难行,便生退心;像这样甚深广大的难行苦行,不是我所能修的。为对治这种退心,应作这样的观察:"由此"清净增上的"意乐",就"能行施等波罗蜜多"。意乐,就是胜解和欲所显的净信。施等波罗蜜多有大功德有大功能,如能得明确的胜解,生起这欲得的希求,自然会进一步地去实践。"我"只要"已"能"获得如是意乐","由此"意乐,只要"少"少"用"些"功力"去"修习","施等波罗蜜多,当得圆满"。可知主要在获得修行六度的技巧——意乐,无须乎因难行大行而耽心。这样就可以奋勇前进,叫"第二练磨其心"。

胜解行地的菩萨,在进行六波罗蜜多的时候,听说诸佛的圆满菩提,具一切功德,离一切障碍,不容易证得,于是又生退心,认为佛果菩提是高不可攀,不是我这样的人所能证得的。为对治这种退屈,应这样思维:世间的一切凡夫,"若有成就"有"障"的十"善",虽然平平无奇,但"于命终时,即便"因之而招"可爱一切自体圆满"的人天果报"而生"。"我"以出世离欲的动机去修行,自然能"有"微"妙"的远离妄执的"无障碍善";到那时,岂有"不当获得"殊胜妙果的"一切圆满"的菩提。有因必有果,只问我有没有妙因,不必因妙果的圆满而退心,这叫"第三练磨其心"。

此中有颂:人趣诸有情,处数皆无量,念念证等觉,故不应退屈。诸净心意乐,能修行施等,此胜者已得,故能修施等。善者于死时,得随乐自满,胜善由永断,圆满云何无?

　　三颂中的第一颂,《庄严论》中也有。初颂重说第一练磨心,诸趣中单言"人趣",因为佛陀都是在人趣证等觉的,所以只说人趣。次颂重说第二练磨心,"净心",简去不善与无记心,因为菩萨求无上菩提,以菩提心行波罗蜜,这心是纯净的。"胜者",指菩萨,这菩萨"已得"净心意乐,"故能修施等"波罗蜜多。第三颂重说第三练磨心,"善者"是修有障善的常人,他们"于死时",能"得随"自己所爱"乐"的"自"体圆"满"的果报。修"胜善"的菩萨,"由永断"障碍的妙善,"圆满"的无上佛果怎会不能获得呢? 这三种练磨,从颂文的意见看来,初练磨是怕自己不是成佛的根性;第二练磨是觉得难行苦行没有方法可以做到;第三练磨是怀疑证得佛果的可能。

　　丙　别释断四处

由离声闻独觉作意,断作意故;由于大乘诸疑离疑,以能永断异慧疑故;由离所闻所思法中我我所执,断法执故;由于现前现住安立一切相中无所作意无所分别,断分别故。

　　有四处是悟入所知的障碍,应先加以断除:

一、"**断作意**"：菩萨发心后，最怕的是声闻独觉自求出离的作意。二乘以求证自身解脱的小乘果为最终的目的；发菩提心则以求无上菩提、利乐一切有情为前提。小乘那种急求自证的作意，在大乘现观心中，当然是要不得的。不然，就要退堕成小乘，所以必须"离声闻独觉"的"作意"。

二、"**永断异慧疑**"：异慧是一种不如理的见解，疑是对于大乘教理不能决定信解。如《解深密经》中说，一类菩萨，对胜义谛空性，"非义执义"，错解了一切皆空；又有一类菩萨，对胜义谛的空无相法，疑惑它不是佛说，不能决定信仰。求证无上菩提的菩萨，对"于"这"大乘"的异慧"诸疑"惑，一定要"离疑"，获得坚固明确的理解。

三、"**断法执**"：如果对于所闻思的教法，起我能修行的执著，以为这样修行才对，那样修行不对。这种分别，虽比不修行的好，但对于体悟真实相是很大的障碍，《般若经》中称之为"法爱生"。所以要"离"却"所闻所思法中"所起的"我我所执"。

四、"**断分别**"："于"我们见闻觉知中任运"现前"显"现"安"住"的色等境界，与从定心思惟观察而"安立"的境界（如修假想观，观察青淤等不净相，在定中现出的青淤相，叫做安立相）；不论任运现前住的或定心安立的"一切相中"，都要"无所作意无所分别"，断除这缘相所生的遍计分别，才能悟入法界。

这断四处，可以看做前后的次第：第一要离小乘心。第二要抉择诸法性相，获得正见，断除疑惑与错乱的见解。再进一步去修正行，这要在所闻思的法门中，离去我执。再进一步，泯灭一切的分别，远离一切戏论法执，这是断除四处的次第。抉择正见与正行不同,正见重在明辨抉择,正行重在离执。先要由抉择正见,理解有其所有,无其所无,才能不堕断常,引发无所住的正行,这是因解而行的正轨。一分学者,见到经中一切不可得等,就以为什么都不分别就行,这是误解菩萨的正行甚深般若了!

此中有颂:现前自然住,安立一切相,智者不分别,得最上菩提。

本颂也是引用《大乘庄严经论》的。这是重颂最后的断分别处,色声等所缘相,"自然"地安"住"在分别心中,所以叫自然住。余义明显,无须重释。

第五项　由何云何而得悟入

由何云何而得悟入?由闻熏习种类如理作意所摄似法似义有见意言;由四寻思,谓由名、义、自性、差别假立寻思;及由四种如实遍智,谓由名、事、自性、差别假立如实遍智,如是皆同不可得故。以诸菩萨如是如实为入唯识勤修加行,即于似文似义意言,推求文名唯是意言,推求依此文名之义亦唯意言,推求名义自性差别唯是假立。若时证得唯有意言,尔时证知若名若义,自性差别皆是假立,自性差别义相无故,同不可得。由四寻思及由四种如实遍智,于此似文似义意言,便能悟入唯有识性。

上文只说明了三练磨心与断除四处,还有缘法义境止观恒常殷重加行无放逸的止观行,这里才给予解说。"由何云何",问中提出了两个问题;这两个问题,释论说,从由闻熏习到有见意言,是解答第一由何而得悟入。由四寻思以下,是解答第二云何而得悟入。然《藏要》本的校勘中说,依西藏译本,如是皆同不可得故以上,是答第一问,这似乎更接近本论的意思。扼要地说:由何,是说明悟入的所由——观智;云何,是说明观智怎样观察所缘才能悟入。

一、由何悟入:要悟入唯识理,须"由闻熏习"的"种类",就是从闻熏习所生起的"如理作意所摄"的,显现"似法似义"的"有见意言"。起初听闻大乘教法,有了闻熏的种子,然后生起闻思修慧,考察思惟经中所诠的法义。这法义,就是观心所似现的影像。非由这如理作意的有分别意识,是不能悟入唯识的。这如理作意的有见意言,因所推求所悟解的不同,分为四寻思、四如实遍智二类。"四寻思"是:"名"寻思,"义"寻思,"自性"假立寻思,"差别假立寻思"。推求观察叫寻思。名与义是指诸法的能诠名及所诠义。自性是诸法的自体,像色声等。差别是诸法上所具有的种种差别,像常无常、可见不可见等。在加行时,依寻思的观察慧,推求这名、义,及名义的自性、差别,实无自体可得,而唯是假立的,这观慧就叫做四寻思。这寻思慧,还在推求理解中,还未达到生起决定智的阶段,所以进一步修"四种如实遍智":"名"如实遍智、"事"如实遍智、"自性"假立如实遍智、"差别假立如实遍智"。所观察的,虽还是名义等四事,但是寻思以后获得的四种正确决定的观智,所以叫做四如实遍智。"由"这四种寻思、四种如实遍智,定解名义等是假有实无,"同"是"不可得"的,才能悟入唯识。

二、云何悟入:这四寻思、四如实智的观察所缘相,再作一解

说:"菩萨"为"如实"的悟"入唯识"性,于是乎精"勤"勇猛地
"修"习四寻思、四如实遍智的殊胜"加行"。修习加行,就是在
如理作意心中所现的"似文似义"的意言上去推求观察。名、
义、自性、差别四者,在下面叫做"六相意言",这只是开合不同。

　　怎样推求呢? 先推求这似"文"的"名"字:"唯是意言"为
性,不是离识实在的东西,也没有亲得所诠的作用,如生死、涅
槃、烦恼、菩提的一一名称,都不过是识上现起的名言相,这是名
寻思。佛法中原有名,名身,句,句身,文,文身。文是诠自性的
名、诠差别的句的所依,所以此中只举文作代表,其余的可以例
知。再以观察慧"推求依此"似"文"的"名"下所诠"之义","亦
唯"是"意言"为性,无有实义。名与义是互相观待而假立的,离
却假立的名,不会有义的觉慧。本是离名无体的,但在情执的凡
夫,无不随名言相去推想它的实义——这是义寻思。再进一步,
以观察慧"推求"探究依"名义"的"自性差别",亦"唯是"意识
上的"假立"。譬如我们发声相续,成为一个名字,集合几个名
字,成为一句。名能诠表一事一物的自体,如说无著。句能诠表
事物的差别,如说无著是唯识学者。这能诠自性的名句,都是在
意中所起的名言相,依名言相而假立的——这是自性假立寻思、
差别假立寻思。"若"能超过推求的寻思,那"时"就能"证得唯
有意言",知道虚妄分别的依他起的如幻假有。同"时",也就能
"证知若名若义",与名义的"自性差别,皆是假立"的"自性差
别",这一切遍计性显现的"义相",都是"无"所有的"同不可
得"。证知这唯识假有,似义无实,就是四如实遍智。论文把这
寻思推求,遍智实证,又作一总结:"由四寻思,及由四如实遍

智,于此似文似义意言,便能悟入唯有识性"——上来重在悟入遍计无义。

【附论】

四寻思四如实智的分界线在:未证悟以前是四寻思,证悟以后是四如实智。这里所说的证悟,是渐次的悟入,还不是圆证无相法界,只证到一分遍计的相无自性,证到没有别体能取所取的法界。依一般讲:在未通达圆成以前是不能通达依他如幻的,如《密严经》说:"非不见真如,而能了诸行。"所以在依他起上离却遍计所执性,由无所得而证悟圆成实,是根本无分别智,由此根本智而起后得智,才能了知依他如幻。然而本论是主张次第悟入三性的。在主张顿悟圆成实性无相法界者,以为本论的次第悟入,不过是观心次第的相似悟,实在还没有悟入。总之,大乘修道的过程中,确有这么一个阶段,先悟外境无内心有,再进一步不但所观境空,能观心亦亡,这是修唯识观必经的阶段。

第六项　何所悟入如何悟入

于此悟入唯识性中,何所悟入? 如何悟入? 入唯识性,相见二性,及种种性:若名,若义,自性,差别假,自性差别义,如是六种义皆无故;所取能取性现前故;一时现似种种相义而生起故。如暗中绳显现似蛇,譬如绳上蛇非真实,以无有故。若已了知彼义无者,蛇觉虽灭,绳觉犹在。若以微细品类分析,此又虚妄,色香味触为其相故,此觉为依绳觉当灭。如是于彼似文似义六相意言,伏除非实六相义时,唯识性觉犹如绳觉亦当除遣,由圆成实自性觉故。

"犹如绳觉"四字,本译似乎把它比喻依他起性。比较各译,这是译错了的,应该译为"伏除犹如绳觉非实六相",或"伏除非实六相义时,犹如绳觉"。这里有两个问题:一、"何所悟入",问所悟的境界。二、"如何悟入",问悟入的譬喻。在由何云何以后,阐明四寻思四如实智的所悟,还是在悟入唯识。

一、何所悟入:悟入唯识,就是悟入前面安立唯识的三相:(一)"入唯识性"无有实义,(二)"相见二性"的差别,(三)"及种种"的行相生起。这三种,是所悟入的境界。名有三种:(1)名,(2)名自性,(3)名差别;义也有三种:(1)义,(2)义自性,(3)义差别,合有六种。观察这"名""义"的"自性差别",是以识为性而"假"立的,这"六种义",都"无"所有,像上面已一再说过。既知这一切皆无有义,便是悟入初相的唯有识性。若观察虽都是虚妄分别,都有"所取"相"能取"见的二"性现前","如此心生,如此相现",没有能取所取的各别实体,就是悟入第二相的相见二性。在这见相交涉、能所取性现前时,于"一时"间内,心中"现似种种"所认识的"相义"而"生起";虽有这种种相义,实无所有,还是自心所现的,于是悟入第三相的种种性。这三相,其实是同一唯识观,虽然次第解说,不但不是前后悟入,并且不是条然不同的三种观。

二、如何悟入:举一个绳蛇的譬喻,说明这悟入的次第与境界:"如"在幽"暗中"的一条"绳",人们见了,意识上"显现似蛇"的义相,以为它是蛇。"譬如绳上"的"蛇"相,"非"是"真实"的,因为这里根本"无有"蛇在。"若"使"已了知彼"绳上的蛇"义"是"无",那误认为"蛇"的错"觉""虽灭"去没有了,但

"绳"的"觉"知还是存"在"的。这比喻众生由无明错觉,遍计所遍计的名言境以为是实有的,若观察到遍计的义无实,以唯识的觉慧,遣除遍计所执性,这实有外义的错觉虽消灭了,但唯有识的感觉,还是存在的。上面虽知道蛇是虚妄的,可是"若"再进一步,"以微细品类"的"分析"这条绳子,便会发现"此"绳也是"虚妄"的,知道它是用"色香味触为其"体"相";以"此"色香味触的"觉"知"为依",那"绳"的知"觉""当"然就跟着消"灭"。这样,"于彼似文似义"所假立的"六相意言",虽然用唯识无境的正观,"伏除"了"非实"有的"六相"的遍计性"义","犹如"用绳的见解,遣除了蛇觉。但这"唯识性觉",如绳觉一样,也应"当除遣",因为名言相在,还不能亲证法界。要怎样去除遣呢?"由圆成实自性"的"觉"慧,才能除遣它,像下文所说的——上来重在悟入依他性唯识。

【附论】

圆成实自性觉,还是正觉圆成实性呢?抑是观圆成实相而觉其平等一如呢?《楞伽经》中说到大乘观行次第是分为三种的:一、观察义禅,就是观察所取义不可得,唯识所现。二、缘真如禅,进观能观的心亦不可得,这等于以圆成实自性觉遣除似唯识性一样。三、如来禅,那观能观心空的空相亦不可得,而契入如来所证的法界。空宗的观法,直观一切皆空,事实上只是一门深入,虽可分为观一切法皆不可得,再返观能观心亦不可得,更进一层观空相亦不可得。但这观门差别,无须分成三种观法,怎样观境空,也同样的观心空与空空。

第七项　悟入所知相

如是菩萨悟入意言似义相故悟入遍计所执性，悟入唯识故悟入依他起性，云何悟入圆成实性？若已灭除意言闻法熏习种类唯识之想，尔时菩萨已遣义想，一切似义无容得生，故似唯识亦不得生；由是因缘，住一切义无分别名，于法界中便得现见相应而住。尔时，菩萨平等平等所缘能缘无分别智已得生起，由此菩萨名已悟入圆成实性。

修法观的"菩萨"，推求观察"悟入意言似义相"现，没有实在的义相，所以"悟入遍计所执性"；"悟入"这"唯"是意言分别心"识"为性，也就"悟入依他起性"。但不知怎样"悟入圆成实性"？"若已灭除唯识之想"，就是悟入圆成实性。这意思说：对于"意言"为性的，从"闻法熏习种类"（生）的似文似义似境似心的观想也灭除了。"菩萨"因推求悟入名义自性差别没有实体，所以"已遣"除了遍计性的"义想"。一切似义"既然"无"有"得生"的可能，那么，"似唯识"的义想也"不得生"。义是所观境，识是能观心，所观的义境既已遣除，能观的心识当然也就不能现起了。但是，为什么似义的所取相不生，唯识的能取相也就不生呢？如果从遍计无、依他有的思想去看，那么，没有遍计所执性，正不妨唯识得生，为什么也就不能存在呢？如果说，这似唯识想，是遍计性的别体能取，这不但与境是遍计、分别是依他说矛盾，并且别体能所取的遍计性无实，也不妨依他的唯识所现，为什么证入法界的根本智，还不能通达唯识所现呢？要知道：有漏位上的依他心，就是能遍计，它没有不与显现为义的所遍计构成密切的联系,有则俱有,无则俱无。起初观有心无境,悟解心上现起的义相无义;但再加观察,觉知这唯心所现之想,还是义相,无有实体的。于是乎渐观渐微,达到一切相不显现,能遍计的心也不生,进入了"一切法不生则般若生"的圣境。

在观心上,达到义不可得,识也就不可得时,这就悟入圆成实性,悟入"一切义无分别名"的法界。"于法界中",亲证"现见"与法界"相应而住"。这时候的"菩萨",那"平等平等"的"所缘能缘无分别智已得生起"。能缘智是无分别的,所缘的真如境也是无分别的,在这如智的无分别中,所取能取的行相,都不可得。能所双亡,所以叫平等平等。"由此"平等平等的无分别智现前,"菩萨名已悟入圆成实性"了。这亲证法界的圣境,我们是不能想像的。世人的认识,不能超出能取所取的范围,而这所悟的是寂灭的法性,能知的是般若,都非世间所有。虽有时施设法性是所证,般若是能证,但只是随世俗说,实际上能所并泯,难思难议。我们只能说这是离却一切妄执戏论,直觉万有的实相。

此中有颂:法,补特伽罗,法,义,略,广,性,不净,净,究竟,名所行差别。

长行中说"住一切义无分别名",这就是真如法界,是在一切相都不可得的见解上安立的。虽然真如无名,却非用一无名之名来表示不可。顺便就在这里把十种名说明一下:一、"法"名,五蕴十二处十八界等诸法的名字。二、"补特伽罗"名,有情,命者,寿者,众生,预流,一来,不还等名。三、"法"名,如一经、一偈、一句的能诠教法。四、"义"名,教法中所诠的义理。

五、"略"名，就是总名，一名而能通于多法的，如众生等通名。
六、"广"名，一一法各别的别名，人有人的别名，法有法的别名。
七、"性"名，性是能生的根本，阿等字母，是文字的根本，称为性
名。八、"不净"名，六凡的名字。九、"净"名，已断除杂染法的
四圣名字。这是约补特伽罗说的。也可以约法上讲，如烦恼等
是不净，善法是净。十、"究竟"名，就是诸法实相、真如法界的
无分别名。这十者，都是约"名"字"所行"境界的"差别"而建
立的。

**如是菩萨悟入唯识性故，悟入所知相；悟入此故，入极喜地，
善达法界，生如来家，得一切有情平等心性，得一切菩萨平等
心性，得一切佛平等心性，此即名为菩萨见道。**

　　"如是菩萨"，先通达遍计无、依他有；更进而通达遍计义无
而依他识也不可得；这样的"悟入"了"唯识性"。也就是"悟
入"了"所知"法的真"相"。由于"悟入"亲证"此"真如法界，就
进"入极喜地"。极喜地，又译为欢喜地，即初地。《庄严论》用
四义来解说：一、通达法平等。二、通达我平等，观察一切法与一
切有情都平等，无有彼此差别。三、所作平等，了知自己所作的
一切，与其他菩萨所作的平等。四、佛体平等，知道自己所证悟
的，与诸佛所悟的无二。他这样的"善"巧深"达法界"的平等，
是从来所未得到的境界，于是引生从来未有的大欢喜，所以名极
喜地。登地的菩萨，深入诸佛自证的法界，具有佛慧的气分，所
以名"生如来家"，为真佛子。悟入佛的知见，大悲熏心，能继承
诸佛自觉觉他的家业，所以名生如来家，绍隆佛种。那时，能悟
得三事平等，正所谓"心佛及众生，是三无差别"。凡圣虽有染

净的不同,但心性(法界性)是平等的(讲唯心的,即以此为出发点)。在生佛间不增不减,所谓"在圣不增,在凡不减"。由此,悟"得一切有情平等心性"(众生界),"一切菩萨平等心性"(菩萨界),"一切佛平等心性"(如来界)。虽有三位差别,而心性是平等平等的。释论解说为:一、有情平等,指一切有情的如来藏性平等不二。二、菩萨平等,指诸大菩萨所起的意乐、所作的事业平等。三、诸佛平等,指十方三世一切诸佛的法身而说。悟入三事平等,"即名为菩萨见道"。见道,约最初见到真理的阶段;此后,就踏上修习的道路了。这名字大小乘共有,不过所见的真理有深浅不同。

第八项　悟入义利

复次,为何义故入唯识性? 由缘总法出世止观智故,由此后得种种相识智故。为断及相阿赖耶识诸相种子,为长能触法身种子,为转所依,为欲证得一切佛法,为欲证得一切智智入唯识性。又后得智于一切阿赖耶识所生一切了别相中,见如幻等性无倒转,是故菩萨譬如幻师,于所幻事,于诸相中及说因果,常无颠倒。

　　为什么要修行悟"入唯识性"呢? 悟入唯识性有什么"义"利呢? 因为要成办五事,简单说要成佛,所以要修行悟入唯识。这五事,要由根本后得二智才能成办。一、"由缘总法"的根本智,在修加行智的时候,就缘总空性相,所以一悟一切悟,通达真如遍一切一味,获得这根本无分别智。此无分别智是"出世"无漏的,并且是在"止观"中所发的妙"智"。二、"由此"根本无分别智以"后"所"得"的后得智。这二智，起初是前后别起的，五地以上才慢慢地打成一片。这后得智，称为"种种相识智"，因为能通达能分别及所分别的诸相，都以识为自性的。由此二智的修习，就可成办五事：

一、"断及相阿赖耶识诸相种子"：为要断除阿赖耶中能生一切染法的种子性，所以要悟入唯识性。怎样叫及相呢？无性说：不但要断除赖耶的能生种子性，同时还要断除种子的能熏因。赖耶摄持的种子是果，杂染能熏法是因，要断果必先除因，所以说及相，就是及因的意义。但世亲说："此中及相，是及因义，于阿赖耶识中，诸杂染法种子，名阿赖耶识诸相种子。复举相者，为欲显示即彼种子是所缘相。"这是说：种子一方面是能生因，同时又为第七识的所缘相。所知依中说"缘相差别"，藏译但说是"相差别"，相就是所缘与因的意思。因此，第七识的我执缘相，就是缘赖耶的种相，并不是执著赖耶的什么见分。一般说赖耶缘种子，是约现行赖耶缘种子赖耶说。其实，现行赖耶就是第七识，种子赖耶就是染末那所缘。《解深密经》说赖耶缘种子，就不立第七识了。所以，以《摄论》的体系来讲，是不容许染末那以外藏识自缘种子的。这虽是一字之微，但所关极大，不可略过。

二、"为长能触法身种子"：触是证得的意思，闻熏习是能证法身的种子，由下品转为中品，中品转为上品，因根本后得二智的修习，于是杂染法就慢慢消灭，清净法就渐渐增长。前面的赖耶染种，因闻熏习而渐舍，这法身种子展转增胜，与解性赖耶融为一体。

三、"为转所依"：杂染种子舍除一分，清净种子增长一分，转赖耶的染依，得法身的净依，名为转所依。或可约舍遍计性而证圆成实性说。

四、"为欲证得一切佛法"：生起诸佛的正法功德，如十力、四无所畏、十八不共法，以及佛果位上的一切功德。

五、"为欲证得一切智智"：一切智智，原是包括在一切佛法之内，本来说前四事就够了；同时，清净的无碍妙智也是无所不摄，所以用为总结"入唯识性"的目标所在。这转染成净的五事功德，都非入唯识性不可，所以现证无分别，在大乘佛法中成为根本而最重要的了。

照论文看，成办五事、通于二智的作用，真谛论也是这样说。不过照世亲释所说"无分别智断一切障，证得佛法，此后得智复何所用"看来，很像前五事单是根本智的作用，后面所说的才是后得智的功能。如依论解论，五德是智的功用，像断见所断惑是根本智的力量，修所断惑，后得智也有断除的力量。这五德，是通于二智的，但后得智还有它不共的作用。出世止观的根本无分别智，不能了达诸法的幻相，不能为人说法，所以要起"后得智"。"于一切阿赖耶识所生一切了别相中"，释论说："谓识为因见相分中，由后得智见如幻等，及宣说时，皆无颠倒。"这了别相，不单指能了别，能了别与所了别都是明了显现的，所以叫了别相。从赖耶种子所明了显现的能了别见及所了别相，后得智能正"见"它的"如幻"如化的唯识"性"，"无"有颠"倒"而"转"。譬如幻师，幻现象马等，知道它是虚妄假有的，决不迷惑颠倒，执为实有。"菩萨"于所取能取的了别相中，"如幻师"于所幻事一样，"于"了别的"诸相中"，了知如幻，不起颠倒。为了要利他，又为诸众生"说因果"法，能如实巧说，"常无颠倒"。这如幻师的以幻告人，使人知幻是幻一样。

第九项　悟入依止

于此悟入唯识性时，有四种三摩地，是四种顺抉择分依止。云何应知？应知由四寻思，于下品无义忍中，有明得三摩地，是暖顺抉择分依止。于上品无义忍中，有明增三摩地，是顶顺抉择分依止。复由四种如实遍智，已入唯识，于无义中已得决定，有入真义一分三摩地，是谛顺忍依止。从此无间伏唯识想，有无间三摩地，是世第一法依止。应知如是诸三摩地，是现观边。

在这修行"悟入唯识性"的过程中，"有四种三摩地，是四种顺抉择分"的所"依止"。真实的抉择，要到证悟实相的见道，是根本智。在暖顶忍世第一的四加行位，以世俗智慧抉择诸法的性相；这四加行是随顺抉择的因，所以称为顺抉择分。这顺抉择分的慧，是在定的，所以说这四种的三摩地，为顺抉择分的所依止。

在"由四寻思"推求名义无性的观心中，可以分为两级：一、"于下品无义忍"的阶段：忍是印可堪忍的意思，是观慧的别名。顺抉择位的观义无所有的下品忍，寻求名义自性差别皆是意言，理解它唯识无境。这时，"有明得三摩地"。明是智慧，得是获得，在能发最初得到无义忍的定心，叫明得三摩地，这就"是暖顺抉择分"的"依止"。顺抉择分的初位为什么叫暖呢？这像钻木取火,在未得火而将发时,必先有暖气,暖是火的前相;现在修习唯识观,在未得真抉择智慧之前,最初现起顺于抉择分的智慧前相,所以称为暖位。

二、"于上品无义忍"的阶段:由下品无义忍而作进一步的寻思推求名义自性差别皆无所有,于是观心渐深,"有明增三摩地",即智慧的光明增长,所以称为明增;这"是顶顺抉择分"的"依止"。"顶"也是从譬喻得名,山的最高峰叫做山顶,在那儿可以极目四望,万物了然。在上山的过程中,到了山顶,就不会徒劳往还,一定能达到目的。修观也是如此,如达到顶位,对唯识无义之理,更能认识清楚,并且不会再退,所以称之为顶。平常说顶堕,是说那将到未到而退堕,若已到顶,是决不会退的。

三、"复由四种如实遍智",能如实了知名义等无实;这时,"已"悟"入唯识",于无义中,"已得决定,有"能发"入真义一分"的四如实智所依的"三摩地"。悟入唯识无义,通达了遍计相无自性;但还没有证圆成实的胜义无性,所以叫入真义一分。这真义一分三摩地,"是谛顺忍"的"依止"。加行位的第三位,名为谛顺忍,就是顺乎诸法的谛实性,而忍可于心的如实智。《成唯识论》分忍位为下忍、中忍、上忍的三位,下忍印前所取境空,中忍观察能取心也不可得,上忍印能所取空。现在并不分别,只说一入真义一分的谛顺忍,着重在印所取空。

四、"从此无间伏唯识想",是第四世第一位。从前忍位进到世第一位,无间隔地伏除了唯识的能取想,通达了依他起的能分别亦空,此时所依的定心,"有无间三摩地",是"世第一法"的"依止"。因为世第一法只有一刹那,从忍位无间地引起,就一刹那无间地证入见道,所以在时间上是无间的。

上面的四种"三摩地","是现观边"。无漏的智慧,现证诸法的实相,名为现观。四加行慧,是现观前的方便,邻近于无漏智,而不是真正的无漏智,所以名为现观边。修行的过程:先观所取无,次观能取亦无,刹那引生真无漏智,现证了不可得的真实相。以此过程,判四加行与见道。但或者觉得世第一法只一刹那,前三加行既未伏唯识想,现在一刹那间怎样伏灭呢? 于是把伏唯识想的加行推求行相,放在忍位上,分为三忍。但从本论的观点,观义是无,是寻思行相,是暖顶位。四如实智,是悟入真义一分。依唯识的思想,果真在悟入无义以后,再别别地推求能取也不可得吗? 推求也应该属于暖顶位;因为若观能取识不可得,那识也早是所取的义相了。忍是如实智的印所取义空;义空,唯识想也自然地渐泯渐寂。所以本论的解说,忍位是悟入唯识义空;义不得生,自然"似唯识想亦不得生"。所以本论的观心次第是这样:

```
由依唯识故境无体义成 —— 遍计义无 ┌ 寻思位（暖顶）
                              └ 悟入位（忍）
以尘无有体本识即不生 —— 依他识灭 —— 世第一法
应知识不识由是义平等 —— 圆成实证 —— 见道
```

第十项　云何修道

如是菩萨已入于地,已得见道,已入唯识,于修道中云何修行? 于如所说安立十地,摄一切经皆现前中,由缘总法出世后得止观智故,经于无量百千俱胝那庚多劫数修习故,而得转依。为欲证得三种佛身,精勤修行。

地上菩萨悟后的修道,是"如所说安立十地"法门的教法,总摄这"一切经"为地上菩萨的所观境,在定心中"皆"明了"现前"。能观的智慧,就是"缘总法出世后得止观智"——根本智、后得智。出世是根本止观智,后得是不是出世的呢? 它虽是清净,而是世间的,因为它的观境有相。这要"经于无量百千俱胝那庾多劫",不断地二智数"数修习",才能获"得转依"断德果——涅槃。并且"为"了"欲证得三种佛身"智德果——菩提,发起这"精勤"勇猛的"修行"。

第十一项　现观差别

声闻现观,菩萨现观,有何差别? 谓菩萨现观与声闻异,由十一种差别应知:一、由所缘差别,以大乘法为所缘故。二、由资持差别,以大福智二种资粮为资持故。三、由通达差别,以能通达补特伽罗法无我故。四、由涅槃差别,摄受无住大涅槃故。五、由地差别,依于十地而出离故。六、七、由清净差别,断烦恼习,净佛土故。八、由于自他得平等心差别,成熟有情加行无休息故。九、由生差别,生如来家故。十、由受生差别,常于诸佛大集会中摄受生故。十一、由果差别,十力,无畏,不共佛法无量功德果成满故。

本译的十一种差别,魏译与隋译合并了六、七二种,都只有十种。

"菩萨"的"现观与声闻"的现观,自然有着他的别"异",这里就"由"二者的"十一种差别"来说明,也就是显明大乘现观的所以大。一、"所缘差别":声闻以小乘教法为所缘,菩萨却"以大乘法为所缘"。二、"资持差别"：修福慧的资粮，能生任持的力量，能引发现观入证的功德，叫资持。小乘没有大福大智资粮，不过多少积点厌离世间的善根，作为一种解脱的因缘罢了。菩萨则不然，他是"以大福"德大"智"慧"二种资粮为资持"，才能引发出世现观。三、"通达差别"：菩萨现观，不但同小乘一样的"能通达补特伽罗"无我，还能通达"法无我"。四、"涅槃差别"：小乘摄受无余涅槃为最终目的，菩萨以"摄受无住大涅槃"为标的，永远地不住生死不住涅槃，利益众生，这约安住无差别理而说。五、"地差别"："依于十地"的修行"而出离"。六、七、"清净差别"：菩萨不但"断烦恼"，而且连"习"气都拔除，因之心得清净。小乘只能断烦恼而不除习气的。同时，菩萨"净佛"国"土"，得到土净，这更不是声闻现观所能做到的。八、"自他得平等心差别"：菩萨待他人等于待自己，自己想得解脱，就得"成熟有情"，于是勤修"加行"，"无休息"地去化导有情，使自他同得自在。小乘不能通达自他平等一体，只自顾个人的解脱。九、"生差别"：小乘虽说也是佛子，但不能算是佛的嫡子，经上称他为"婢子"。菩萨"生如来家"中，绍隆佛种，才是如来的真子。十、"受生差别"：小乘人见佛的变化身，都于母胎中受血肉不净的所依身；菩萨则"常于诸佛大集会中"，即受用土中，"摄受"莲花化"生"。十一、"由果差别"：菩萨由于因中修六度万行，果上"成满""十力"、四"无畏"、十八"不共佛法"，以及"无量"的殊胜"功德"；小乘只能得三明六通而已。所以《法华经》比小乘圣者为挑粪的工人，大乘佛果是个大富尊豪的长者。

第二节　偈颂

第一项　本论自颂

此中有二颂:名事互为客,其性应寻思,于二亦当推,唯量及唯假。实智观无义,唯有分别三。彼无故此无,是即入三性。

这是论主的结颂现观次第。前一颂约四寻思讲,在暖顶位。后一颂约四如实智讲,在忍及世第一法位。"名"是名言,"事"是义。观待义而假立名,观待名而诠表义,这名义都是由互相观待而假立的,没有独立的实在体,所以叫"互为客"。这互相观待假立的名义"性",我们"应"该去"寻思"观察它,观察它的虚妄假立——这叫名寻思及义寻思。"于"名义的自性差别"二"者,"亦当"以寻思去"推"求,了知它"唯"是心"量"所现的,"唯"是名言"假"立,没有实在的自体——这叫自性寻思及差别寻思(量是能量,即是知识,唯量就是唯心的意思)。

次以四如"实"遍"智","观"察那暖顶四寻思所推求的,本"无"有"义",悟入"唯有"虚妄"分别"的"三"类。有的地方讲四种,也有讲六种的,这里只讲三种。因为义是无所有的,唯是名言分别,所以只悟入唯是名分别、自性分别、差别分别三种。观无义而悟唯有分别,这是忍位的阶段。进一步,"彼"义既"无"相,"此"依他分别,也"无"生起的可能,伏除唯识想了。"是即"悟"入三性"的次第;也可说到这时,才真正地悟入三性。实智观义无与唯识,所以悟入遍计性与依他性;观义无分别亦无,就是泯依他相而悟入圆成实性。这临入实证的一刹那,就是世第一位。

第二项　引《分别瑜伽论》颂

复有教授二颂，如分别瑜伽论说：菩萨于定位，观影唯是心。义想既灭除，审观唯自想。如是住内心，知所取非有，次能取亦无，后触无所得。

"教授"，是佛教开示人们修行的方法，重在修习止观的次第，像《大乘庄严经论》的《教授品》，也是专门开示这现观次第的。这两颂，"如分别瑜伽论说"。《分别瑜伽论》，相传是弥勒菩萨说的，可惜已经佚失了。

这两颂的初二句，说暖顶位的四寻思："菩萨于"三摩地——"定位，观"名义等"影"像相"唯是心"的显现，没有离心的名义自性差别。忍位的四如实智，悟入了影现的"义想"实无所有，"既灭除"了义想，就能"审"谛"观"察这名义等，"唯自想"心所现。本论的义想与自想的想，就是妄想的乱识。这与前颂所说的"实智观无义"的道理，完全一样。"如是"，既观察到唯是自心，便安"住"于"内心"，了"知"其"所取"义想的"非有"；进而灭唯识想，"能取"的心"亦无"。一刹那世第一法以"后"，就能"触"证到平等法性，通达"无所得"的法界。

第三项　引《大乘庄严经论》颂

复有别五现观伽陀，如大乘庄严经论说：福德智慧二资粮，菩萨善备无边际，于法思量善决已，故了义趣唯言类。若知诸义唯是言，即住似彼唯心理，便能现证真法界，是故二相悉蠲

除。体知离心无别物，由此即会心非有，智者了达二皆无，等住二无真法界。慧者无分别智力，周遍平等常顺行，灭依榛梗过失聚，如大良药消众毒。佛说妙法善成立，安慧并根法界中，了知念趣唯分别，勇猛疾归德海岸。

"现观"，就是阿毗达磨，换言之，就是以现观的智慧通达诸法的实性；加行与后得无分别智，也包括在这里。本论与《分别瑜伽论》的四颂，都注重在由起寻思到证真的过程，现在这"五"个"伽陀"则总括五位，贯彻了现观的始终。

这五颂依唐译的世亲释论，第一颂显示资粮道，第二颂的上半显示加行道，后半及第三颂显示见道，第四颂显示修道，第五颂显示最后的究竟道。这似乎是玄奘臆改的。本颂有两个地方讲到证法界，因此在以颂判位方面，有很多不同的解说。五颂各配一位，见于世亲的《大乘庄严经论释》，陈隋二译的世亲《摄论释》也如此；这比较接近原意，现在就依此来讲吧。

一、资粮道：要悟入唯识性，对于"福德智慧"的"二资粮"（也就是前面所说的四种力），"菩萨"是必须"善"巧具"备"，积集到"无边际"的广大众多；因为要入唯识性，决不是些微资粮可以胜任的。菩萨在这资粮道中，"于"似法似义的一切"法，思量"推度，能修习止观。在定中"善"能"决"了这种种法义，是心上所显现的，都无所有，"故"能"了"解这"义趣"——种种显现的似义，"唯"是名"言类"；类是生起的意思。因为在定中决了，所以有人就把这后二句判属加行道的暖顶寻思位。其实资粮道也是修定的，不过没有深入罢了。这时虽没有入加行位，但对于无义唯识的理解，已获得明确的胜解。

二、加行道：资粮位中，"若"是已能了"知诸义唯是"名"言"，到了加行位中，就可以安"住似彼"义相显现"唯"是"心"性的正"理"了。安住唯心，是暖顶的定心观察。这时候，实际还不能圆证法界，但在四如实智的通达遍计无相时，唯识显现的境界，已悟入真义一分，所以这里说"便能现证真法界"。这时，悟入遍计义相是唯识所现，也有无二的意义。或者悟入没有离心的外境，境无心亦不生，"故"别体所取与能取的"二相"，就可以把它"蠲除"净尽。

三、见道：在加行位"体知"到"离心"以外更"无别物"，无义即无识，当下"即"能体"会"到能取"心"亦"非有"。有"智者"的菩萨，"了达"遍计境与依他心"二"者"皆无"，于是就平"等"地安"住二"相皆"无"所有的"真法界"中。

四、修道："慧者"就是具有根本后得二"无分别智"的人，他的智"力"，能"周遍平等"地"常"常时随"顺"真如法界而"行"。亲证真如法界以后，更能数数地以二无分别智来随顺观察，这就能"灭"除所知"依"，就是灭除阿赖耶识中的一切杂染分。这如荆棘丛林的"榛梗"，不把它根本铲除，永远是触处牵碍。赖耶中的杂染种子，是"过失"熏习的总"聚"，就等于榛梗。我们要想出世，直达菩提，必须把它灭除，不然，牵流三界，永无自在分。以无分别智，灭除赖耶的榛梗——杂染种子，"如"服阿伽陀的"大良药，消"除"众毒"一样。这一切，全在数数修习无分别智的现观。

五、究竟道：这里并不开显究竟位的果德，在说明由此可以迅速地趣入究竟果海。"佛说"的大乘"妙法"，是由不共世间的无分别后得智"善"巧"成立"的,菩萨以无分别智作总相缘,"安"立无分别智"慧"于如如"法界中"。"并根"是说无分别智相应的出世心。智慧与根共同安住于法界中,这似乎就是表示智慧安住在根本心与法界融合一味之中。阿赖耶识是有漏位的根本,所以叫它根本识。但《金光明经》说第八根本识就是真心,至少在解性赖耶出缠,与法界相应的果位,它是净法的根本。念是意念,趣是种种的义相,这种种义相,皆是意念上所现起的,实际上皆无所有,唯是分别。诸菩萨如能由无分别智"了知念趣唯分别",这就能精勤"勇猛"地修行,很速"疾"地"归"到功"德海"的彼"岸",就是圆满究竟佛果的境界。

第五章　彼入因果

第一节　总明因果

如是已说入所知相，彼入因果云何可见？谓由施、戒、忍、精进、静虑、般若六种波罗蜜多。云何由六波罗蜜多得入唯识？复云何六波罗蜜多成彼入果？谓此菩萨不著财位，不犯尸罗，于苦无动，于修无懈，于如是等散动因中不现行时心专一境，便能如理简择诸法得入唯识。菩萨依六波罗蜜多入唯识已，证得六种清净增上意乐所摄波罗蜜多。是故于此设离六种波罗蜜多现起加行，由于圣教得胜解故，及由爱重、随喜、欣乐诸作意故，恒常无间相应方便修习六种波罗蜜多速得圆满。

“入所知相”，重在从妄入真的唯识观，“已”在上面“说”过。大乘现观是般若方便相助成的，无论是“彼入”的“因”，及彼入的“果”，都不是偏修智慧的，所以对能入的因及所得的果——布“施”、持“戒、忍”辱、“精进、静虑、般若”的“六种波罗蜜多”，有加以解说的必要。

先说“由”修“六波罗蜜多得入唯识”的入因：修唯识观的“菩萨”，理解一切唯识无义，于是“不著”世间的一切“财位”——利禄，并且能将自己所有的施济群众。他对自己所受的清净“尸罗”（戒法），能严持“不犯”，就是一点小小的过失，也要惭愧忏悔，决不放过。在修行的过程中，遇到什么自然的、人事的、身体的种种痛"苦",为了向自己所希求的目标前进,能忍受一切的磨练,不会移"动"为道的意志。那么,对于止恶行善的"修"行,便能精进不"懈"再接再厉去做。著财位、犯尸罗、不能忍苦、懈怠放逸,这都是"散动"的"因"素,使我人不得以安宁的精神去体解正法。若把这些散动的因素克服了,"不"再使它"现行"的"时"候,就自然容易做到"心专一境",入于甚深的禅定。有定力,"便能"发生"如理简择诸法"的有无假实的智慧,因之便"得"悟"入唯识"。入唯识的因,虽说有六种波罗蜜多,但主要的还在智慧,纵有前五波罗蜜多,还是不能悟入的。但若没有前五波罗蜜多做助伴,做基础,如实智慧也是同样的不能发生,所以说由六波罗蜜多得入唯识。

再说"六波罗蜜多成彼入果":"菩萨依六波罗蜜多",对治六障,悟"入唯识"以后,便"证得"了"六种清净"——与离障的无分别智相应的,"增上意乐"(即有强胜功能的欲胜解)"所摄"的"波罗蜜多"。证得清净增上意乐的圣者,纵然"离"了"六种波罗蜜多"的"现起加行",清净的六度依旧在增进。如布施必须要有受施的人、所施的物和布施的动作;常人离了这些,就失其布施的意义。但在悟入唯识的菩萨则不同,他具备了几种特殊的力量,还是在修习前进的。一、"由"他对"于圣教"获"得"了殊"胜"的理"解"力:理解圣教所说的种种波罗蜜多虽极为深奥难行,如果能去实行,必能获大利益。这根本的信念,他再也不会退失的。二、对波罗蜜多起"爱重"的作意力:因见到六度有无穷的功德,起爱敬尊重想。三、对波罗蜜多起"随喜"的作意力:这就是自己虽没有实行,但见他人在修六度或者称叹六度,心中非常同情,口中不息地赞叹,这也等于自己去身体力行。四、对波罗蜜多生起"欣乐"的"作意"力:胜解了六度的殊胜功德,因此希望自己能够获得圆满这波罗蜜多。由胜解力及三种作意力,菩萨便能"恒常无间相应"不离地"方便修习六种波罗蜜多,速得圆满"。

此中有三颂:已圆满白法;及得利疾忍;菩萨于自乘,甚深广大教;等觉唯分别,得无分别智;悕求胜解净,故意乐清净;前及此法流,皆得见诸佛;了知菩提近,以无难得故。由此三颂,总显清净增上意乐有七种相:谓资粮故,堪忍故,所缘故,作意故,自体故,瑞相故,胜利故。如其次第,诸句伽他应知显示。

这三颂依次解释后面长行中所列的清净增上意乐的七种相。有的译本在"所缘故"下,加一"对治故",成八种相。一、资粮相:"白法"是善清净法,如雪白的东西,不受杂色的染污。这里就是说彼入因的六波罗蜜多,前五是福德资粮,般若是智慧资粮,此二资粮在胜解行地"已"积集"圆满",才能证得清净增上意乐。二、堪忍相:加行位上的四如实智,是深刻的、敏捷的"利疾忍"。由这智慧,才能励行难行的六波罗蜜多,印解忍可唯识无义的真理。三、所缘相:"菩萨"以"自乘"的"甚深广大教"为所缘。甚深是智慧,广大是前五波罗蜜多,也可说是神通,或禅定,或方便。依大乘六波罗蜜多的教法,修习总空性相,才能了达诸法实性,证得增上意乐。四、作意相:"等"是周遍,"觉"是了知,周遍了知一切法都无有义,"唯"是"分别"心的显现。由观察慧——作意,能知一切唯有分别,那就能境空心寂,不起分别,"得无分别智",这是增上意乐的如实作意。说有八种相的,把这得无分别智解说为对治相。五、自体相:意乐,到底是什么?"希求"是乐欲,是信的果;"胜解"是深忍,是信的因。既指出因果,信的本身就含摄于中,也就是与欲胜解相应的"净"信;这与小乘的四证净相当。因为与无分别智相应,自觉自证,不由他悟,所以"意乐"的自体"清净"。六、瑞相相:"前"是加行,"此法流"指定中的观心。定心与水流一样,水净了就能映现一切,定心中也能观一切。因定心的法流水清净,所以"得见"十方"诸佛"现身说法。这是证入清净意乐必有的瑞相。七、胜利相:得清净意乐,见诸佛说法,这时就"了知"自己与无上"菩提"很接"近",是不"难"证"得"的了。"由此三颂"以下,总摄清净增上意乐的七相。

第二节　十门分别

第一项　长行

甲　数

何因缘故波罗蜜多唯有六数?成立对治所治障故。证诸佛法所依处故,随顺成熟诸有情故。为欲对治不发趣因,故立施戒波罗蜜多。不发趣因,谓著财位及著室家。为欲对治虽已发趣复退还因,故立忍进波罗蜜多。退还因者,谓处生死有情违犯所生众苦,及于长时善品加行所生疲怠。为欲对治虽已发趣不复退还而失坏因，故立定慧波罗蜜多。失坏因者，谓诸散动及邪恶慧。如是成立对治所治障故，唯立六数。又前四波罗蜜多是不散动因，次一波罗蜜多不散动成就。此不散动为依止故，如实等觉诸法真义，便能证得一切佛法。如是证诸佛法所依处故，唯立六数。由施波罗蜜多故，于诸有情能正摄受；由戒波罗蜜多故，于诸有情能不毁害；由忍波罗蜜多故，虽遭毁害而能忍受；由精进波罗蜜多故，能助经营彼所应作。即由如是摄利因缘，令诸有情于成熟事有所堪任。从此已后，心未定者令其得定，心已定者令得解脱，于开悟时彼得成熟。如是随顺成熟一切有情，唯立六数，应如是知。

　　"波罗蜜多"的数目，在佛说的圣教中，或说四种，或说六种、十种，随机巧说，并不一定。但比较上，六波罗蜜多是更适当、更为常用的分类。为什么不增不减地决定"唯有六数"呢？本论提出三种理由：一、因有悭贪、毁犯等的六种障蔽，"成立对治所治"悭贪等六"障"的道，所以说有布施等六度。二、从"证"得实相，证得十力、四无所畏、十八不共法等"佛法所依"的条件及根据上看，也要说布施等六度。三、菩萨在"随顺"化导"成熟诸有情"，使他获得利益解脱的时候，用这六度法门就足够了，所以只说六数。这三种理由中，第一对治六蔽，在离障方面讲，即成断德；第二证诸佛法，在证觉方面讲，即成智德；第三成熟有情，在利益众生上讲，即成恩德。智断二德是自利，恩德是利他。在这三德二利上，显示了大乘因果的全体，所以只说六度，不增不减。以下再分别解说：

　　一、成立对治所治障："为欲对治不发趣因"，所以建"立施戒"二种"波罗蜜多"。发趣，就是发起出离生死趣向解脱心。凡夫"不"肯"发趣"出世的原"因"，主要在染"著"世间的"财位"与恋"著室家"的眷属，尤其是夫妇的关系。不发趣的原因，是贪爱恋著。爱有境界爱与自体（生命）爱二种：境界爱是世间五欲的享受与占有，财产与名位，就是占有、获得、享受的对象。从自我出发，在这些上染著，摄受为我所，这是障碍发趣的一端。布施，正是对治这一染著的。在生命爱方面，不特爱著个人现在与未来的生命，还有种族的生命爱；夫妇与家室，是生命爱的对象。不能舍离家室，出世心当然是不会生起，所以建立净戒，从清净梵行——不淫戒做起。于妻室不生贪著，出世心自然会生起来。"为欲对治虽已发趣"，而又"复退还"的原"因，故建立忍进波罗蜜多"。出世心虽已生起，但有时又会退堕，这"退还因"，主要是"处生死"中的"有情"，不能善顺菩萨的意见，不能和乐共存，不能接受教化，不能知恩报恩，反而时常"违犯"菩萨的身心，使菩萨发"生众苦"；受人事的打击，于是生退堕心。同时，解脱生死，不是短期间所能做到，必须经"长时"修习"善品加行"。在这长期的修习过程中，勇猛心易发，长远心难持，久之，不期然地会"生疲怠"的惰性，那就要退堕了（佛叫人修行，必须处于中道，不急不缓）。所以，以忍辱对治在感觉痛苦而生起的情感冲突，以精进对治疲劳而生起的惰性。"为欲对治"那"虽已发趣"，并且"不复退还而失坏"正道的"因"，所以建"立定慧波罗蜜多"。"失坏因"，有的因为意马心猿种种"散动"，有的因为误起"邪恶"的智"慧"。散乱心与颠倒的见解，再也不能证入佛法;久之,还是为了这些因缘,失坏这出世心。所以建立定慧波罗蜜多,以禅定来制伏散动,以智慧来对治邪慧。

二、证诸佛法所依处:证入佛法,主要是定慧。但不散动——禅定,不是偶然的,必须有不散动的因素;这因素,就是施戒忍进四种波罗蜜多。由于修"前四波罗蜜多"的"不散动因",才能得禅定波罗蜜多。"次一"慧"波罗蜜多",就是因那"不散动"而获得的"成就"。这,因"不散动"的定力"为依止",就会发生智慧。由智慧的启发,能"如实等觉诸法真义";证悟法界以后,"便能证得一切佛法"。约"证"得"佛法所依"来说,只要六波罗蜜多就足够了。

三、随顺成熟诸有情:布"施波罗蜜多","能正摄受""诸有情",所以四摄中的第一,就是布施。菩萨度生,要想与有情发生关系,使有情肯亲近信仰,首先必给予物质上精神上的救济安慰,这就是布施。对所摄受的"诸有情",要达到和乐共处,当然要"能不毁害",这就非"戒波罗蜜多"不可。若能持戒,遵守不杀不盗等和乐共处的律法,那人与人间的纠纷就可以解决,与有情更融洽了。遵守戒律,自己不毁害他人,如他人来毁害自己,那必要实行"忍波罗蜜多故,虽遭毁害而能忍受"。这样,自己固然可以少烦恼,对方也会受感动而从新改善。不然,人事纠纷的结果,还是不能做到随顺度生。众生做事,或有力不胜任的,这时候,行菩萨道的人就要实行"精进波罗蜜多",尽"能"力无条件地帮"助"他"经营彼所应作"的事业。那么,对方的感激是不可言喻的。四摄中的利行,也是这个道理。"由如是摄"受"利"益有情的四种"因缘,令诸有情于成熟"解脱的出世大"事,有所堪任。从此以后，心未定者，令其得定"，这是禅定波罗蜜多。已得"定者令得解脱"，就是使他获得智慧；"于开悟时，彼得成熟"，这就是智慧波罗蜜多。总之，前四度是摄受有情的因缘，后二是调伏众生令解脱生死。从这"随顺成熟一切有情"方面讲，也"唯立六数"，不多不少。

乙　相

一　六种最胜

此六种相云何可见？由六种最胜故：一、由所依最胜，谓菩提心为所依故。二、由事最胜，谓具足现行故。三、由处最胜，谓一切有情利益安乐事为依处故。四、由方便善巧最胜，谓无分别智所摄受故。五、由回向最胜，谓回向无上正等菩提故。六、由清净最胜，谓烦恼所知二障无障所集起故。

"相"是六波罗蜜多的体相，要怎样才能成为六度呢？六度的体相，"由六种最胜"来显示：一、"所依最胜"：菩萨修习波罗蜜多，是以大"菩提心为所依"的；离却上求下化的菩提心，布施持戒等都不是波罗蜜多了。二、"事最胜"：如布施，内而身心，外而资财，一切的一切都能施舍；其他的五度也如此。在六度的量上，是非常广大，"具足现行"的。三、"处最胜"：菩萨修习六波罗蜜多，不是为自己，"一切有情"的"利益安乐事"，为六度的"依处"。这与前所依最胜不同，前是与菩提心相应，这是大悲心为根本。四、"方便善巧最胜"：在修六度的时候，为通达一切法性空的"无分别智所摄受"。如布施时，不见有施者、受者及布施的财物，三轮体空。《般若经》说"以无所得为方便"，就是这个意思。平常说六波罗蜜多中,般若是智慧,前五是方便,其实无分别智正是大方便。能真实巧用无所得空,才能动,能出,能领导万行,圆成佛果。五、"回向最胜":将修波罗蜜多所得的一切功德,"回向无上正等菩提",不作其余人天或小果的资粮。前面的发菩提心上求下化,是约修习六度的动机说;现在是约修习以后的归趣说,两者不同。六、"清净最胜":这六度,在无分别智断除"烦恼所知二障"的杂染时,以"无障"的清净心去修习"集起"的,所以叫清净最胜。具有这六相的布施持戒等,才是真实的波罗蜜多。

二　四句分别

若施是波罗蜜多耶,设波罗蜜多是施耶? 有施非波罗蜜多,应作四句。如于其施,如是于余波罗蜜多,亦作四句,如应当知。

　　根据前面的定义,分别施等是否就是波罗蜜多,这一一度有四句分别,现在且以布施波罗蜜多为代表:一、布"施非波罗蜜多",就是离六种最胜的布施。二、是波罗蜜多非布施,这是依六种最胜所行的持戒忍辱等。三、是布施亦是波罗蜜多,就是依六种最胜所行的布施。四、非布施亦非波罗蜜多,凡是离六种最胜所行的其余戒等五度。依这布施"作四句","于余"戒等"波罗蜜多,亦作四句",可以例"知"。

丙　次第

何因缘故如是六种波罗蜜多此次第说? 谓前波罗蜜多随顺生后波罗蜜多故。

为什么六波罗蜜多要依这布施持戒乃至智慧的次第？依前生后，由易生难，从浅入深，必然是这样的。普通人叫他布施财物，还可以勉强而为，但如叫他守持严谨的戒法，就比较难以办到。先引导他布施，其次再慢慢地教他持戒，再一层层地深入到修习禅定智慧。这是约依"前波罗蜜多，随顺生后波罗蜜多"的次第说的。真谛又说依后后而清净前前的次第，与《庄严论》同。如要布施，就必须持戒；持戒、布施才能清净成就等。依这前前生于后后，或后后净于前前的理由，所以确立波罗蜜多这样的次第。

丁　训词

复次，此诸波罗蜜多训释名言，云何可见？于诸世间、声闻、独觉施等善根最为殊胜，能到彼岸，是故通称波罗蜜多。又能破裂悭恪、贫穷，及能引得广大财位福德资粮，故名为施；又能息灭恶戒、恶趣，及能取得善趣、等持，故名为戒；又能灭尽忿怒、怨雠，及能善住自他安隐，故名为忍；又能远离所有懈怠、恶不善法，及能出生无量善法令其增长，故名精进；又能消除所有散动，及能引得内心安住，故名静虑；又能除遣一切见趣、诸邪恶慧，及能真实品别知法，故名为慧。

在这"训释名言"中，先释波罗蜜多通名，次释布施持戒等别名。波罗蜜多解为到彼岸，但到彼岸指什么呢？涅槃吗？不可，小乘也可证得涅槃，而他们所修的施等却不能称为波罗蜜多。所以本论的解说："世间"是凡夫，"声闻、独觉"是小乘，凡夫小乘所修的"施等善根"，都很微劣，现在菩萨所修的，"最为殊胜"，能超过他们，"到"大乘果的"彼岸"，这殊胜的施等善根，具这样意义，"是故通称波罗蜜多"。

　　再训释施等别名：每一波罗蜜多中，都有一离一得的两个意义：一、布施，在离一方面，"能破裂悭悋贫穷"。悭悋是贫穷的因，贫穷是悭悋的果，能修行布施，则能舍离。在得一方面，"能引广大财位"的"福德资粮"。由具有这两方面的作用，所以"名为施"。二、持戒，在离一方面，能"息灭恶戒恶趣"。恶戒有二种：一是所持的不正戒，像外道的戒；一是不持善戒，犯杀盗等，这都叫恶戒，是因。三恶趣，是恶戒应得的果报。守持正戒，能息灭这两者。在得一方面，未来世"能取得善趣"可爱的果报；现在世能得"等持"，因为不犯戒，就没有懊悔热恼，不受他人的讥嫌，心念放下，就能引发安定。因这些意义，"故名为戒"。三、忍辱，在离方面，"能灭尽忿怒怨雠"。忿怒是不能忍辱，是因；怨雠是忿怒引起的果。你忿恨他人，他人当然与你结成不解的深仇，这唯有忍辱才能除灭。在得一方面，"自"己"能善住"于坦然"安隐"的境地，亦可使"他"人安隐快乐。因这两方面，"故名为忍"。四、精进，在离一方面，"能远离所有懈怠"及一切"恶不善法"。懈怠放逸是生长恶不善法的因，恶不善法是懈怠的果；唯有修行精进，才能远离懈怠，令未生恶不善法不生，已生的恶不善法息灭。在得一方面，"能出生无量善法，令其增长"广大。善法出生，是未生善令生；增长，是已生善令增长。这是精进的力用，就是三十七道品中的四正勤，因此"名精进"。五、静虑，在离一方面，"能消除所有"一切令心"散动"的不善法，像五盖、失念、散乱等。在得一方面，"能引得内心安住"于专一的境界,不向外面驰求,令内心得到安隐寂静的喜乐。由这样的意义,"故名静虑"。六、智慧,在离一方面,"能除遣一切"决定见性所摄的"见趣",如五见、二十见、六十二见、百八见等;同时,还能遣除非见所摄分别的"邪恶慧"。在得一方面,"能真实品别知法"。真实知法,即根本无分别智,因它能了知诸法的真实。品别诸法,即无分别后得智,因它能了别诸法的品类差别。由这理由,"故名为慧"。这六度的梵名中,具有这两方面的含义,所以解说它的含义,就是解说了六度的别名。

戊　修习

一　总辨五种修

云何应知修习如是波罗蜜多? 应知此修略有五种:一、现起加行修,二、胜解修,三、作意修,四、方便善巧修,五、成所作事修。此中四修如前已说。成所作事修者,谓诸如来任运佛事无有休息,于其圆满波罗蜜多,复更修习六到彼岸。

怎样去实行"修习""六波罗蜜多"呢? 这波罗蜜多的修法,"略有五种":一、"现起加行修":就是因具备了施者、受者、施物等条件而现起的布施等加行。因有加行的现起,才可以修习布施、持戒等。二、"胜解修":就是彼入果中所说的"由于圣教得胜解"的修习。三、"作意修":就是彼入果中说的"由爱重、随喜、欣乐诸作意"所起的修习。四、"方便善巧修":无性释说是由无分别智摄受而修。应该说,这就是彼入果中所说的"恒常无间相应方便修习"。这四种修都是前面说过了的,所以说"此中四修如前已说"。五、"成所作事修":这是约佛果位上的六度，"如来"对六波罗蜜多的白法，已经究竟圆满，无须乎再修，不过为要成熟有情，所以倒驾慈航，"任运"地广行"佛事无有休息"，像舟子的往来度人不息。在他"圆满波罗蜜多"上，"复更修习六到彼岸"。所以《法华经》说："佛自住大乘，如其所得法，定慧力庄严，以此度众生。"

二　别辨作意修

又作意修者，谓修六种意乐所摄爱重、随喜、欣乐作意：一、广大意乐，二、长时意乐，三、欢喜意乐，四、荷恩意乐，五、大志意乐，六、纯善意乐。

现在更说"六种意乐所摄"的"爱重、随喜、欣乐"的三种"作意"。三种作意，是共通的修法，修行六种意乐所摄的三作意，才能显示出他是大乘不共的修习。这里先将六种意乐的名称总标出来，下面再一一地解释。

若诸菩萨，乃至若干无数大劫现证无上正等菩提，经尔所时，一一刹那，假使顿舍一切身命，以殑伽河沙等世界盛满七宝奉施如来，乃至安坐妙菩提座，如是菩萨布施意乐犹无厌足；经尔所时，一一刹那，假使三千大千世界满中炽火，于四威仪常乏一切资生众具，戒、忍、精进、静虑、般若心恒现行，乃至安坐妙菩提座，如是菩萨所有戒、忍、精进、静虑、般若意乐犹无厌足；是名菩萨广大意乐。

一、广大意乐："菩萨"从初发心"乃至"经过"若干无数大劫"，才能"现证无上正等菩提"。修行布施波罗蜜多的菩萨，"经尔所"——这样长的"时"间，如果把这无数大劫的长时间合为一刹那，以这样的刹那再集成无数大劫。在这长久的时间"一一刹那"中，"假使"能"顿舍一切身命"——内施；并且"以殑伽河沙等"那样广大"世界"所"盛满"的金银琉璃等"七宝奉施如来"——外施，这样一直到自己"安坐妙菩提座"，而"菩萨"的"布施意乐，犹无厌足"之想。不但修习布施这样，修习持戒、忍辱，乃至般若，也莫不这样。"世界满中炽火"，这显示住处的极其痛苦。"于四威仪常乏一切资生众具"，这显示资粮不足，不易修行。菩萨在这样的环境下，对于"戒、忍、精进、静虑、般若"修习的意乐"心"，仍是"恒"常"现行"，一直到"安坐妙菩提座"，他的"意乐，犹无厌足"。这名为"菩萨"行六波罗蜜多的"广大意乐"。

又诸菩萨，即于此中无厌意乐，乃至安坐妙菩提座，常无间息，是名菩萨长时意乐。

　　二、长时意乐："菩萨"于六波罗蜜多的修行，像上面说的"无厌"足的广大"意乐"，一直到"安坐妙菩提座"，在这时间内，能时"常无间息"地修习，"是名菩萨"六波罗蜜多的"长时意乐"。

又诸菩萨以其六种波罗蜜多饶益有情，由此所作深生欢喜，蒙益有情所不能及，是名菩萨欢喜意乐。

　　三、欢喜意乐："菩萨"以"六种波罗蜜多饶益有情"，有情固然心生欢喜，就是菩萨自己也生大欢喜，而且"由此所作深生欢喜"，是那"蒙益有情"的欢喜"所不能及"的。比如小孩得到母亲给与心爱的玩具，固然欢喜；做母亲的见到自己的儿女喜乐，心中的快乐，实比小孩有过无不及。这名为"菩萨"行六波罗蜜多的"欢喜意乐"。

又诸菩萨以其六种波罗蜜多饶益有情，见彼于己有大恩德，不见自身于彼有恩，是名菩萨荷恩意乐。

四、荷恩意乐："菩萨以六种波罗蜜多饶益有情"，"见彼"一切有情，"于"自"己""有大恩德"，从"不见自身于彼有"什么"恩"德。因一切众生无始以来，没有一个不曾做过自己的父母师长、兄弟同学，哪一个于我没有恩德呢？同时，众生又是我的福田，可以增长我的功德，完成自己的无上菩提，假使没有众生，六波罗蜜多就不能修习，也就不能成佛。所以觉得众生于我有大恩德，自然不会有什么邀功求报的企图，这是"菩萨"行波罗蜜多的"荷恩意乐"。

又诸菩萨即以如是六到彼岸所集善根，深心回施一切有情，令得可爱胜果异熟，是名菩萨大志意乐。

五、大志意乐：菩萨所有一切"六到彼岸所集"的"善根"，绝不拥为己有，而以恳切的"深心"，念念"回施一切有情，令得"到人天"可爱"的殊"胜异熟果"，这叫"菩萨大志意乐"。

又诸菩萨复以如是六到彼岸所集善根，共诸有情回求无上正等菩提，是名菩萨纯善意乐。如是菩萨修此六种意乐所摄爱重作意。

六、纯善意乐：前面的大志意乐，约回施有情，令得世间乐果说。这纯善意乐，是将自己"所集"的"善根"，"回"施自己及

"诸有情","共""求无上正等菩提",是约得出世究竟果说的。令得世间果报,其志虽大,但不能算纯善,世间是染污法呀。若回求出世菩提妙果,那就纯净纯善了;这是"菩萨"行六波罗蜜多的"纯善意乐"。

如上说的,就是"菩萨修此六种意乐所摄"的"爱重作意",三种作意中的第一作意。

又诸菩萨于余菩萨六种意乐修习相应无量善根,深心随喜,如是菩萨修此六种意乐所摄随喜作意。

修习六波罗蜜多的"菩萨",自己对于六到彼岸,固然异常爱重,就是对于其"余菩萨",凡是能以"六种意乐,修习"六波罗蜜多"相应",集"无量善根"的,自己也"深心"地"随喜"赞叹,这是"菩萨修此六种意乐所摄"的"随喜作意"。

又诸菩萨深心欣乐一切有情六种意乐所摄六种到彼岸修,亦愿自身与此六种到彼岸修恒不相离,乃至安坐妙菩提座,如是菩萨修此六种意乐所摄欣乐作意。

修习波罗蜜多的"菩萨",不但"深心欣乐一切有情六种意乐所摄"的"六种到彼岸"的"修"行,同时也"愿"意"自身与此六种"意乐所摄的六"到彼岸修",从初发心到"安坐妙菩提座"的长时间中,能"恒不相离",这是"菩萨修此六种意乐所摄"的"欣乐作意"。

若有闻此菩萨六种意乐所摄作意修已,但当能起一念信心,尚当发生无量福聚,诸恶业障亦当消灭,何况菩萨!

这样的修习六到彼岸，不说菩萨的实修有大利益，就是"有"人"闻此菩萨"的"六种意乐所摄"的三种"作意修"习六波罗蜜多，"但"是"能"够生"起一念"的清净"信心"，还能"发生无量福聚"，种种的"恶业障"也能"消灭"，何"况"真实修行这样六波罗蜜多的"菩萨"？

　　己　差别

此诸波罗蜜多差别云何可见？应知一一各有三品。施三品者：一、法施，二、财施，三、无畏施。戒三品者：一、律仪戒，二、摄善法戒，三、饶益有情戒。忍三品者：一、耐怨害忍，二、安受苦忍，三、谛察法忍。精进三品者：一、被甲精进，二、加行精进，三、无怯弱、无退转、无喜足精进。静虑三品者：一、安住静虑，二、引发静虑，三、成所作事静虑。慧三品者：一、无分别加行慧，二、无分别慧，三、无分别后得慧。

　　六"波罗蜜多"，"一一各有三品"的"差别"。"施三品"：一、"法施"：以清净心为人说法，令听者得到法乐，资长善根。二、"财施"，怀清净心，以资生众具，供养布施有德或贫穷的有情，使他不受饥寒的痛苦。三、"无畏施"，众生有灾难等不幸事，能安慰他，帮助他，免他内心的怖畏苦。

　　持"戒三品"：一、"律仪戒"，不作一切恶业，离种种的杂染法。二、"摄善法戒"，修习一切善法，集诸善根。三、"饶益有情戒"，不恼害有情，利益一切有情。

　　"忍三品"：一、"耐怨害忍"，菩萨深入生死苦海，作利益众生事业的时候，虽遭受有情无故的毁辱、逼害，都能忍受，终不退屈自己的利生工作。二、"安受苦忍",于生死海中救度众生的时候,遭受风吹雨打,寒热交逼,自然界给予他的种种痛苦,也能忍受,不因痛苦而动摇了自己为法的大志。三、"谛察法忍",以智慧审谛观察诸法的实相,了达空无自性,于此无自性的甚深广大教法,能深信忍可。

"精进三品":一、"被甲精进",如军队要到前线作战,必须披起铠甲;发心修学的菩萨,先修习六波罗蜜多,积集福智资粮,以助成精进,所以譬如被甲。二、"加行精进",披起铠甲,一切准备了,向前出发,叫做加行;菩萨开始向菩提大道迈进,也正像行军一样。三、"无怯弱、无退转、无喜足精进",像军人到了前线,虽大敌当前,而不生恐怖;菩萨修行,也不因菩提路远,烦恼障重而自轻,叫无怯弱。当两军接触的时候,不论敌人的力量如何,自己有进无退,到胜利为止;菩萨在修行的过程中,纵然遇到强有力的魔军,与之作殊死战,务达降伏魔军的胜利,不会中道退转,这叫无退转。军事获得局部胜利以后,不生矜喜,不但胜而不骄,并且继续作战,以达到完全的胜利;菩萨修行,不因得到一点境界、利益就生喜足;若生喜足,就会陷入魔鬼的圈套,完全失败,这叫无喜足。经中以五事说精进,"有势"、"有勤"、"有勇"、"坚猛"、"不舍善轭",与这三品精进,不过开合的不同,只是把后面的三种括而为一,称为无退转、无怯弱、无喜足精进。

"静虑三品":一、"安住静虑",在定中住心一境,身心得到轻安。二、"引发静虑",在定中引发神通等殊胜功德。三、"成所作事静虑",由定中所引发的神通,作种种利益众生的事业。

智"慧三品":一、"无分别加行慧",二、根本"无分别慧",

三、"无分别后得慧"，这在下面有详细的说明。

庚　相摄

如是相摄云何可见？由此能摄一切善法，是其相故，是随顺故，是等流故。

"相摄"，是以六波罗蜜多与其余的一切善法互相摄属。就是六波罗蜜多摄一切善法，一切善法摄在六波罗蜜多中。本论只说"由此"六到彼岸"能摄一切善法"的一面。"是其相"的相，是体相。照无性的解说，就是施等各自的体相，意思说，一切善法中的布施，摄在布施中，乃至智慧摄在般若中。然本论此章，实摄取《般若经》义。六波罗蜜多的体相，即是无分别智；离了般若，根本不成其为波罗蜜多。在般若契会空性的融摄中，施等才能到达彼岸。所以六波罗蜜多的体相，即是般若。世亲释是能见此意的。布施等一切善法，与般若波罗蜜多相应，随顺般若而趣入一切智智，这叫"随顺"。还有像佛果位上的大悲大智等果德，那是波罗蜜多的"等流"了。这样看，六到彼岸，是可以摄尽一切善法的。

辛　所治

如是所治摄诸杂染，云何可见？是此相故，是此因故，是此果故。

六度能摄一切善法，那六度的所治，也自然可以"摄诸杂染"法，这也从三个意义来说明：例如布施的对治，或是悭贪，或是可以引起悭贪的，或是悭贪所生起的烦恼与贫穷下贱等苦果，都可以摄为布施所对治的杂染，因为是悭贪的体"相"、悭贪的"因"及悭贪的"果"。持戒的对治是毁犯，凡足以引起破戒的行为，与因破戒而引起的恶趣果报等，都摄为持戒所对治的杂染。乃至般若的对治，都可从这相、因、果三者来统摄。

壬　胜利

如是六种波罗蜜多所得胜利，云何可见？谓诸菩萨流转生死富贵摄故，大生摄故，大朋大属之所摄故，广大事业加行成就之所摄故，无诸恼害性薄尘垢之所摄故，善知一切工论明处之所摄故。胜生、无罪，乃至安坐妙菩提座，常能现作一切有情一切义利，是名胜利。

胜利，就是功德。由于修习布施，所以"菩萨"在"流转生死"中，得到大"富"大"贵"的胜利。由于修习持戒，便能得圆满广"大"的受"生"自体，就是在天上受生。由于修习忍辱，与一切众生和乐无诤，所以能得到"大朋"——广大的宗族、"大属"——广大的朋友或部属的胜利。由于修习精进，能得到"广大事业，加行成就"的胜利。广大事业，释论说是轮王治国平天下的大事。这也是举其一例，广泛一点说，做什么比较广大些的事业，都要有精进的力量才能完成。由于修习静虑，能得到"无诸恼害，性薄尘垢"的胜利。烦恼尘垢，最能恼害人们的身心，若修禅定，烦恼的恼害就自然会渐渐地轻微淡薄了。由于修习般若，能得到"善知一切工论明处"的胜利。明是学问，通常所说的五明处，就是五种学问，如工巧明（工论）即工艺学，医方明即医药学，声明即文法与声韵学，因明即论理学，内明即宗教与哲学。这六种胜利，本来都是世间的，世间的凡夫也有能达到这种果报的，但菩萨修习六波罗蜜多所得的胜利，不特得世间"胜生"的利益，而且还有出世"无罪"的殊胜利益，不会因而引起陷溺在世间的过失，这是一点。还有，凡夫获得这殊胜的果报，是顷刻而尽的，菩萨却能展转增胜，"乃至安坐妙菩提座"。第三，凡夫获得这些功德都是自己受用，而菩萨却"常能作一切有情一切义利"，就是把这些功德作为利益有情的工具。这种种，就是六波罗蜜多的"胜利"。

癸　抉择

如是六种波罗蜜多互相抉择，云何可见？世尊于此一切六种波罗蜜多，或有处所以施声说，或有处所以戒声说，或有处所以忍声说，或有处所以勤声说，或有处所以定声说，或有处所以慧声说。如是所说有何意趣？谓于一切波罗蜜多修加行中，皆有一切波罗蜜多互相助成，如是意趣。

世尊有时在"说""施"波罗蜜多，乃至有时在"说""慧"波罗蜜多的地方，都说到具足六度，这有"何意趣"呢？"于一切波罗蜜多"中，"修"习任何一种"加行"的时候，事实上"皆有一切波罗蜜多"，必须有其余的五种为助伴，"互相助成"。如修布施，要防护身口，就有戒为助伴。有时施于极端暴恶的有情，他不但不感激，反而毁骂你，这就需要忍辱来助成布施了。在修布施的过程中，或生懈怠心，这就需要精进。在布施的时候，心里安定，这就要静虑。为了要知布施的因果，或通达布施的实相，这就要有般若助成了。布施如是，其余五度也可以例知。这样，所以有时目的虽只说一度,而同时就包括了其余的五度。

第二项　结颂

此中有一嗢陀楠颂:数,相及次第,训词,修,差别,摄,所治,功德,互抉择应知。

　　这是重颂长行中次第所说的十门分别,出于《大乘庄严经论》第十六品。

第六章　彼修差别

第一节　建立十地

如是已说彼入因果，彼修差别云何可见？由菩萨十地。何等为十？一、极喜地，二、离垢地，三、发光地，四、焰慧地，五、极难胜地，六、现前地，七、远行地，八、不动地，九、善慧地，十、法云地。如是诸地安立为十，云何可见？为欲对治十种无明所治障故。所以者何？以于十相所知法界，有十无明所治障住。云何十相所知法界？谓初地中由遍行义；第二地中由最胜义；第三地中由胜流义；第四地中由无摄受义；第五地中由相续无差别义；第六地中由无杂染清净义；第七地中由种种法无差别义；第八地中由不增不减义，相自在依止义，土自在依止义；第九地中由智自在依止义；第十地中由业自在依止义，陀罗尼门，三摩地门自在依止义。

　　六波罗蜜多是"彼入因果"，这彼入因果，只分为因果二位；"彼"果"修"的浅深"差别"，这一章要给它说明。这就是"菩萨"所证入的"十地"。

　　极喜等十地，是约离染方面安立的，"对治十种无明所治障"，所以建立十地。菩萨在修行的过程中，渐离十种无明所治障的隐覆，也就自然次第深入"十相所知法界"。因法界相"有十无明所治障住"，所以在离障证真上建立十地。地有多种的意义，主要的是"依持"义；种种修行的功德，依之而成立，依之而生起,所谓"能生功德名为地"。地的体性,就是无分别智契证法界实相;种种功德,只是地的眷属庄严。在法界的本身上讲,唯一法界相是不能安立差别的;在诸法毕竟空中,初地即十地,十地如空中鸟迹一样,难思难议。所以现在安立十地,虽也从所证十相法界上说,主要在离障边。譬如飞机在空中飞行,说它一小时可以飞几千里,实际上虚空无边,它本身没有里数可以计算,但就飞机飞行的速度而说它的远近差别。

"十相所知"的"法界",就是:一、"初地中"所得的"遍行"法界相,这从远离"异生性无明"所显。异生性无明,依见道所断的分别烦恼所知二障而立。未入见道的时候,不能了达诸法实相,是凡夫,就因有这障存在;一入见道,断这异生性障,就证悟诸法的实相,遍一切一味相,所以称为遍行法界。二、"二地中"所得的"最胜"法界相,这从远离"于诸有情身等邪行无明"所显。邪行无明,就是于诸众生身误犯身口意的三业染行,这在初地还是存在着;因它的存在,障于二地。所以从初地趣证二地的时候,不再依有情身等误犯三业,通达法界的清净,最为殊胜,所以称为最胜法界相。三、"三地中"所得的"胜流"法界相,从远离"迟钝性无明"所显。迟钝性无明,就是对所闻思的法门,时常忘失,不能明记,能障三地的证德。由二地进入三地的时候,修习胜定,契证法界的实相,从平等法界现起大悲大智所起的等流法,就因离去迟钝性无明而现证通达,契入三地的胜流法界。实际上,初地就已证诸法实相的,现在因三地定力加深,定中遍通一切法而不遗忘,就约这特殊的意义,说它证得胜流法界。四、"四地中"所得的"无摄受"法界相,从远离"微细烦恼现行俱生身见所摄无明"所显。三地有漏心现起的时候,尚有俱生微细的我我所见可以现起(意识相应),这微细的烦恼现行,能障入四地。从三地悟入四地时,破除这微细障,修三十七菩提分,通达法界性中无我我所,所以称为无摄受法界。五、"五地中"所得的"相续无差别"法界相,从远离"于下乘般涅槃无明"所显。声闻缘觉厌离生死急求涅槃,不知生死即是涅槃。菩萨在五地中开始能真俗并观,通达法界的生死涅槃都无差别性,所以就远离了下乘的般涅槃障,证得相续无差别的法界。六、"六地中"所得的"无杂染清净"法界相,从远离"粗相现行无明"所显。粗相现行,别观十二缘起的流转门是杂染的,还灭门是清净的。若染若净的差别粗相现行,障蔽了六地无染无净的妙境。菩萨入六地的时候,修缘起智,观缘起毕竟空,通达染净平等,证无染净法界相。七、"七地中"所得的"种种法无差别义",从远离"细相现行无明"所显。细相现行,是说前六地的菩萨,对如来的种种教法,还有微细的取相现行。入了七地,连这微细相也除了,纯无相观,通达如来一切法门,法法皆是无差别,便得种种法无差别法界相。八、"八地中"所得的"不增不减"法界相,从远离"无相作行无明"所显。第七地虽然无相行,但还是有功用行,这无相有功用,障碍了八地的无功用道。菩萨在悟入第八地的时候,离有功用相,证得无生法忍,通达诸法的不增不减,得二种自在依止,能任运地现起身相及国土。八地菩萨得如幻三昧,观一切法无碍,随心所欲现的即能显现,叫"相自在依止"。能观诸世界,随心所欲变的何种国土即能变现,叫"土自在依止"。这两者,也是八地所证入法界的义相。九、"九地中"所得的是

"智自在依止"法界相,从远离"于饶益有情事不作行无明"所显。第八地的菩萨,虽得无相乐,但于无相寂灭还有些耽著,还不能无功用行去利乐有情。八地菩萨由佛的劝谕,才从深定中起广大的利他行,也就是这个意义。这对饶益有情的事,未能无功用行,是第九地的大障。菩萨入九地时,断此大障,得四无碍智,说法自在,便得智自在依止法界。十、"十地中"所得的"业自在依止,陀罗尼门,三摩地自在依止"法界相,从远离"于诸法中未得自在无明"所显。第十地的菩萨,通达十地位上的法界相,得身口意的三业自在,自在地化导一切众生。陀罗尼有能持、能遮二义,就是总持一切善法,遮止一切恶法。由定发慧,能总持一切摄持不散。三摩地是正定,即于定而得自在。因这种种深入,离障显真,所以建立十地。

此中有三颂:遍行,最胜义,及与胜流义,如是无摄义,相续无别义,无杂染净义,种种无别义,不增不减义,四自在依义。法界中有十不染污无明,治此所治障,故安立十地。

这三颂,是引述《辨中边论·相品》的(十重法界,出《宝云经》、《胜天王经》)。前二颂重颂十相法界。后一颂明安立十地的所以。文义明显,不烦重述。

复次,应知如是无明,于声闻等非染污,于诸菩萨是染污。

上面所谈的十种"无明",都是所知障,而不是烦恼障。"声闻"缘觉"等"断烦恼障证生空理,入无余涅槃。这十种无明不障碍他们的解脱,在他们的立场说,是"非染污"的。若在"菩萨",不但要断烦恼障证生空理,同时还要断所知障证法空理。

这"所知障"十种无明是覆障法空理的,所以在菩萨的立场说,它"是染污"的。因之,这无明在小乘只是无覆无记的不染污无知,在大乘则属有覆无记性了。龙树菩萨说:"小乘习气于菩萨是烦恼",正是这个见解。

第二节　十地名义

复次,何故初地说名极喜? 由此最初得能成办自他义利胜功能故。何故二地说名离垢? 由极远离犯戒垢故。何故三地说名发光? 由无退转等持、等至所依止故,大法光明所依止故。何故四地说名焰慧? 由诸菩提分法焚灭一切障故。何故五地名极难胜? 由真谛智与世间智,更互相违,合此难合令相应故。何故六地说名现前? 由缘起智为所依止,能令般若波罗蜜多现在前故。何故七地说名远行? 至功用行最后边故。何故八地说名不动? 由一切相有功用行不能动故。何故九地说名善慧? 由得最胜无碍智故。何故十地说名法云? 由得总缘一切法智,含藏一切陀罗尼门、三摩地门,譬如大云能覆如空广大障故,又于法身能圆满故。

关于十地的名义,简略地解说一下:一、"初地""名极喜"地:因为"此"初登地的菩萨,是"最初"获"得能成办自"己及其"他"有情"义利"的两种殊"胜功能",极端的踊跃欢喜,所以叫极喜地。小乘见道只能自利不能利他,所以不名为极喜。二、"二地""名离垢"地:菩萨在初地,已能远离粗重的犯戒垢,但微细的毁犯仍然现行。二地菩萨成就性戒,能自然地"远离"微细的"犯戒垢",二地是戒波罗蜜多圆满,所以叫离垢。三、"三地"

"名发光"地：这第三地为"无退转"的"等持"——三摩地、"等至"——色无色定"所依止"。菩萨既得等持等至，不再退转。因定力的深入，克服无明黑暗，在胜定中发出无边慧光，得闻持陀罗尼，为"大法光明"的"所依"，所以叫发光。四、"四地""名焰慧"地：四地菩萨修习三十七品等"诸菩提分法"，生起智慧的火焰，能"焚灭一切障"，像火烧一切薪木一样，所以叫焰慧地。五、"五地""名极难胜"地："真谛智与世间智"是"更互相违"的——一个无分别，一个有分别；一个不缘名相，一个缘名相。这二者不易合作，所以初地到四地，都是有真智时无俗，有俗智时无真；要二智并观，融然一味，是很困难的。登五地的菩萨，能二智并观二谛，"合此难合"的二智"令"它"相应"，这是极难能可贵的，所以叫极难胜地。六、"六地""名现前"地：六地菩萨观察十二"缘起智（加行智）为所依"，"能令般若波罗蜜多"的无分别智"现在前"，亲证缘起即空的如性，通达诸法缘起，离一切染净相，所以叫现前地。七、"七地""名远行"地：七地菩萨真俗二智平衡观察。可以不加强有力的功用，到达了有"功用行最后边"际。过此入八地，就是无功用行。可以说这七地是有功用行与无功用行的分界线；因为它在最后边，所以叫远行地。八、"八地""名不动"地：这第八地，"由一切相有功用行不能动"。七地菩萨虽也无一切相，但因为还有功用行，不能任运自在而转，还不能说不动。八地菩萨得无功用行，非烦恼等能动，所以叫不动。九、"九地""名善慧"地：因为九地"得最胜无碍智"，无碍智就是法、义、词、辩的四无碍，得四无碍，能遍十方世界为一切有情善说妙法。"无碍力说法，成就利他行"，故叫善

慧地。十、"十地""名法云"地：有三种意义，（一）"得总缘一切
法智，含藏一切陀罗尼门、三摩地门"，这十地的二智，对一切法
若真若俗，能在一念心中遍缘一切。这法智犹如大云，陀罗尼与
三摩地门功德犹如水。大云的法智能含藏功德水，所以叫法云。
（二）"譬如大云，能覆如空广大障"，太空是广大无量的，像众生
无始来的微细障；法智如浮云，可以覆蔽这如虚空一般广大的惑
智二障，不使现前，所以叫法云。（三）"于法身能圆满"，如大云
可以降注净水，充满虚空；法智能出生无量的殊胜功德，圆满所
证所依的法身，所以叫法云。

第三节　辨得差别

得此诸地云何可见？由四种相：一、得胜解，谓得诸地深信解
故。二、得正行，谓得诸地相应十种正法行故。三、得通达，
谓于初地达法界时，遍能通达一切地故。四、得成满，谓修诸
地到究竟故。

　　"得此诸地"有"四种"不同：一、"得胜解"：得真正深刻的
理解，信忍十地的境界确如佛所启示的那样，获"得"这"诸地"
的"深信解"，也名为得十地。二、"得正行"：地上菩萨，修"得诸
地相应"，得"十种正法行"，如《中边论颂》说："谓书写供养，施
他听披读，受持正开演，讽诵及思修。"（一）书写，（二）供养，
（三）转施，（四）听闻，（五）披读，（六）受持，（七）开示，（八）讽
诵，（九）思惟，（十）修习。菩萨能得与诸地的正法行相应，也就
称为得十地。三、"得通达"："初地"最初通"达法界"，名为通
达。当初地通达法界"时"，就是"遍能通达一切地"，因为法界

是无差别的,初地的法界与十地的法界平等平等,因之就称为得十地。四、"得成满":于"诸地""修"习的正行,从初地"到"十地的"究竟"成满,约十地的圆满证得说,叫得十地。

【附论】

真谛译说:随得一相,就可以证验他已是地上的菩萨,除了登地的菩萨,是没有这四种相的。但依论文看来,前二得相是地前,后二得相才是地上的。《大乘庄严经论·行住品》说:初地至七地得通达,八地至十地得成满,与本论所说略有不同。这四相得十地,似乎是融贯经中所说得入十地的不同。本论的意见,或是约胜解十地说得十地,或是约修正行说,或是约通达法界说,或是约修行圆满说得十地。前两者是有漏的解行,第三约证入法界;真正的圆满证得十地,是第四的得成满。这与龙树菩萨的五菩提、天台的六即佛等思想相同。

第四节　辨修习

第一项　修止观

修此诸地,云何可见? 谓诸菩萨于地地中,修奢摩他、毗钵舍那,由五相修。何等为五? 谓集总修,无相修,无功用修,炽盛修,无喜足修。如是五修,令诸菩萨成办五果:谓念念中销融一切粗重依止,离种种相得法苑乐,能正了知周遍无量无分限相大法光明,顺清净分无所分别无相现行,为令法身圆满成办,能正摄受后后胜因。

凡是地上"菩萨",不论在哪一"地中",都要"修"习"奢摩他"（止）与"毗钵舍那"（观）二门。这止观是怎样修得的呢？"由五相修"：一、"集总修"。集所有的大乘教法，作总相观察，一法如此，法法如此。这可通于有相修及无相修的两种，但现在约有相修说，所以又说第二、"无相修"。于离名相的一真法界性中，观察一切法皆不可得，名无相修。但无相修或者还有功用，所以说第三、"无功用修"。不加作意，不由功用，能任运地止观双运，无功用修。四、"炽盛修"。修习无功用行，念念增胜，不因得无功用道而停滞，故名炽盛修。五、"无喜足修"。虽得念念增盛，但不以此为满足，仍是着着上进，所以说是无喜足修。

由"五修"的因，"菩萨"能"成办五"种的"果"：一、"念念中销融一切粗重依止"：依止是阿赖耶识，粗重是烦恼所知的二障，阿赖耶识中的二障种称为粗重所依。像上面所说，以五种修来修习止观二行，因它念念的增胜炽明，熏成闻思修的无漏法身种子，就能念念中销解镕散二障粗重的潜力，使它不得存在，获得转依。二、"离种种相得法苑乐"：脱离种种戏论相——不但颠倒邪见的戏论要远离，就是佛见法见乃至涅槃见也都要远离，这就可以得法苑之乐。法是法界，离一切戏论通达法界，定心寂静，而得现法乐住，名为法乐。或者法是教法，依如来教法切实修行，得到其乐无穷的法味，所以叫法乐。苑是譬喻，得法乐，如在花苑中随意游赏，使人喜乐自在。《大乘庄严经论》说这是修定的果，意义也就在此。三、"能正了知周遍无量无分限相大法光明"：修习止观，得无碍慧，能通达诸法无有差别，了知法界无限量，一法遍一切法，一切法即一法，其量周遍，其数无量，没有分齐,没有界限,所谓"触处洞明"而得无碍的大法光明。《庄严论》中把它总摄为"圆明"二字,可说言简意尽。四、"顺清净分无所分别无相现行":清净分是出缠的真实性,因修习止观得无分别智现证无相。五、"为令法身圆满成办,能正摄受后后胜因":菩萨修习止观,步步上进,不生喜足,希求的唯一目的,在使法身圆满成办。圆满法身在第十地,成办法身在佛地,前前地中的修习,能为圆成后后法身的殊胜因。这前前摄受后后的因,到最后能够成办究竟的佛果。

真谛释把五因次第配合五果,一因成一果。《庄严经论》说:五果中的前二是修止所成办的,次二是修观所成办的,后一是双修止观所成办的。实际上,地上的菩萨,每地都是定慧圆修的,所以五果也就都是由止观二者所成办;《庄严论》也只是约它的偏胜而说。

第二项　修十度

由增胜故,说十地中别修十种波罗蜜多。于前六地所修六种波罗蜜多,如先已说。后四地中所修四者:一、方便善巧波罗蜜多,谓以前六波罗蜜多所集善根,共诸有情回求无上正等菩提故。二、愿波罗蜜多,谓发种种微妙大愿,引摄当来波罗蜜多殊胜众缘故。三、力波罗蜜多,谓由思择、修习二力,令前六种波罗蜜多无间现行故。四、智波罗蜜多,谓由前六波罗蜜多成立妙智,受用法乐,成熟有情故。又此四种波罗蜜多,应知般若波罗蜜多无分别智后得智摄。又于一切地中,非不修习一切波罗蜜多。如是法门,是波罗蜜多藏之所摄。

十地菩萨所修的波罗蜜多,约"增胜"说,说初地修布施,二地修持戒到十地修智度,"十地中别修十种波罗蜜多"。"前六地所修"的"六种波罗蜜多"已讲过了,这里不再重说。"后四地中所修四"种波罗蜜多,说明如下:

一、"方便善巧波罗蜜多":修这波罗蜜多主要的在回向。菩萨六地"前六波罗蜜多所集"的资粮,现在把这所集的"善根",不但为自利用,而"共诸有情回求无上正等菩提"。菩萨具大悲智,不厌生死而求涅槃,不重自利而重度他,这才是真正的方便善巧。小乘学者没有这种善巧,所以观三界如牢狱,视生死若冤家,要急急地求证涅槃。

二、"愿波罗蜜多":行菩萨道的大心有情,"发种种微妙"不可思议的"大愿,引摄"众生,使他成为"当来波罗蜜多"(到彼岸)的"殊胜众缘"。愿与同行同志的有情集合在一处,实现清净佛土。佛教叫人发愿的用意,就是要吾人将修行集积的功德,用在某一目的上,因为各人的目的不同,故虽同一功德,而所得的结果大有差别。大乘佛法,不愿将有用的功德消耗于人天、小果上,故特提出愿波罗蜜多。但发了愿就得去实行,所谓"愿为行导"。愿海一定要由行山去填补,才得满足;阿弥陀佛的净土实现在西方极乐世界,这不但凭他的四十八微妙大愿可以奏功,而是由于他的实践所成的。

三、"力波罗蜜多":又有二种:"思择"力,是以智慧思惟理解,抉择观察。"修习"力是实践那思惟观察的诸法。由此"二力",能"令"所修的"六种波罗蜜多无间"断地念念"现行"。这二种力是遍通一切修的,一是理解力,一是实践力。

　　四、"智波罗蜜多"："由前六波罗蜜多,成立"不可思议的殊胜"妙智"。以自己所得的妙智,在如来的大集会中,"受用法乐"。又以所得的妙智,观察有情的根性,以六波罗蜜多去"成熟有情",使得解脱。受用法乐是自利,成熟有情是利他。

　　方便、愿、力、智"四种波罗蜜多",是从第六"般若波罗蜜多"无分别智中所开出来的。般若有加行无分别、根本无分别、后得无分别的三慧,这后面的四波罗蜜多,即属于"后得智摄"。善巧方便等不过是后得智作用的四种差别。由此,我们知道,若单说六度,那般若是总摄无分别智与后得智的。若说十度,那第六般若只限于根本无分别智,因为后得智分属后四度了。

　　约增胜说,固然是一地别修圆满一波罗蜜多,但就总相修集来说,那就一地中并不唯修一度,是遍修十度的,所以"一切地中,非不修习一切波罗蜜多"。这样的"法门",都"是波罗蜜多藏之所摄"。波罗蜜多藏就是大乘法的总称(除了秘密大乘法;秘密法是波罗蜜多藏以外的,称为陀罗尼藏),并非单指《般若经》。整个佛法不外乎大乘小乘,总一切大乘教法,名波罗蜜多藏;总一切小乘教法,名小乘法藏。

第五节　修习位时

第一项　长行

复次,凡经几时修行诸地可得圆满?有五补特伽罗,经三无数大劫:谓胜解行补特伽罗,经初无数大劫修行圆满;清净增上意乐行补特伽罗及有相行、无相行补特伽罗,于前六地及

第七地,经第二无数大劫修行圆满;即此无功用行补特伽罗,从此已上至第十地,经第三无数大劫修行圆满。

　　菩萨修行成佛的时间,也是一重要的问题,这里要讨论它。修行的时间,要"经三无数大劫",在这三无数大劫中,又分为五个阶段。"五补特伽罗"并非五个人,只是在一个人修行经过的阶段上说为五人。经三阿僧祇劫成佛,是大小乘共的,不过阿僧祇的解释,在数量上有多少出入。梵语阿僧祇,中国话就是无数。真谛译本,这里又说有七阿僧祇劫及三十三阿僧祇劫二说。他说:"余部别执","有诸大乘师",可见系当时印度学派的异说。大概不是无著本论所有,是真谛三藏顺便引述来的。第一"胜解行补特伽罗",他虽没有证真,但对佛法已得殊胜的信解,故称他为胜解行地。就是十住十行十回向的菩萨,他要"经"过"初无数大劫"的"修行",方得"圆满"。第二"清净增上意乐行补特伽罗"与第三"有相行"第四"无相行补特伽罗",都能以无分别智契证诸法实性。从初地到十地,都可以称为清净增上意乐的菩萨。在这亲证法界的清净增上意乐者之中,"前六地"名为有相行补特伽罗,"第七地"名为无相行补特伽罗,从初地至七地,要"经第二无数大劫"的"修行",方得"圆满"。此中只有两类补特伽罗,合前后二种,共有四位,并没有五种的补特伽罗。真谛说,初地到四地是清净增上意乐。《庄严论》说,初地是清净增上意乐,二地到六地是有相行,第七地是无相行。这样把清净增上意乐局在初地或前四地上,虽不契合遍通十地的意义,但是合于五补特伽罗的数目。第五"无功用行补特伽罗",菩萨"从"七地的无相有功用行进一步踏入第八地的无功用行,从此到"第十"法云地,"经第三无数大劫"的"修行",就得究竟"圆满"。这五补特伽罗,第一与第二的分别是有否亲证。在亲证中,又分为有相、无相、无功用三类,摄表如下:

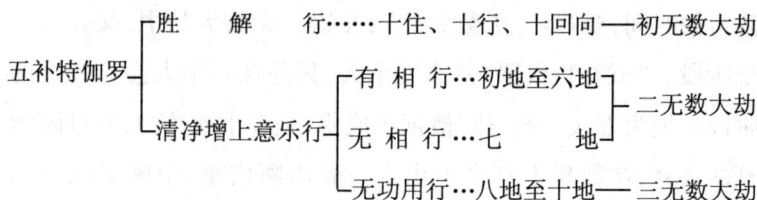

```
                ┌胜    解    行……十住、十行、十回向 ── 初无数大劫
                │                      ┌有 相 行…初地至六地┐
五补特伽罗 ──────┤                      │                 ├ 二无数大劫
                └清净增上意乐行 ────────┤无 相 行…七    地┘
                                       └无功用行…八地至十地 ── 三无数大劫
```

第二项　偈颂

此中有颂:清净,增上力,坚固心,升进,名菩萨初修无数三大劫。

菩萨的修行,在什么时候,才是三无数劫的开始呢?颂中说要具足四个条件:一、"清净"力,具备福智的殊胜善根,才能克服所要对治的障蔽。二、"增上力",具备殊胜微妙的大愿,才能常常值遇大善知识,展转前进。三、"坚固心",要具坚强的意志,才不为魔力所动乱,不致退转堕落。四、"升进",要具备步步上进的精进力,才能于所修的善行念念增胜,达到圆满。具备了这四力,才"名"为"菩萨",开始"初修无数三大劫"的修行大道。

第七章　三增上学

第一节　增上戒学

第一项　出戒说处

如是已说因果修差别,此中增上戒殊胜,云何可见? 如菩萨地正受菩萨律仪中说。

　　依增上戒而修学,名为增上戒学。关于菩萨增上戒学的戒体、戒相等,本论并没有一一地解说,只是指出它的说处罢了。"如菩萨地正受菩萨律仪中说",这菩萨地,是瑜伽《十七地论》中的第十五地;在这地中,有一戒品,广谈菩萨的律仪。真谛又说:这菩萨地是指《十地经》中的第二地。《十地经》中的第二离垢地,确乎也说到菩萨的戒法,但本论所指的应该是《瑜伽论》。《瑜伽》先出,《摄论》后造,在《瑜伽》既详细说过,这里指出它的说处就是,不须重说了。

第二项　辨四殊胜

甲　总标

复次,应知略由四种殊胜故此殊胜:一、由差别殊胜,二、由共不共学处殊胜,三、由广大殊胜,四、由甚深殊胜。

　　菩萨的增上戒,"殊胜"于小乘戒的,这可"由四"义来说明。

乙 差别殊胜

差别殊胜者,谓菩萨戒有三品别:一、律仪戒,二、摄善法戒,三、饶益有情戒。此中律仪戒,应知二戒建立义故;摄善法戒,应知修集一切佛法建立义故;饶益有情戒,应知成熟一切有情建立义故。

"差别"是品类的意思,小乘戒的品类少,大乘戒的品类多,所以大乘戒是"殊胜"的。大乘"菩萨戒有三品别:一、摄律仪戒,二、摄善法戒,三、饶益有情戒"。像在家二众所受的五戒、八关斋戒,出家五众所受的比丘戒、沙弥戒、比丘尼戒、沙弥尼戒、式叉摩那戒都是律仪戒,是七众弟子各别受持的。它的功用,重在消极的防非止恶。菩萨的律仪戒,像梵网戒、瑜伽戒,是七众弟子修学大乘的通戒,兼有积极行善利生的功能。这里的"律仪戒",为摄善法、饶益有情"二戒建立"的所依,后二戒要依律仪戒才能成立。要自己先离恶,才能进一步地修十波罗蜜多的善法,以饶益成熟一切有情。而且不修善法、不利有情,也就违犯菩萨的律仪。这自他二利的功德,都是依律仪戒的防非止恶而成立的。"摄善法戒","建立"在自己"修习一切佛法"的功德上,菩萨所修的波罗蜜多等都属此。"饶益有情戒","建立"在利益"成熟一切有情"上,如四摄四无量心等行门都是。大乘菩萨有三聚净戒,小乘没有后二,所以大乘戒殊胜。

丙 共不共学处殊胜

共不共学处殊胜者,谓诸菩萨一切性罪不现行故,与声闻共;相似遮罪有现行故,与彼不共。于此学处,有声闻犯菩萨不

犯，有菩萨犯声闻不犯。菩萨具有身语心戒，声闻唯有身语
二戒，是故菩萨心亦有犯非诸声闻。以要言之，一切饶益有
情无罪身语意业，菩萨一切皆应现行，皆应修学。如是应知
说名为共不共殊胜。

　　菩萨与声闻的学处——戒，有一部分是"共"通的，有一部
分是彼此"不共"的，从这一点上建立菩萨的"学处殊胜"。这可
分为二类：一、约二罪说：菩萨对于杀盗淫妄"一切性罪"，这不
论如来制与未制，犯了就是有罪的，菩萨一定"不现行"，这"与
声闻"人的不犯性罪，是完全"共"同的。但关于"遮罪"的"不
现行"（奘译"相似遮罪"的"相似"二字，其余的译本都没有。
相似遮罪有现行故一句，应作"遮罪不现行故"，奘译误），菩萨
"与彼不共"。遮罪，要佛制后才犯，未制是不犯的，如过午不
食、坏生、掘地等。这本来无关善恶，但以时节因缘，经佛陀制
止，那犯了就有罪。因为这是适应时地的关系而制为僧团共守
的规则，如果违犯了就不行。关于遮罪，"学处"中"有声闻犯菩
萨不犯"的，如在安居期中，声闻人纵然知道某一件事情，如果
超过开缘以外，出界去做了，对众生有大利益，但为了团体的规
则所限，是不能开的，否则就有犯戒的罪了。假使是菩萨，他就
不妨出界去做，不但不犯罪而且得大功德。其中，也"有菩萨犯
声闻不犯"的，如对众生有大利益的事情，菩萨应该去做而不去
做，就犯了菩萨的遮罪；在声闻人却因谨守遮戒而不犯。所以在
这遮罪的不现行（不犯）上，大小乘有着不同。二、约三业说：
"菩萨具有身语心"的三业"戒"，不但身犯成罪，心犯也会招过；
但"声闻唯有身语二戒"，要身语犯了才有罪，心中的起心动念，

虽是犯戒的方便,但并不成罪。小乘律仪并不是不注重内心的动机,不过单单心思意念,未通过身语二业,是不成罪的。菩萨则虽在心中思念,还没有见之身语二业的实行,已是犯戒了的。因之,"菩萨心亦有犯"戒而"非诸声闻"。扼"要"地说:凡是关于"饶益有情"的事业,只要是"无罪"的,不论是"身语意业",在行菩萨道的"菩萨","皆应"该"行"与"修学"的,否则就是犯罪。为什么要说无罪身语意业呢? 这是说:利益有情,要不是恶或有覆性的才不犯,不然,虽说是利益有情,仍然是犯。以杀戒来说,杀一救多,固然是可以的,可是还得看菩萨的用心怎样。若以慈悲心救多数众生,杀一恶众生,是无罪的;若以嗔恚心杀那恶众生,虽说救多数的有情,还不能说无罪。这上面所说的,就是"共不共殊胜"。

丁　广大殊胜

广大殊胜者,复由四种广大故:一、由种种无量学处广大故,二、由摄受无量福德广大故,三、由摄受一切有情利益安乐意乐广大故,四、由建立无上正等菩提广大故。

"广大殊胜","由四种广大"来显示:一、大乘有"种种无量"的"学处",平常说"三千威仪,八万细行",这是依律仪戒数量上的"广大"而说的。二、修习菩萨的律仪,能够"摄受无量福德"资粮,这是依摄善法戒的功德说。三、菩萨"摄受一切有情",使他们于现生中获得种种"利益",于未来生中得到"安乐",菩萨利他的"意乐广大"殊胜,这是依饶益有情戒意乐上说。四、由上三种的广大为所依,菩萨律仪,能"建立无上正等菩提"，这是从广大果说的。小乘虽有律仪，但在离恶行善利他得果上看，都没有菩萨律仪的广大。

　　戊　甚深殊胜

甚深殊胜者，谓诸菩萨由是品类方便善巧行杀生等十种作业，而无有罪，生无量福，速证无上正等菩提。又诸菩萨现行变化身语两业，应知亦是甚深尸罗。由此因缘，或作国王示行种种恼有情事，安立有情毗奈耶中。又现种种诸本生事，示行逼恼诸余有情，真实摄受诸余有情，先令他心深生净信，后转成熟。是名菩萨所学尸罗甚深殊胜。

　　从它的量上看是广大，从它的质上说，微妙难思议，是"甚深"殊胜。这又可以分为三类：

　　一、方便善巧行十恶业：如有众生要作无间大罪，这时菩萨知道了，如没有好的方便阻止他，而又不忍眼看他堕落，这不妨以恶业来阻止他。《杂宝藏经》就有这样的记载：释尊为菩萨时，以怜愍心，为救五百商人的性命，宁愿自己堕落无间狱，杀了一个恶心船主。凡是菩萨能以"由是品类"——悲心为出发，"方便善巧行杀生等十种作业"，这不但"无有罪"业，并且"生无量福，速证无上正等菩提"。

　　二、现行变化身语两业：前行杀生等的十种恶业，杀的是实在的众生，现在不然，是"菩萨现行"的"变化身语两业"。这化业也是"甚深尸罗"。像菩萨示现"作国王"时，"示行种种"逼"恼有情"的"事"，而"安立有情"在"毗奈耶中"，守法行善，不作犯戒堕落的事。如《华严经》所说：善财童子参礼无厌足王时,见国王作恶多端,以剜割耳鼻等种种残酷刑法加诸人民,励行杀戮,便生厌恶心,不去参礼。忽闻空中说:去,去! 不要疑惑。原来无厌足王的杀戮有情,不是真实的有情,是神通变化的,使真实有情不敢作恶。这就是身语二业变化的一例。

三、现诸种种本生事:佛陀在过去生中为菩萨时,曾"现"行"种种诸本生事",或"逼恼"一部分"有情,真实摄受"另一部分"有情",使所摄受的有情,"心"中"深生净信",然"后"展"转"地教化他"成熟",度他解脱。关于这一类事,所摄受的是实有情,所逼恼的是示现的,因菩萨修行,决不害一部分人去利益另一部分人。

己　结

由此略说四种殊胜,应知菩萨尸罗律仪最为殊胜。

上面"略说"的"四种殊胜",不是二乘所能做到,可以说明"菩萨律仪"的"最胜"。

第三项　指余广说

如是差别菩萨学处,应知复有无量差别,如毗奈耶瞿沙方广契经中说。

"菩萨学处",广说"有无量差别,如毗奈耶"藏的"瞿沙方广契经中"详"说"。此经中国没有传译。瞿沙的意译是妙音,有人说这是人名,从问法的人得名,所以叫《瞿沙方广经》。大乘戒没有像小乘戒那样在达磨藏外另有毗奈耶藏,都是附在经中说的,像《虚空藏经》、《梵网经》、《璎珞本业经》等,都是大乘的律仪经。

第二节　增上心学

第一项　标差别

如是已说增上戒殊胜,增上心殊胜云何可见？略由六种差别应知:一、由所缘差别故,二、由种种差别故,三、由对治差别故,四、由堪能差别故,五、由引发差别故,六、由作业差别故。

菩萨的增上戒学,固然不是小乘所及,就是菩萨的增上定学,也不是小乘所能比拟的。它的殊胜,可以从"六种差别"中去说明。

第二项　辨差别

甲　所缘差别

所缘差别者,谓大乘法为所缘故。

一切"大乘"教"法",不论世俗行相或胜义实性,行相果相等,皆"为"菩萨定心的"所缘"境,与小乘定心的以小乘教法为所缘不同。

乙　种种差别

种种差别者,谓大乘光明、集福定王、贤守、健行等三摩地,种种无量故。

菩萨有"种种无量"的深定,现在举出四种最重要的作代

表：一、"大乘光明"定，从定发无分别慧光，照了一切大乘教理行果，名光明定。三地名发光地，所以有人把此定配前三地。二、"集福定王"，王是自在的意义，菩萨在禅定中，修集无量福德，而获得自在（定王二字，隋译与奘译都连下读为定王贤守）。三、"贤守"，贤是仁慈，守是守护，得此定的，能深入慈悲心，守护利乐有情。四、"健行"，即是首楞伽三摩地，十地菩萨与佛是雄猛无畏大精进的健者，健者所修的定，最为刚健，所以名为健行。这四种三摩地，光明定是重在契入真理的智慧，集福定王重在修集福德；这两者还重于自利。贤守定重在方便利他。由自利利他，达到究竟的健行。这四定可以配十地：

初地至三地	——	大乘光明
四地至七地	——	集福定王
八地至九地	——	贤　守
十　　地	——	健　行

丙　对治差别

对治差别者，谓一切法总相缘智，以楔出楔道理，遣阿赖耶识中一切障粗重故。

　　菩萨在定中，能发"一切法"的"总相缘智"——无分别智。这出世止观智，如"以楔出楔"的"道理"一样，能"遣阿赖耶识中"的二"障粗重"。前菩萨成办五果的第一果，由修止观，"念念中销融一切粗重依止"，与这里所说的对治差别相合。怎么叫以楔出楔？这是譬喻，如竹管里有粗的东西（楔）拥塞着不能拿出，要把这东西取出，先得用细的楔打进竹管去，才能把粗的挤出来。粗的一出来，细的也就出来，竹管就打通了，这叫以细楔出粗楔。诸法真实性中,无有少法可得可著,然因无始来为二障粗重所熏染蒙蔽,不得显现。菩萨修习三摩地,以定的细楔才能遣除二障的粗楔。

丁　堪能差别

堪能差别者,谓住静虑乐,随其所欲即受生故。

菩萨安"住静虑"中,能不受定力的拘限而受果。就是入第三禅"乐",也能"随其所欲",要何处受生,即能到那里去"受生",这自在受生的能力叫堪能。小乘人不能做到这一步,仅能厌离而入涅槃。

戊　引发差别

引发差别者,谓能引发一切世界无碍神通故。

由禅定力,"能引发一切世界无碍神通",随往一切世界能自在无碍。定有引发的力量,名为引发。

己　作业差别

一　引发神通业

作业差别者,谓能振动,炽然,遍满,显示,转变,往来,卷舒,一切色像皆入身中,所往同类,或显或隐,所作自在,伏他神通,施辩念乐,放大光明;引发如是大神通故。

引发差别,约从定发通而说,因通力而起的种种作业,即"作业差别"。"能振动"一切世界。放种种光明"炽然"的烈焰。所放的光明,照十方世界无不"遍满"。本来所不见的他方世界诸佛菩萨,与此界的幽暗处,因光明遍照"显示"可见。因神通力能令四大体性互相"转变",如变地成水,变水成火等。又能随心所念"往来"十方世界,刹那间即到。"卷舒",约空间说,卷须弥入一芥子,舒一芥子纳须弥。约时间说,舒一刹那为无量劫,卷无量劫为一刹那。八地以上的菩萨,"一切"有情无情的"色像,皆"可摄"入身中",在色身上显现。能应机变化,应以何身得度,即现何身而为说法,随"所往"而化身与它"同类"。或"显"示令众生见,或"隐"藏令不见。能变魔为天,变天为魔,一切"所作"都能"自在"。菩萨的殊胜神通,能蔽"伏他"一切凡小的劣"神通"。加被说法者,"施"与"辩"才无碍;加被听法者,能施"念乐",使他欢喜善解,经久不忘。在说法时,为摄化他方一切有情来集会听法,所以"放大光明"。"引发如是"的广"大神通",造作这样广大殊胜的事业,为小乘神通所不及的,故名作业差别。

二　引发难行业

（一）正明十种难行

又能引发摄诸难行十难行故。十难行者:一、自誓难行,誓受无上菩提愿故。二、不退难行,生死众苦不能退故。三、不背难行,一切有情虽行邪行而不弃故。四、现前难行,怨有情所现作一切饶益事故。五、不染难行,生在世间不为世法所染污故。六、胜解难行,于大乘中虽未能了,然于一切广大甚深生信解故。七、通达难行,具能通达补特伽罗法无我故。八、随觉难行,于诸如来所说甚深秘密言词能随觉故。九、不离

不染难行，不舍生死而不染故。十、加行难行，能修诸佛安住解脱一切障碍，穷生死际不作功用，常起一切有情一切义利行故。

　　引发差别中，还能"引发"总"摄诸难行"的"十难行"：一、"自誓难行"：无上菩提不是轻易能证得的，然而能发"誓受无上菩提"的大"愿"，在上求下化的目的未达，誓不中止。二、"不退难行"：久在"生死"海中，和光同尘去化度有情，虽受寒暑饥渴等"众苦"的逼迫，终"不能退"屈他坚强的志愿。三、"不背难行"："一切有情"虽是刚强难调，不受教化而"行邪行"，然菩萨终"不弃"舍他，以无限止的慈忍，用种种方便去引摄感化他。四、"现前难行"：纵然是菩萨大"怨"雠的"有情"，也决不怀恨，只要有机会，菩萨便能"现作一切饶益"他的"事"。五、"不染难行"："生在世间，不为"利衰毁誉称讥苦乐的"世法所染污"，像淤泥中的莲花一样。六、"胜解难行"："于大乘"的甚深微妙教法，"虽"还"未能了"解明白，但能"于广大甚深"处"生"坚固的"信解"，信佛所说的教法，确能利益众生，没有不是真实的。七、"通达难行"：人法二无我，原是不容易通达的，如小乘人就不能通达法无我，但菩萨"能""具"足"通达补特伽罗"与"法无我"。八、"随觉难行"："于诸如来所说"的"甚深秘密言词，能随"他的正义而"觉"了，这在下面详说。九、"不离不染难行"：凡夫不离生死就要染著，小乘不染生死就要舍离，菩萨能"不舍生死"化度有情，同时又"不"为生死所"染"污。十、"加行难行"：菩萨"能修"佛果无尽大行的加行，像"诸佛"如来到断除二障，"安住解脱一切障碍"，究竟成佛以后，因悲愿的熏发，能"穷生死际不作功用",依法身现起应化身,任运"常起"度脱"一切有情"的"一切义利行"。这恒利有情的功能,是佛陀果德的大用,菩萨在因位上就能欣修此行,以求达到度脱一切有情的目的。这十难行,总摄了菩萨从神通引发的一切广大行。

(二)广辨随觉难行

(1)约六度释

复次,随觉难行中,于佛何等秘密言词彼诸菩萨能随觉了?谓如经言:云何菩萨能行惠施? 若诸菩萨无少所施,然于十方无量世界广行惠施。云何菩萨乐行惠施? 若诸菩萨于一切施都无欲乐。云何菩萨于惠施中深生信解? 若诸菩萨不信如来而行布施。云何菩萨于施策励? 若诸菩萨于惠施中不自策励。云何菩萨于施耽乐? 若诸菩萨无有暂时少有所施。云何菩萨其施广大? 若诸菩萨于惠施中离沙洛想。云何菩萨其施清净? 若诸菩萨殟波陀悭。云何菩萨其施究竟? 若诸菩萨不住究竟。云何菩萨其施自在? 若诸菩萨于惠施中不自在转。云何菩萨其施无尽? 若诸菩萨不住无尽。如于布施,于戒为初,于慧为后,随其所应当知亦尔。

十难行中的第八"随觉难行","于佛"的"秘密言词""能随觉了",前虽略说,但还没有明说,这有关于大乘经的深义,所以特别提出解释。像这段六度的经文,就是秘密言词,都要给以不同的解说才能合乎佛意。一、能行惠施,一般地说,需要广作内外身物一切的布施,才叫惠施。然"菩萨"惠施,虽"无少所施",却已成为"于十方无量世界广行惠施"。怎么讲呢? 这菩萨虽不行施,但见他人行施,生欢喜心,这随喜行施的功德,就等于自己行施。并且,菩萨摄一切众生为己体,把他人看为自己一样,通达自他平等,所以众生行施就是自己行施,虽自己不施丝毫,已经是广行布施了。还可以这样解:菩萨以空慧观察一切,知一切皆非我非我所,什么都不是自己的,拿什么去布施人? 因此,虽终日布施,而不见少有所施,不见有少少的布施,才是真实的广行布施。二、一般的见解,要甘心乐意地欢喜布施才是"乐行惠施";然而"菩萨于一切施都无欲乐",离去一切贪欲,一切法不能味著心,无所不舍,才是真正的乐行惠施者。三、"菩萨于惠施中深生信解",不是因他人的宣传解说而信。菩萨"不信"一切,就是"如来"说的行施有什么功德,为什么应该布施,菩萨都不因此而信受。菩萨的信解,是自己从内心深处发出的信念,明确坚定,不由他人的教诲而起信仰去实"行布施"。四、世间人或由自己的警"策",或由他人的鼓"励",便能不断地行施,但"菩萨于惠施"这件事,不但不要他人来策励,并且"不"须"自"己"策励"自己。这是因菩萨生性就会精进行施,很自然地使他不得不去布施,这不是策励,实在就是"菩萨"的"于施策励"。五、对布施发生爱重心,时时刻刻地想行布施,叫"于施耽乐"。"菩萨"的大施,从来不曾间断过,因此就"无有暂时"的"少有所施",这没有片刻的间断,真是爱好布施到极点了。六、"沙洛",表面看来是"坚密"义,但从另一方面——秘密——看,却是"流散"的意思。"于惠施中离沙洛想",就是在定中行施,没有散乱。定中能遍缘一切有情,分身无数等,所以名"广大"施。显了与秘密,只是同一名词的两种不同含义,常用的称为显了义,也是人所共知的。如说团结，它的意义自然在结合上。但甲与乙的结合，等于在说甲与其余丁戊等分离，分离就是团结一名潜在的含义。沙洛是坚密，又是流散，也只是这个意义。中国文字中的乱字又可以作治讲，香字可作臭讲，也是同一意义。这些，是文字学上的普通现象，佛经只拿它来应用而已，不要以为秘密就是神秘。七、殟波陀，在明显方面说是"生起"义，在秘密方面讲是"拔足"。"菩萨殟波陀悭"似乎是生起悭心，其实是拔起悭贪的根本，除了悭贪的根蒂，自然"其施清净"。八、究竟布施，如小乘的安住究竟无余涅槃，自大乘看来，它不能究竟布施利生。"菩萨不住究竟"，尽未来际利乐有情，他的布施才是"究竟"的。九、自在布施，菩萨于施舍转灭悭贪，使他不自在，"于惠施中"悭贪"不"能"自在转"起，菩萨的"施"才能"自在"。十、无尽施，无尽是般涅槃，"菩萨不住无尽"的涅槃，常行施舍，所以"其施无尽"。

　　"于布施"有此十种秘密言词，"于戒"于忍，乃至"于慧"，都"随其所应，当知"也有这十种差别。如说云何菩萨能护尸罗？不护少戒，名为菩萨护净尸罗等。

（2）约十恶释

云何能杀生？若断众生生死流转。云何不与取？若诸有情无有与者自然摄取。云何欲邪行？若于诸欲了知是邪而修正行。云何能妄语？若于妄中能说为妄。云何贝戌尼？若能常居最胜空住。云何波鲁师？若善安住所知彼岸。云何绮间语？若正说法品类差别。云何能贪欲？若有数数欲自

证得无上静虑。云何能嗔恚？若于其心能正憎害一切烦恼。云何能邪见？若一切处遍行邪性皆如实见。

经中还有依十恶业道而说的秘密言词，似乎是说行十恶，其实不然。一、能"断众生"的"生死"，截断他的无始"流转"，使他不再受生，这叫"能杀生"。二、系属于魔而不系属于佛菩萨的"诸有情"，不但"无有与者"，魔王还常常来争夺，但佛菩萨把它"摄取"过来，虽不信从，也得想法摄受它，这叫"不与取"。三、诸菩萨"于诸"淫"欲"行，"了知"它"是邪"行，正知这种种欲邪行去"修正行"利益有情，叫"欲邪行"。四、佛说一切皆是虚妄，菩萨于虚"妄"法"中能"详细地"说"它"为妄"，这叫"能妄语"。五、贝戍尼，习用的意思是离间，如果彼此相离有间，这离间就含有空义了。菩萨"常居最胜"的"空住"，所以叫"贝戍尼"。六、波鲁师，显义是粗恶语，但它的密意，波是善，鲁是所知，所知彼岸，指生死那边的大般涅槃。菩萨"善"能"安住所知彼岸"，所以叫"波鲁师"。七、菩萨能善巧安立"正说"佛"法"的无量"品类差别"，使它斐然成章，叫"绮间语"。八、离欲才能入定，但菩萨念念"欲自证得无上静虑"，可以说是大欲——"能贪欲"。九、菩萨的心，能"憎"恶厌"害一切烦恼"，嫉恶如仇，这叫"能嗔恚"。十、在依他起的"一切处"中，所依的"遍行"——遍计性的"邪性"，能"如实"地知"见"。邪者见它是邪，所以叫"能邪见"。上面引的两类经文，可说是"正言若反"，是不能用常用的训释去解释的。

（3）约甚深佛法释

甚深佛法者，云何名为甚深佛法？此中应释：谓常住法是诸佛法，以其法身是常住故；又断灭法是诸佛法，以一切障永断灭故；又生起法是诸佛法，以变化身现生起故；又有所得法是诸佛法，八万四千诸有情行及彼对治皆可得故；又有贪法是诸佛法，自誓摄受有贪有情为己体故；又有嗔法是诸佛法，又有痴法是诸佛法，又异生法是诸佛法，应知亦尔；又无染法是诸佛法，成满真如一切障垢不能染故；又无污法是诸佛法，生在世间诸世间法不能污故：是故说名甚深佛法。

　　经中还有依佛行果来谈"甚深佛法"的，也"应"该正确地去解"释"：一、"常住法是诸佛法"，这是约诸佛"法身是常住"说的，一切佛法皆依这常住的法身。二、"断灭法是诸佛法"，因为"一切"染污粗重的"障"垢，在佛果上是"永"远"断灭"的。三、"生起法是诸佛法"，"变化身"的随类应"现"，从法身"生起"，化一切有情，所以说生起法是佛法。四、"有所得法是诸佛法"，"诸有情"的"八万四千"烦恼"行"，"及彼对治"的八万四千法门，"皆"是"可得"的，不能说它没有。《辨中边论》的以"许灭解脱故"，成立依他杂染的非全无，可作这有所得的解说。五至八、"贪""嗔""痴""异生法"，都"是佛法"，佛菩萨"自"发"誓"愿，"摄受"一切具足"有贪"等三毒的"有情为己体"，贪嗔痴等自然也不出佛法之外。九、"无染法是诸佛法"，"成"就圆"满"的清净"真如"本来清净，烦恼所知等"障垢，不能染"污。十、"无污法是诸佛法"，诸菩萨有大智慧，虽"生在世间，诸世间法"

都"不能污"染它。

三　引发四种业

又能引发修到彼岸,成熟有情,净佛国土,诸佛法故,应知亦是菩萨等持作业差别。

此外还能引发四种业:一、依三摩地能"引发修到彼岸"。二、依定能引发神通,方便善巧,去"成熟有情"。三、因修定心得自在,随心所乐欲,能大愿大行,清"净佛国土"。四、由此定力,能修习圆满力无所畏等"诸佛法"。这四种"亦是菩萨等持"所发生的"作业差别"。

第三节　增上慧学

第一项　安立相

甲　标

如是已说增上心殊胜,增上慧殊胜云何可见?谓无分别智,若自性,若所依,若因缘,若所缘,若行相,若任持,若助伴,若异熟,若等流,若出离,若至究竟,若加行、无分别、后得胜利,若差别,若无分别、后得譬喻,若无功用作事,若甚深。应知无分别智,名增上慧殊胜。

菩萨的三增上学,已依次说了戒心二学,未说明"增上慧"学的"殊胜"。增上慧就是无分别智,现在以"自性所依"等十六相来成立。这是总标,到下面一一别释(陈隋二译在"行相"后有建立与释难二相,奘译没有。释难就是行相中所提出的问题,不是直接显示无分别智,故摄在行相中,比较更适当)。

乙 释

一 略释自性

此中无分别智,离五种相以为自性:一、离无作意故,二、离过有寻有伺地故,三、离想受灭寂静故,四、离色自性故,五、离于真义异计度故。离此五相,应知是名无分别智。

"无分别智"是圣智,它的自性,非亲证不能自觉的,所以从正面去说明非常困难,最好用烘云托月法,从反面——遮遣的方法去显示。这就是说:要"离五种相",才是无分别智的"自性"。

一、"离无作意":作意即思惟,无分别智要远离思惟的。但也有离作意而不是无分别智的,如酒醉、闷绝、熟睡等,所以必须要离开这样的无作意,才是真正的无分别智。二、"离过有寻有伺地":无分别智是超寻伺境的,然无寻伺——如二禅以上的无寻无伺地,仍不是无分别智,所以还要离去这样的无寻伺,才是真实无分别智。三、"离想受灭寂静":无分别智是无受想心行的,但受想心行俱灭的灭尽定,虽是圣者所得的,还不是无分别智,所以还要离去这样的想受灭的寂静,才是般若无分别智。四、"离色自性":无分别智离去妄心的有分别性,但智的无分别与色性的无分别不同,不然,得此无分别智的圣者,不将要与木石一样块然无知了吗?所以无分别智是要离去色自性的。五、"离于真义异计度":离前四相直取真义的如相,但如果计度拟议这真如,或心上有不分别的空相现前,这既然含有种种计度的成分,自然不是无分别智。无分别智是要离去于真义计度的。总之,它是无分别的,但决不是世间无作意等的五种无分别。离了这五相,才是真实的无分别智。

二　别释诸门

（一）自性

于如所说无分别智成立相中,复说多颂:诸菩萨自性,远离五种相,是无分别智,不异计于真。

"无分别智"能"成立"的十六"相",现在一一地解说。第一是自性相;颂中的"诸菩萨自性",与第三句"是无分别智",文势隔裂,或许是照梵文直译的。若读作"是诸菩萨无分别智自性,远离五种相,不异计于真",比较要明显得多。下文都可以这样读。"远离"的"五种相",已在上说过。前四相虽都要离,但还没有接近真义;第五相的"异计于真",最易使人误认为无分别智,所以又特别点出。

（二）所依

诸菩萨所依,非心而是心,是无分别智,非思义种类。

心心所法生起,都要有其所依;智是无漏心所,自然也有所依。有漏心所是依于心的,"菩萨""无分别智"的"所依"是不是心呢? 心有思量分别,无分别智是不能以思量分别为所依的,所以说它"非心"。虽非平常的分别心,但无分别智终究是一种绝对精神的直觉,那它的所依,还可以说"是心"。"非思义种类",是非心而是心的理由。无分别智的所依,不是思量分别境义的,所以非心。它是思虑有分别心为加行所引起的,是心的种类,那也不妨说是心。

【附论】

大乘说通达一切法无分别的,叫它真心、正觉、智慧等。实际上它与平常的心、智不同,所以龙树说,般若叫智慧,这是很勉强而不相称的,般若是甚深,智慧是浅薄,怎么可以符合呢? 不过世间本没有与它相同的名字,从它的因心观察等所起,勉强的以心、觉、智慧来代表。

(三)因缘

诸菩萨因缘,有言闻熏习,是无分别智,及如理作意。

无分别智的生起,有两种"因缘",就是从听"有"名"言"的教法而成的"闻熏习","及"从闻熏习所起的"如理作意"。因如理作意而闻熏习展转增胜,使赖耶中的杂染分渐减,无分别智才得现前。

(四)所缘

诸菩萨所缘,不可言法性,是无分别智,无我性真如。

心法有它的所缘,"菩萨"的"无分别智"虽然能所一如,但同样可以安立它的"所缘"。"不可言"说的诸"法"真实"性",于依他起诸法上把名义相应遍计所执性离去,遣离假说自性,才是诸法的离言实性。这就是"无"补特伽罗及法"我性"所显的真常一味的"真如"。这无我真如,是无分别智的所缘。

（五）行相

（1）正释

诸菩萨行相，复于所缘中，是无分别智，彼所知无相。

　　所缘是心的对象，"行相"是心行于境发生关系的相貌。有无分别智，也有无分别境，但它的行相却不可说。无分别智于"所缘中"亲证"彼所知"境，是"无"有名言"相"貌的，离言说的真实法性不能说有行相，若世俗智以行相取，就不能亲证真如，不是正觉法性了。

（2）通疑难

相应自性义，所分别非余，字展转相应，是谓相应义。非离彼能诠，智于所诠转，非诠不同故，一切不可言。

　　为什么体证法性没有行相呢？这先要知道我们平常所知所取的行相是什么？我们平常所认识到的是义，名"字"的"展转相应"，彼此间发生联系，成为名义"相应"的义相。在声音方面，一个字与一个字连起来便成名，一个个的名连起来便成句，名句是因缘和合假有的。一切法不离名言相，能表诠的是名字，心上显了的表象概念等，也仍然是名字。这名字相应为"自性"的"义"，是遍计所执性。吾人一般心识行于境相的"所分别"，并"非"离此而别有其"余"什么东西。事实上，除了这相应的义，吾人是不能理解什么。

　　平常所行的义相是"名前觉无"的，不是法的真相。怎知它"名前觉无"呢？在认识时，"非"是"离彼能诠"的名言，有"智于所诠"的义相上"转",所取的义相不能离去能诠而有它的体性,所以不是法的真相。要起能诠才知道所诠,故所诠不能离开能诠。然而吾人总觉得有所诠的东西存在,再有能诠去诠表它,这也不对,一名能诠种种义,一义能立种种名,名言并"非"能"诠"表一定的所诠。"多名不决定",能所诠"不同",所以"一切"法的真实性"不可言"说。

前说五相,以无分别智自性为主体,谈到它的所依、(增上缘)所缘、因缘和智证所缘的行相。

(六)任持

诸菩萨任持,是无分别智,后所得诸行,为进趣增长。

"任持"就是摄持,"无分别智"有力量能使五度等万行成就,达到目的,所以经上说:"五度如盲,般若如导。"般若能为其余波罗蜜多的领导,使"后所得"的种种"诸"菩萨"行",因智的导引而得"进趣"一切智海,渐渐地"增长"到成熟圆满。

(七)助伴

诸菩萨助伴,说为二种道,是无分别智,五到彼岸性。

无分别智的证得无上正觉,要有其余的助伴扶助,才能成满。"菩萨"的"助伴"是什么呢? 就是其余的"五到彼岸"。此五波罗蜜多"说为二种道",布施到精进是资粮道;禅定为般若所依止,是依止道。由此二道,助成无分别智到究竟圆满。六波罗蜜多虽是各有殊胜,不过般若可说起着领导的作用。任持与助伴二相,互为俱有、相应因与士用果。单依无分别智说,五度为助伴,般若是士用果。

（八）异熟

诸菩萨异熟,于佛二会中,是无分别智,由加行证得。

"因是善恶果唯无记"的异熟果,是唯属有漏业感的。无分别智是出世法,怎么能说感异熟呢? 地上菩萨的殊胜身,由地前所积集的十王大业所成,不过借大悲般若等助发。《胜鬘经》说"无明住地为缘,无漏业为因,感得三种变易生死"的异熟果,这虽名为无分别智的异熟果,其实是增上果。这"菩萨""无分别智"的"异熟",是"于佛"的受用及变化身的"二会中"受生。这二会中受生的异熟差别,"由加行证得"的二无分别智来显示。修行加行无分别智,能在变化身的大会中感受异熟;若已证得无分别智,那就在受用身的大会中感受异熟。

（九）等流

诸菩萨等流,于后后生中,是无分别智,自体转增胜。

由同类因所生起的,叫"等流"果。无分别智的等流果,就是说前前生中的"无分别智",在"后后生中",智"体"更为"增胜"。如初地的无分别智引生二地的无分别智,二地智是初地智的等流果,胜于初地智。

（十）出离

诸菩萨出离,得成办相应,是无分别智,应知于十地。

出离就是出离烦恼所知二障,得到涅槃,是离系果。"菩萨""无分别智""于十地"中,初地见道最初离系,得此智的时候,叫做"得""相应"。以后诸地的离障妙智,叫做"成办"相应。初得叫得,以后叫成。

(十一)至究竟

诸菩萨究竟,得清净三身,是无分别智,得最上自在。

"菩萨"的"无分别智",到达最极"究竟"时,便"得清净三身",三身就是圆满清净的"无分别智",获"得最上"的十"自在"。这清净的三身,如果约分得说,初地以上就有,如初地的无分别智现前,契证清净法界,是法身;他的意成身,是受用身;分身百世界作佛化众生,是应化身。初地以上都证得此一分,到最后佛地,才圆满清净。这是无分别智的增上果。从助伴到此的五相,就是五种果。

(十二)加行无分别后得胜利

如虚空无染,是无分别智,种种极重恶,由唯信胜解。

加行、无分别、后得三智,主要的是根本无分别智。加行智作相似的无分别观,能引发根本智,从所引发的得名,也就无分别。后得智是根本智所生的,带相观如,也就随根本的无分别智名为无分别。若从它的差别上说,加行是加行智,后得是后得智,无分别确指根本智。所以前面说的所缘、行相等,都是在根本智上讲。现在约胜利功德说三智的无染。

"虚空"是明净的,不受任何染污法所染,虽有时为云雾所蔽,然它的本质仍是清净"无染"的。加行"无分别智"能转三恶趣的"种种极重恶"业为轻,能不为这染污的恶业所染,所以譬喻虚空。此智还没有证无分别，"唯"是对无分别的真理起"信胜解"，信唯识无义的无分别理，由这信解力，对治极重恶业，不为所染。

如虚空无染，是无分别智，解脱一切障，得成办相应。

烦恼所知的二种惑障，叫一切障。根本"无分别智"能"解脱"此"一切障"，不为惑障所染而体悟法界，所以譬喻"如虚空无染"。此解脱在初地名为"得相应"，初地以上名"成办相应"。

如虚空无染，是无分别智，常行于世间，非世法所染。

世间的依正二报是生障，得后得"无分别智"的菩萨，为要救度众生，"常"示生世间；他虽"于世间"受生，却"非"为"世"间依报正报等"法所染"，如虚空一般，水不能漂，火不能烧。真谛以三障配三智所解脱而无染的对象，倒也说得很好，不过不必太拘泥了。

（十三）差别

如哑求受义，如哑正受义，如非哑受义，三智譬如是。

说明三智的差别，举出四个譬喻来显示。"如哑"子追"求"所"受"用的境"义"，在没有求得时，不知道它是甚么，也说不出它的情形，这与加行无分别智的观察无分别法界相同。"如哑"子"正"在"受"用境"义"，心中明白，却说不出，俗语说"哑巴吃黄连，有苦说不出"；这像根本智的契证诸法真如实性，虽亲切印证，但离于言说戏论。"如非哑"子在"受"用境"义"，对所受的好恶能明白认识，又能以言说告人；这与后得无分别智的带相

缘如,通达唯识如幻,能说法度众生一样。所以总结说"三智譬
如是"。

如愚求受义,如愚正受义,如非愚受义,三智譬如是。

在非痖的人,也可以譬喻三智。不能识别说明境界叫愚,
"如愚"人的"求受"境界、"正受"境界,及"非愚"的智人"受"用
境界,如其次第也可以作为"三智"的"譬"喻。这都如前痖非痖
的譬喻配释可知。

如五求受义,如五正受义,如末那受义,三智譬如是。

在非愚人的六识中,也可譬喻三智。五是前五识,"如五"
识"求受"境界,它是无分别的,也不能言说;加行智求无分别真
如也是这样。在"五"识"正受"境界时,它明见现境,是有漏现
量,离名种分别,这与无漏现量的根本智契证真如相类。"如末
那受义"的末那,指意识,不是染意,它有推度的作用,能安立名
相,引发语言,所以它可以作后得智的比喻。

如未解于论,求论,受法,义,次第譬三智,应知加行等。

单从明了的意识也可譬喻三智。"如"有"未解于论"的文
义,而"求论"的理解,在没有获得理解的意识,加行智未证于真
而求证得的时候也是这样。若人听讲、讽诵,但能"受法"而不
明它的意义,自然不能有什么分别或讲说,根本无分别智也是这
样。如人因受论而进到了知领受其"义"的阶段,能有所分别,
也能转教别人,后得智也是这样。上面举的四种譬喻,皆如它的
"次第譬"喻"三智",就是"加行"、根本、后得"等"三智。

（十四）无分别后得譬喻

如人正闭目，是无分别智；即彼复开目，后得智亦尔。应知如虚空，是无分别智；于中现色像，后得智亦尔。

现在撇开加行智不谈，单就根本后得二智举喻来说明。先以取不取种种境界来说明二智的差别："如人正"当"闭目"的时候，一切色相都不看见；根本"无分别智"的"复于所缘中，彼所知无相"，"于一切法都无所见"，就如闭目。若人"即"时"开目"，明暗色空无不了了分明；那"后得"无分别"智"的通达唯识如幻，于一切境界能取能缘，犹如开目。

再约色空来譬喻，"如虚空"明净，遍一切处，无能所的差别；根本"无分别智"也是这样，遍一切一味空性，诸法所不能染。虚空虽是明净遍一切处，但无一色相不依虚空显现，"于"虚空"中现"起一切"色像"，这如从根本智后所起的"后得智"一样。这譬喻最好，后得智所了达的一切，是不离空性，并且是因证而后起的。虚空的孕含万象，是后得智的境界，不是未入空以前的拟度。

（十五）无功用作事

如末尼、天乐，无思成自事，种种佛事成，常离思亦尔。

吾人做事，必先考虑计划；无分别智既无作意，怎样能做利益众生的伟大事业呢？这有"如末尼"宝珠和"天"上的音"乐"，末尼宝珠虽随众生心的希求，落下种种宝物，但它是无分别的。天乐不待击奏，自然发出微妙可耳的音声来，但它也是无分别的。这二物虽皆"无思"虑,而能"成"办"自"所应作的利益有情"事"。有漏业感的力量尚且如此,何况诸佛菩萨的无分别智?虽是恒"常"远"离思"量分别,但能无功用行适应有情的机感要求,"种种"利乐众生的"佛事",无不"成"办。所作的佛事约有二种:一是现身,一是说法;前者以末尼譬喻,后者以天乐譬喻。

(十六)甚深

非于此、非余,非智、而是智,与境无有异,智成无分别。

"非智而是智",余译本作"非智非非智",世亲释论中具有二释。

无分别智从它的所缘来说:并"非"就是"于此"依他起性的名言相上转,因为它是无分别的;但也"非"离开依他性以其"余"的境界为所缘。法性是诸法的普遍实性,就是以这依他分别法的真如法性为所缘。非于此表示与依他的非一,非余表示非异。这就是说无分别智所证境界,不离依他起,是于依他起上知它的寂灭相。从它的能证智说:无分别智"非"是平常的寻伺相应"智",世间共许的智的定义并不适合它。但也不是非智,"而是智"的种类,从能通达诸法实性上说,最适当的名词仍然是智,除了智以外,实在没有更能表达它的名字。从它的智境关系上说,它"与境无有异"。所缘的法性境界是无分别的,能缘的"智"也"成无分别",智境无异,所以皆成无分别。不然,或者有能所的别异,或者取有分别的境相,无分别智也就不成其为无分别了。这样的非依他境,非非依他境,非智,非非智,说它有境智又没有能所差别,这是甚深的自觉圣境,教相的安立,也只姑为拟议罢了。

应知一切法,本性无分别,所分别无故,无分别智无。

"一切法"从"本"以来,法"性"法尔是"无分别"的。它本来如此,并非因能证的智去通达它才成为无分别。法性无分别,就是说众生一般有分别识所取的"所分别"义,本来就是"无"。但这却引起一个问题:一切法既然本来就是无分别,一切众生为何不本来就成佛呢? 这因众生无始时来名言熏习,颠倒计著,妄现有分别相,"无"有"无分别智"去通达诸法的无分别法性,所以受虚妄的分别所支配,不能成佛。也就因此,虽然法性无分别,是迷悟不二,而众生还是众生,要成佛还得努力! 无分别智无,魏译作"彼智无分别",意义不同。

第二项　辨差别

此中加行无分别智有三种,谓因缘、引发、数习生差别故。根本无分别智亦有三种,谓喜足、无颠倒、无戏论无分别差别故。后得无分别智有五种,谓通达、随念、安立、和合、如意思择差别故。

无分别智有三种,每一智中又有多种差别。于"中加行无分别智有三种":一、"因缘",无性释为本有种性,这与本论的体系不合。应该这样说:过去生中熏成闻熏习,因闻熏习的强盛势力,在这一生中,能不需要甚么现缘,自然显现(一般顿机的相似悟,就是这一类)。二、"引发",虽过去也曾熏习过,但要由某种加行才能生起加行智。三、"数习",这是过去熏习薄弱得很,或者竟是没有,因现在生中的数数修习,需要极大的加行,如听闻思惟修习,才能生起加行无分别智。这三种,是从它"生"起的"差别"而建立的。"根本无分别智亦有三种"差别:一、"喜足",凡夫外道由思惟修习,生无想天或非想非非想天,没有作意,心生喜足,以为自己的境界已达顶点。二、"无颠倒",小乘圣者,修苦空无常无我的四正观,摧破常乐我净的四颠倒,不再分别常等,名无颠倒的无分别智。三、"无戏论",菩萨的无分别智,离去一切名言戏论分别,证无分别的法性。这三种无分别,是从"无分别"的"差别"而建立的。后后胜于前前;外道、小乘、菩萨的无分别智,在它的自体上,都截然不同。

"后得无分别智有五种":一、"通达",后得无分别智,带相缘如,通达真如的体相。二、"随念",从根本无分别智,或带相缘如的后得智后,随即追念无分别智所契证的。三、"安立",将自己所证见的境界,用名相来为人宣说。四、"和合",将一切法作总合的观察。五、"如意",随自己的欲求,能变地为水,变水为火,如意而转。这五种是从后得智所"思择"的"差别"而建立的。

第三项　引经证

甲　阿毗达磨大乘无义教

复有多颂成立如是无分别智:鬼、傍生、人、天,各随其所应,等事心异故,许义非真实。

这六颂,论中虽未明言是引经,但它的内容与前引《阿毗达磨大乘经》的四智相同。藏译的《摄论》,在成就四相悟入诸义无义下,引此六颂,梁隋二译也说此中有颂,如增上慧说。从这各方面看来,可断定这里是引的《阿毗达磨大乘经》颂。前文引经的长行,在证明诸义无实,这里在成立无分别智。要知道无分别智,必须因一切法本来无分别,就是遍计执性的义相无实,因境无分别,通达无分别的无分别智才是真智。颂文的意义已在前面说过,这里把文读通就可以了:一、相违识相智:饿"鬼、傍生、人、天"的四类有情,于相"等"的一件"事"物上,"各随其所应"见的"心"有别"异"的认识;因认识上的彼此相违,应该认"许"所遍计"义"是"非真实"的。

于过去事等,梦像,二影中,虽所缘非实,而境相成就。

二、无所缘得智:如"于过去"未来"事"中,"梦"所见的"像"中,境中所显的与定心所现的"二"种"影"像"中",这种种"所缘"的境界,虽"非实"有,"而"在自心的认识上,"成"为所取的"境相"。境相非实有,而可以成为识的对象,所以那山河大地等,虽是我们现实感觉到的东西,也不一定就是真实。

若义义性成,无无分别智;此若无,佛果证得不应理。

三、自应无倒智:"若"诸境"义"实"义"的自"性成"立,那就应"无"有"无分别智",或者无分别智不是通达无义的真相,而反是颠倒。"此"无分别智"若无",无上"佛果"的"证得"便"不应理",因佛果是从无分别智的证真断惑而圆满的。既有佛可成,就有无分别智可得;有无分别智,可见实有义是不能成立了。前安立无义中,说所缘的义如果是真实的,那众生可以不由功用就获得解脱,这是从缘义的妄识是不真实方面说,在成立义相是无。这里说无分别智无,佛果不能证得,是从无分别智是真实的方面说,在成立无分别智是有。各依一方面说,意义并不相违。

得自在菩萨,由胜解力故,如欲地等成,得定者亦尔。成就简择者,有智得定者,思惟一切法,如义皆显现。无分别智行,诸义皆不现,当知无有义,由此亦无识。

四、随转妙智:这又有三种:(一)"得"心"自在"的"菩萨","由"殊"胜"的观"解力",能"如"它自己的心念所"欲",想叫"地等"变为水火等,都得"成"就。就是声闻中"得定"的行"者",也能做到这步工夫。(二)修毗钵舍那而"成就简择者"的菩萨——"有智",他是已"得定者"——止观圆修的菩萨,"思惟一切法",能"如义皆显现"。如念佛,即有佛义显现;思念唯识性空等,即有唯识性空的义相显现。(三)菩萨"无分别智"现"行",那时,唯与一味离戏论的无相法界相应而住,"诸义皆不现",故"知无有义"。所取的义既然没有,"由此"也"无"能取的"识"。

所知相中,以无义来成立唯识,这里又引无义来成立无分别智。说唯识目的在说明无分别智,就是阿毗达磨,阿毗达磨就是离分别而现证法界的无分别智。唯识学不唯在理论上作严密的建立,起初本注重定慧的实践。

乙　引般若波罗蜜多非处教

般若波罗蜜多与无分别智，无有差别，如说：菩萨安住般若波罗蜜多非处相应，能于所余波罗蜜多修习圆满。云何名为非处相应修习圆满？谓由远离五种处故：一、远离外道我执处故，二、远离未见真如菩萨分别处故，三、远离生死涅槃二边处故，四、远离唯断烦恼障生喜足处故，五、远离不顾有情利益安乐住无余依涅槃界处故。

前以法性无分别成立无分别智，此以智离戏论处而说明"般若"，般若"与无分别智，无有差别"，是一法的异名。《般若经》中如来无问自说道："若欲证得一切相智，应学般若波罗蜜多。"舍利弗请问，佛说："菩萨安住（住即深入）般若波罗蜜多非处相应，能于所余波罗蜜多修习圆满。"

【附论】

《般若经》中的安住般若，依龙树菩萨说，是实相般若。实相是如如境，般若是如如智，智如冥一，即智是如，即如是智，正指这融然一味的圣境，叫安住实相般若。安住这样的般若波罗蜜多中，修习其余的波罗蜜多，不唯布施持戒等五，连般若波罗蜜多（指智慧）都能修学圆满。非处相应，就是无住或不住，奘译《大般若经》作"应无所住为方便而修般若"。非住即是离戏论住，实即非住而住，无住就是无所得，表示不著。现在说非五种处而于般若相应，安住般若中，也就是无所住而住的意思。

本论以"远离五种处"解说非处相应，成立般若："一、远离外道我执处"：外道修慧，总有我我所执，如说：我能住彼境，彼境为我所住。菩萨的安住般若,远离我及我所;离这非处,才与般若相应。"二、远离未见真如菩萨分别处":没有见到真实的胜解行菩萨,对真如境有分别想,这就不是真般若;登地菩萨的无分别智,必须远离这样的分别。前外道就我执说,这未见真如菩萨就法执说。"三、远离生死涅槃二边处":这下面三处,都是小乘学者的著处。小乘学者,把生死涅槃打成两截,厌逆生死,欣乐涅槃。所以在加行观心中,观四谛理,苦集非灭,另住离生死的涅槃中。菩萨的般若,离二边非处,住中道中,通达生死涅槃无差别,所以不住生死不住涅槃。"四、远离唯断烦恼障生喜足处":小乘目的在断烦恼障,所以一旦达到,便生喜足,不再进断所知障。菩萨的般若是离所知障而显的,所以烦恼障断时,不生喜足。"五、远离不顾有情利益安乐住无余依涅槃界处":小乘为自利,安住无余依涅槃,不顾有情的利益,他的智慧是离悲心的。菩萨般若与大悲相应,利他心切,纵然安住无余依涅槃界,也为了一切有情的利益安乐,仍来生死海中化导众生。总之,菩萨远离五种非处,简除外道的离生智,小乘的偏真智,胜解行地菩萨的加行智,才是菩萨不共的摩诃般若——无分别智。所以《般若经》说:"般若是菩萨事。"

第四项　显殊胜

声闻等智与菩萨智有何差别?由五种相应知差别:一、由无分别差别,谓于蕴等法无分别故。二、由非少分差别,谓于通达真如,入一切种所知境界,普为度脱一切有情,非少分故。三、由无住差别,谓无住涅槃为所住故。四、由毕竟差别,谓

无余依涅槃界中无断尽故。五、由无上差别，谓于此上无有余乘胜过此故。

这里以五种相简别声闻智与菩萨智的不同，也就是显示大乘慧学的所以殊胜。大乘的无分别智——实相般若，有何殊胜？"一、由无分别差别"：菩萨智是于"蕴"处界"等"一切"法"离戏论名言的"无分别"；小乘只是离四颠倒分别的无分别，于蕴等法还是有取有得。"二、由非少分差别"：这又有三义：（一）菩萨是"通达"我法二空性的"真如"全分，小乘唯通达我空真如的少分。（二）菩萨遍学一切，遍"入一切种所知境"，极其广大；小乘缘境有限，不在一切境界上转，所以像阿赖耶识等深细境界，非小智所知。（三）菩萨发愿"普为度脱一切有情"，是多分的；小乘有时虽也现通说法度众生，但毕竟是很少的。这三者，菩萨都是"非少分"的，与小乘的少分不同。"三、由无住差别"：小乘所住的是无余涅槃，偏空真理；大乘不住生死，不住涅槃，以"无住涅槃为所住"。"四、由毕竟差别"："无余依涅槃界中"，菩萨的法身尽未来际，"无断"无"尽"度众生，所以《金刚经》说："若卵生若胎生……非无想，我皆令入无余涅槃而灭度之。"小乘人住无余依涅槃界中，如薪尽火灭，究竟的归结与大乘智不同。"五、由无上差别"：声闻乘上有缘觉，缘觉乘上有菩萨，故此二乘是有上乘，二乘的智皆是有上智；菩萨乘即是佛乘，"无有余乘胜过此"上。这五种差别，就是大小智慧的差别。

此中有颂：诸大悲为体，由五相胜智，世出世满中，说此最高远。

这以偈颂称赞无分别智的殊胜。菩萨由"五相胜智"，以"大悲为体"，所以在"世"间得到人天的圆"满"果"中"，在"出世"所得到三乘圣果的圆满中，可以"说此"菩萨的妙果，"最高"最"远"。圆满究竟的佛果，非凡小可及。

第四节　释疑难

若诸菩萨成就如是增上尸罗，增上质多，增上般若功德圆满，于诸财位得大自在，何故现见有诸有情匮乏财位？见彼有情于诸财位有重业障故；见彼有情若施财位障生善法故；见彼有情若乏财位厌离现前故；见彼有情若施财位即为积集不善法因故；见彼有情若施财位即便作余无量有情损恼因故：是故现见有诸有情匮乏财位。

上面说到菩萨成就三增上学，一切"功德圆满"具足，他"于诸财位得大自在"，不是不能；又有拔济有情的大悲心，不是不肯；那为什么"现见有诸有情"，还是困苦流离"匮乏财位"呢？这种疑问，是一般人容易生起的。本论用五个理由来解释：一、菩萨有自在力，也有大悲心，可使众生于资财爵位得不匮乏。但"见彼有情"，自"于"一切"财位有重业障"，虽想救济，仍是爱莫能助。如大目连尊者，见他的母亲堕落在饿鬼道中，持钵盛饭去供母，不料因他母亲的业障太深重，见饭便化为脓血，不能得食。又如江河的净水，饿鬼见了便成为猛焰，这都是由于它恶业障蔽所致。众生的匮乏财位也是自己障碍自己，不能与不愿接受菩萨的救济，不应怀疑菩萨的自在力与大悲心。二、有时菩萨"见彼有情"虽没有重障，可以接受救济，但"若施"与"财位"，反而因之障碍他世间"善法"的"生"起，所以宁可使他暂时匮乏，生起善法，好让他在未来获得利乐。不然，暂时的救济反而使他本来多而胜的利益消失。三、有时菩萨"见彼有情"，"若"匮"乏财位"，能因此而有"厌"弃生死追求出"离"的心"现前"；若给予救济，一得安乐富贵，反而骄奢淫逸贪恋三界。菩萨有鉴于此，所以不愿施舍他。四、有时菩萨"见彼有情，若施财位"，势必成"为积集不善法因"，他要因财位的获得而造恶，所以不施给他。五、有时"见彼有情"在没有财位时，还能自悲悲人，不恼害有情；"若施财位"，就将"作"为"余无量有情"的"损恼因"。这世间，多少人依仗权势欺压平民，多少富翁在剥削贫民，贪口腹残杀一切禽兽，这些都是受财位之累。所以菩萨宁可使这有情受苦，不愿多数有情遭殃。因有这种种因缘，所以"现见诸有情匮乏财位"。总之，菩萨是知众生的根性，明见未来，所以或苦或乐，都是在救济利乐；大悲大智的菩萨，决不是婆婆妈妈式的溺爱可比！

此中有颂：见业、障、现前、积集、损恼故，现有诸有情，不感菩萨施。

这是重颂长行的意义：菩萨的功德虽然圆满，财位虽得自在，悲心虽然充足，但是"见"诸有情：一、有重"业"力，二、财位能"障"他生起善法，三、受了苦能使他厌离"现前"，四、财位能使他"积集"不善因，五、能成为"损恼"余众生的因缘。由有这五种关系，"现有诸有情"，终于"不"能"感"得"菩萨"的布"施"。

第八章　彼果断

第一节　长行

第一项　出体相

如是已说增上慧殊胜，彼果断殊胜云何可见？断谓菩萨无住涅槃，以舍杂染不舍生死二所依止转依为相。此中生死，谓依他起性杂染分；涅槃谓依他起性清净分：二所依止谓通二分依他起性。转依，谓即依他起性对治起时，转舍杂染分，转得清净分。

　　唯识的解行都已说过了，现在来说唯识的果证。果是"彼"三学的"果"，有智果、断果二种，这里先说"断"果"殊胜"。什么是断果呢？"断"果，就是"菩萨"所证得的"无住涅槃"。这无住涅槃的体相，"以舍杂染"（其他的译本作舍烦恼）的烦恼而"不舍生死"事，在那遍计圆成"二"种"所依止"的依他起中，舍染转净的"转依为"它的体"相"。二所依的二字，指生死与涅槃。"生死"是"依他起性"随染流转的"杂染分"——遍计执性。对这杂染分，菩萨舍烦恼不舍生死，不舍弃生死度众生，故和小乘所证得的无余涅槃不同。他虽不舍生死，但已消融了烦恼，故与凡夫的生死轮回不同。"涅槃"是"依他起性"上的"清净分"——圆成实性。"二所依止"的所依，即"通"于杂染清净"二分"的"依他起性"；这是"杂染清净性不成故"的依他起。

"转依","即依他起性"上的"对治"道生"起"时,"转舍"遍计的
"杂染分","转得"圆成的"清净分"。这样,果断的无住涅槃,
以舍依他的染分,而得依他的净分圆成实为体。

【附论】

　　这里,在杂染生死与清净涅槃的联系,结成共同而不定性的
依他起,把它作为生死涅槃间转染返净的联系者。若一定把二
者看成二个东西,大乘法的特色,即世间而出世的涅槃,就不能
建立。依他起究竟是什么呢?在建立杂染所依时,本论常说它
是杂染种子的所生法。从杂染种生起的,自然成为似义显现的
遍计执性,这样转染返净,势非离开世间而说出世不可,所以要
谈通二性。一般把依他二分看成不相离的两个东西,说事相是
依他,理性是圆成实。其实不如把通二分的依他起性,看成可染
可净的精神体。无始来受杂染的熏习,现起杂染识,若转而为净
法熏习,把那杂染熏习去掉,即转成清净智。不论是识、是智,都
是依着这精神体的依他起性为所依的。在唯识的见地,这依他
起就是识。不过识之一字,平常都用在杂染边。

　　识的对方是义,义相显现的时候,就不知它是识,所以修唯
识观到义相不现的境地,就是识的真相现前。吾人心上的似义
相,平时不知道是识,认为是实有的,一经观慧的观照,知道义相
不是实有,只是识所现起的假相。虽说没有义,还有似唯识相
在,这仍然是义相,所以进一步地印定这识也不可得,就真正地
达到无义的境地。最初,一层进一层地观察,到证悟时一切义相
不显现,通达了唯识的寂灭相。

　　根本智偏于证真,观无义而不能了达唯有识;从此所起的后

得智,观唯识相现,即不能通达无义,它所见的义相还是显现,不过能知道是识。根本智通达义相皆无,却不见唯识;后得智知非实有,义相仍然存在,所以根本、后得二智不能并观。若因止观的闻熏力,将赖耶中的杂染分渐去,义相也就渐舍渐微,这样,五地以上,唯识无义,无义唯识,二智才有并观的可能。不过只在观中,一出观义相又现(但能知它无实),那又不行了。八地菩萨,无分别智任运现前,直到成佛,才能圆见唯识无义,无义唯识。唯识无义的真相彻底开显,这就是圆证无住涅槃。

　　根本智通达法性,后得智观察法相,二智差别,性相也就不一。但唯识无义本是一体的两面,二智是一体义别,性相也融然一味,这名为最清净法界。初地的清净法界,其实只见到法界的无义边,不应偏执这无义边的法界,倡导佛智生灭的差别论。《摄论》、《庄严论》的思想,在安立杂染缘起分的流转门,依他用染种所生义,性相用差别义,同平常所说一样;在安立转染还净的还灭门,依他用通二分义,性相用圆融义,与真心论大致吻合。染净都在依他起上说,染净诸法也都以依他中心的赖耶本识为中心。在杂染是唯识;在清净,那一切法唯识,也就是唯智。通二分的依他中心,向下看叫它是识,向上看就叫它是法性(初地显现),是真性法界智(佛地圆满)。在染净性不成上说,吾人的本识随染如此,随净如彼,它是依他无固定性的。但从另一方面说却不这样,虽随染分,清净的圆成实性不变,否则,圆成就成为无常了。这样,这通二性的依他起,就等于取性与解性和合的赖耶了。这染识中心光明性的全体开显,从它的寂灭离戏论边,称之为无住涅槃。

第二项　辨差别

甲　正辨差别

又此转依,略有六种:一、损力益能转,谓由胜解力闻熏习住故,及由有羞耻令诸烦恼少分现行、不现行故。二、通达转,谓诸菩萨已入大地,于真实非真实、显现不显现现前住故,乃至六地。三、修习转,谓犹有障,一切相不显现,真实显现故,乃至十地。四、果圆满转,谓永无障,一切相不显现,最清净真实显现,于一切相得自在故。五、下劣转,谓声闻等唯能通达补特伽罗空无我性,一向背生死一向舍生死故。六、广大转,谓诸菩萨兼通达法空无我性,即于生死见为寂静,虽断杂染而不舍故。

究竟的"转依",虽是无住涅槃,但从转舍转得的少分全分等建立"六种"。六种转依,显示离染还净的层次,显示大小二乘的差别。

"一、损力益能转":"由胜解力"熏成"闻熏习",寄"住"在赖耶中,能对治杂染,使染习渐渐减少,清净闻熏习渐渐增多。虽是熏习的消长,也减舍了染力,增益了净能。同时,因胜解闻熏力,菩萨虽少作微恶,也生大惭愧。由闻熏"及由有羞耻"力,能"令诸烦恼"减轻,或"少分现行",或某一部分"不现行"。这样的转依,胜解行地的菩萨也能做到(诸译本没有不现行三字)。

"二、通达转":诸菩萨从"已入大地""至六地",在根本智通达诸法的法性,于"真实""显现""现前住"的时候,非真实的义相就"不显现";在"非真实"义相显现现前住的时候,真实的空性就不显现。到第七地才进到纯粹的无相观,所以真妄出入的境界,到六地为止。真实的法性现前,所以叫通达转。从初地至六地总名通达位。《成唯识论》说初地是通达,二地以上叫修习。在大乘经论中,有此二种不同的存在(依天台家说,一是别教,一是借别明通)。

"三、修习转":从七地"乃至十地"的菩萨,"一切"遍计执性的义"相不"再"显现",无相的"真实显现",但这是从它的大体而说。这时,"犹有"所知"障"未净尽,七地还有功用,八地菩萨虽做到无功用行的地步,但利他仍是有功用的,所以还须不断地修习到障尽智圆的佛地。

"四、果圆满转":成佛时,"永无"烦恼所知二"障","一切"义"相不显现",而"最清净真实"的法界彻底"显现"。这最清净的真实,圆融无碍,能"于一切相得自在",无所不能。果圆满即是三德具足:永无有障,诸相不现,是断德;最清净法界真实性显现,是智德;于法自在广利众生,是恩德。

上面四种转依,是大乘转依的层层深入,再约大小差别说。

"五、下劣转":这是"声闻"缘觉"等"的转依。他们"唯能通达补特伽罗空无我性",不能通达法无我性,了知唯识,圆见清净的法界性。不悟唯识,也就不知生死涅槃无差别,因此专求自利的小乘,就"一向背生死,一向舍生死",这是下劣乘的转依。

"六、广大转":这是"诸"大乘"菩萨"的转依,不唯通达补

特伽罗无我性，且"兼通达法空无我性"：能"于生死"一切法
"见"到它本来"寂静"，依依他起而显现的义相本不可得，所以
舍无可舍，完成"虽断杂染而不舍"生死的无住涅槃。

乙　简别失德

**若诸菩萨住下劣转有何过失？不顾一切有情利益安乐事故，
违越一切菩萨法故，与下劣乘同解脱故，是为过失。若诸菩
萨住广大转有何功德？生死法中以自转依为所依止得自在
故；于一切趣示现一切有情之身，于最胜生及三乘中，种种调
伏方便善巧安立所化诸有情故，是为功德。**

　　下劣转与广大转，虽都是解脱生死的转依，但"若诸菩萨"
打算"住下劣转"，那就"有"三大"过失"：一、只顾自利，"不顾
一切有情利益安乐"事。二、这就"违越一切菩萨法"，菩萨从大
悲生，菩萨应当利生而不应当独善的。如果离去悲心，企图自
利，结果三、不能获得大乘的究竟解脱，"与下劣乘"的声闻缘觉
"同解脱"烦恼障，入无余涅槃，不成其为菩萨了。反之，"若诸
菩萨住广大转"，那就"有"二"功德"：一、菩萨在"生死法中"，
以无分别智除杂染分而不舍生死，获得大乘的转依。"以"此
"自"乘——大乘的"转依为所依止"，转染还净，于一切法中"得
自在"安乐，与下劣乘的解脱不同。这是菩萨的自利功德。二、
菩萨安住大般涅槃的广大转依，能遍于一切"趣"生中，"示现一
切有情之身"，像观自在菩萨的应以何身得度，即现何身而为说
法。那好乐人天果报的，以"最胜生"的人天果报世间法；若具
出离心的，以"三乘"圣果解脱的出世法；用"种种调伏方便"，或

摄受，或折伏，"善巧安立所化有情"，使他们各能随机得益，获得人天与三乘圣果的安乐，这是菩萨的利他功德。这自利利他的功德，都建立在发心求住广大转依，才能获得。所以菩萨应发大心，求大果，不应该半途退失。

第二节　偈颂

第一项　转依解脱义

此中有多颂：诸凡夫覆真，一向显虚妄；诸菩萨舍妄，一向显真实。应知显不显，真义非真义，转依即解脱，随欲自在行。

此二偈，出《大乘庄严经论》。一切"凡夫"无始来为虚妄杂染所染，隐"覆真"理，所以"一向"都"显"现着"虚妄"不实的遍计执性，不曾见到真实。"菩萨"于一切法上"舍"离了虚"妄"，所以能"一向"都"显"现着"真实"不虚的圆成实性，不再显现虚妄。我们"应"该"知"道，这"真义"的"显"现，"非真义"的"不显"现，就是舍染转净的"转依"果。这转依，"即"是累无不寂的大"解脱"。安住这大解脱中，便能"随"所"欲自在"而"行"，无著无碍，不再受其他任何法的牵系。

第二项　涅槃无住义

于生死涅槃，若起平等智，尔时由此证，生死即涅槃。由是于生死，非舍非不舍；亦即于涅槃，非得非不得。

这转依解脱就是无住涅槃。什么是无住？为什么能无住呢？菩萨"于生死涅槃"的二法中，"若起平等"的无分别"智"，就能知道生死涅槃无差别。生死涅槃没有固定的自性，随染而成为生死，生死是遍计执性，它本来寂静，与随净转显的涅槃平等无二。所以平等智起"时，由此"便能"证"知"生死即涅槃"，于生死中见为寂静。生死既然与涅槃平等，那么"于生死"法便没有什么可舍的了——"非舍"；但烦恼的错觉，使众生在无生死中受生死，菩萨如实的证达，虽不舍生死，也不像众生的受生死苦逼，所以也"非不舍"。生死既非舍非不舍，既本来涅槃，离生死没有涅槃可证，所以也"即于涅槃"法，"非"有另一法可"得"。既见到生死的寂静，证得涅槃与众生不同，所以也"非不得"。菩萨的无住涅槃如此，所以能不舍生死，不著涅槃，尽未来际度众生。

第九章 彼果智

第一节 出体性

如是已说彼果断殊胜，彼果智殊胜云何可见？谓由三种佛身，应知彼果智殊胜：一、由自性身，二、由受用身，三、由变化身。此中自性身者，谓诸如来法身，一切法自在转所依止故。受用身者，谓依法身，种种诸佛众会所显清净佛土，大乘法乐为所受故。变化身者，亦依法身，从睹史多天宫现没、受生、受欲、逾城出家、往外道所修诸苦行、证大菩提、转大法轮、入大涅槃故。

只是一个出障圆明的正法身，从它的离垢寂灭边说叫果断，无住涅槃——解脱德；从它的智圆德满边说叫果智，无上菩提——般若德。这两者的总合就是法身德。本论总摄三德为二果，特别注重在圆满的无分别智，所以就在这智果中开显法身。

【附论】

本论讲的佛果三身，与《成唯识论》、《大乘庄严经论》都有不同，所以先讲些三身的问题，然后依文解释。佛果，超越不思议，本来无所谓三身、四身，不过从佛的自证化他、能证所证方面，方便建立二身或三身四身的差别。概括地说：就佛的自证说有两义：一是能证智，一是所证如。就佛的化他说也有二义：一是菩萨所见的，一是凡夫小乘所见的。有这四种意义而摄为三身：自证的如是法身或自性身，化他中凡小所见的是变化身，这是没有多大诤论的。但能证智,有说摄在法性身中,有说摄在受用身中;菩萨所见身,有的说摄在受用身中,有的说摄在应化身中,这就成为异说的焦点。拿本论来说:菩萨所见的属于受用身,也没有问题。佛智的属于法性身或受用身,就大有研考的必要。

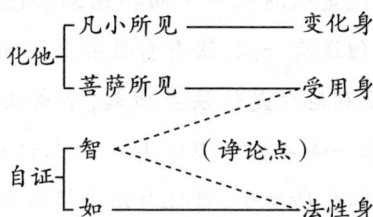

```
            ┌ 凡小所见 ——————— 变化身
     化他 ──┤
            └ 菩萨所见 ——————┐→ 受用身
                            ╲╱
            ┌ 智 ╌╌╌╌╱╲  （诤论点）
     自证 ──┤      ╱  ╲
            └ 如 ——————————— 法性身
```

　　智,或者把它摄于受用身,但摄于自受用身呢? 还是他受用身呢? 又是问题。无著世亲都谈这法身或自性身、受用、变化三身。《大乘庄严经论》从“依”“心”“业”三方面说明三身:业是利他的,属变化身;心是自利的,属受用身,这受用身,就有自受用的意味;依是自利利他二种功德所依的,属自性身。拿四智来说:大圆镜智配属自性身,妙观察智配属受用身,成所作智配属变化身。但平等性智呢? 颂文不明白,世亲解说为属于自性身。自性身的特点是“依”,在凡夫位赖耶为转识所依,转依后镜智为余三智所依;受用身重于自受用方面,变化身则通为菩萨凡小所见。

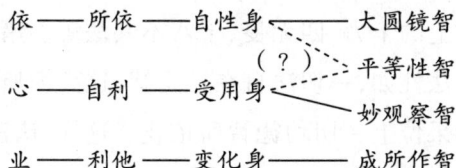

```
     依 —— 所依 —— 自性身 ╌╌╌ 大圆镜智
                      （?）╌╌╌ 平等性智
     心 —— 自利 —— 受用身 ──── 妙观察智

     业 —— 利他 —— 变化身 ──── 成所作智
```

　　本论的三身说,据无性的意见:三身皆是彼果智,所以三身都有智。自性身是根本智，余二身是后得智。世亲把受用变化二身，专摄在随机所见的利他；在自证方面，智与如都摄在自性身中，这与本论的见解吻合。本论的体系：自性身就是法身，佛陀亲证所觉的，佛佛互见的，常住不变；受用变化二身，随机所见差别而有变化。这是从随机所见而推论到佛陀的本身，从他所见的而立三身。但还有一点，法身自性身摄尽佛陀圆觉的一切，自证不必说，就是利他也是依法身所起，不离法身的大用，法身总摄一切，可说唯一法身。所以法身由转本识与转识成四智而自在圆满。若从随机所见说，自性身法身摄自证，是转赖耶所得的；受用身摄利他，是转诸转识所得的。

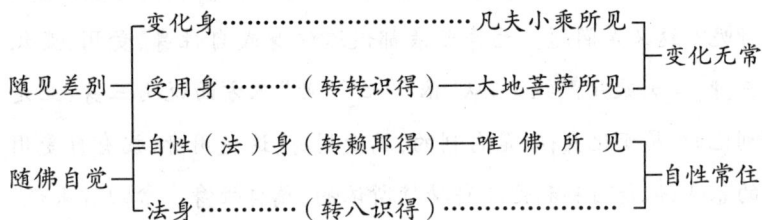

```
          ┌ 变化身 ················· 凡夫小乘所见 ─┐
   随见差别 ┤                                      ├ 变化无常
          └ 受用身 ········（转转识得）─ 大地菩萨所见 ┘

          ┌ 自性（法）身（转赖耶得）─ 唯 佛 所 见 ─┐
   随佛自觉 ┤                                      ├ 自性常住
          └ 法身 ··········（转八识得）··········─┘
```

现在就要依这三身说解释本文：

一、"自性身"：自性即自体的意义，就是"如来"自觉的"法身"。为什么叫法身呢？"一切法自在转所依止故"。这有两种解释：（一）一切法自在转的所依：转舍一切染法，转得一切净法，如佛果位上的十力、四无畏、十八不共法等。诸法自在转的所依，指离染法性如，一切法自在转是智；这离垢所显的法界如如，是如来佛果位上一切功德智所依止。这样，诸法的所依，名为法身，身就是依止的意思，这是偏于理性方面讲。（二）一切法自在转就是所依止，佛果的如如如如智，为受用变化二身所依止。在这二义中,应侧重后一义,因为依初义,佛果一切智德,在三身中就无处可摄,非别立自受用身不可。

【附论】

杂染以赖耶为所依,现起一切,所以一切唯识现。最初因听闻熏习,渐渐地舍染转净,本识的本净性——法界,与净习融然一味,现起一切,所以一切唯是最清净法界的显现,一切依法界。《庄严论》的《菩提品》与本论相当,都是以法界为菩提的所依,依法界而显现菩提。这净法界从智边说,是大圆镜智;在如边说,称离垢真如。"如如如如智合名法身",不但要理解它融然一味,万德周圆,还要从所依的见地去把握它的总持义。如但作名相分别,把它的如智分开配合,这是没有多大意义的。

二、"受用身":它是"依"于"法身"而有。法身无一切相,虽然体用圆满,但非众生所能见,因此利益众生的佛事,从地上菩萨的所见上,建立受用身。它依法身而现,从"种种诸佛众会所显"。就是说:所以知道有受用身,是因菩萨所见的诸佛大集会,在这大集会中的佛是受用身。它在"清净佛土"弘阐大法,令大菩萨"受"用"大乘法乐"。这受用可作两种解说:(一)诸大菩萨在诸佛的清净佛土中,以大乘法喜为食,受用重重法味。(二)诸大菩萨在诸佛的清净佛国土中,受用清净佛土乐,如西方极乐世界的种种妙乐。一方面,听佛说法,受用大乘法乐。因有这二义,所以能化的佛名受用身。他依法身而不为他依,故不说所依。

三、"变化身":这也是"依"于"法身"而现起的,像释尊在印度的八相成道就是变化身。(一)"从睹史多天宫"示"现"死"没"相;(二)示现来人间"受生";(三)示现享"受"世间的五

"欲";（四）"逾城出家"去修行；（五）"往外道"的处"所"去
"修"学"诸苦行"；（六）"证大菩提"成佛；（七）在鹿野苑等"转
大法轮"；（八）在拘尸那"入大涅槃"。有的经中说八相成道没
有受欲相，有降魔相。关于降魔相的有无，有的说小乘是有，大
乘没有。其实，这不是大小乘的问题，是学派传说的歧异。

第二节　十门分别

第一项　颂标

**此中说一嗢柁楠颂：相、证得、自在、依止、及摄持、差别、德、
甚深、念、业：明诸佛。**

虽说有三身，而受用变化是利他示现的，在摄末归本的唯一
法身中，这都是法身的大用，所以下面侧重在法身上谈，但同时
也就说明了三身。本颂总标十义：一、"相"，二、"证得"，三、"自
在"，四、"依止"，五、"摄持"，六、"差别"，七、功"德"，八、"甚
深"，九、"念"，十、"业"。以这十义"明诸佛"的法身。

第二项　广释

甲　相

一　转依相

诸佛法身以何为相？应知法身略有五相：一、转依为相，谓转
灭一切障杂染分依他起性故，转得解脱一切障于法自在转现
前清净分依他起性故。

相是体相。"诸佛法身以何为"体"相"呢？"有五相"可以显示法身的体相。先说"转依为相"：依，是一切依他起法，或是依他起的根本赖耶。转，就是"转灭一切障杂染分"的"依他起"，"转得解脱一切障""清净分"的"依他起"。清净分依他起，就是离染所显的最清净法界。从无义边的法性说，就是圆成本性清净的离染；从唯识边说，赖耶的杂染分，由闻熏的力量，渐渐减少，净习渐渐增多，引发清净智。智如不二的清净圆成实性，是转得的净依，所以能"于法自在转现前"。

二　白法所成相

二、白法所成为相，谓六波罗蜜多圆满得十自在故。此中寿自在、心自在、众具自在，由施波罗蜜多圆满故。业自在、生自在，由戒波罗蜜多圆满故。胜解自在，由忍波罗蜜多圆满故。愿自在，由精进波罗蜜多圆满故。神力自在五通所摄，由静虑波罗蜜多圆满故。智自在、法自在，由般若波罗蜜多圆满故。

第二是"白法所成为相"：白法就是清净的无漏法。因中修出世的"六波罗蜜多圆满"，果上就"得十自在"圆满。法身不仅是理性的，是具足十自在而体用无碍的，所以说是白法所成。这十自在，虽到佛果才圆满，但大地菩萨也可获得一分。一、"寿自在"，要舍寿就舍寿，要留寿就留寿，住世的寿命能自在无碍。二、"心自在"，佛心不为世间的尘染所染，不为境界所转。三、"众具自在"，衣服、饮食、卧具、医药等资生物质丰富优美，不会感到缺乏。这三自在，"由"修布"施波罗蜜多圆满"得来。因施有法、财、无畏三种,法施圆满就得寿命自在,无畏施圆满就得心自在,财施圆满就得众具自在。四、"业自在",身口意三业能随意自在,不受阻碍。五、"生自在",要在哪一趣受生就在哪一趣受生,再不受有漏业力的支配。这二自在是"由"修持"戒波罗蜜多圆满"得来。戒有防非止恶的最胜功能,能在现生实行清净的三业,未来生善趣,所以果上能得业、生二自在。六、"胜解自在",依自心观想的胜解力,能自在地变大地作黄金,水变为火,一切境界随自己的胜解而转。这是"由"修"忍"辱"波罗蜜多圆满"得来。在因中修忍辱时,能随众生的心所乐转,所以果中能得此自在。七、"愿自在",做什么事业都能满足自己的所愿,达到目的,这是"由"修"精进波罗蜜多圆满"得来。愿力必须精进来充实它,因中勤修精进,对利益众生的事业没有懈怠,所以果上能随愿自在。八、"神力自在",六神通中除漏尽通,其余天眼天耳等"五通所摄"的凌空往来、知他心等事,能得自在。这是"由"修"静虑波罗蜜多圆满"得来,这因为禅定可以引发神通。九、"智自在",于一切境界中,获得正智,遍一切法无不知。十、"法自在",后得智能安立种种教法,随机宣说,都能契合正理。这二自在,是"由"修"般若波罗蜜多圆满"得来。

三　无二相

三、无二为相,谓有无无二为相,由一切法无所有故,空所显相是实有故。有为无为无二为相,由业烦恼非所为故,自在示现有为相故。异性一性无二为相,由一切佛所依无差别故,无量相续现等觉故。

空所显相,其他的译本都直译做"空相"。

第三"无二为相":法身的无二相可有种种的解说,本论且说三种:一、"有无无二为相":遍计性的"一切法"是"无所有"的,所以说法身不是有;但二"空所显"的圆成实"相,是实有",所以又不能说法身是无。这非有非无的无二相,就是法身。反过来说:就是亦有亦无,空所显的圆成实是亦有,遍计性的诸法是亦无。二、"有为无为无二为相":有为的定义,是"由业烦恼"的造作(为)生起的;法身"非"由业烦恼"所为"的,是大智大悲万德所显的,所以不能说是有为。无为呢,是非造作法,没有起灭变易的。法身由大悲愿力,能"自在示现"种种佛土身相,随机说法等起灭来去的"有为相",所以也非无为。这有为是示现的有为,随机所见方面,不妨说生灭无常,从法身自体上说,依然是如如不动。三、"异性一性无二为相":法身不能说有别异相,因十方三世"一切"诸"佛"都以平等法界为"所依",在契入一真法界上说,佛佛道同,"无"有"差别"的。但此佛与彼佛的法身也不能看成一相,因有"无量相续"(有情)各各"现等觉"成佛;在能现等觉上说,法身不一。如大海的水,不论是从江湖河汉哪一方面流进去的,皆是同一海水,无有差别;可是从所流的水源来讲,也不能说它没有差别可说。总之,法身于一切上都无二,但无二并不就是一。

此中有二颂:我执不有故,于中无别依;随前能证别,故施设有异。种姓异、非虚、圆满、无初故,无垢依无别,故非一、非多。

无漏法界中一切平等,没有差别性。众生所以不能见到诸法平等,与诸佛相摄相入而有种种的差别,是因赖耶中无始我执熏习在作祟。诸佛转染污末那"我执不有",得无差别的平等性智,所以"于"法界"中"更"无"差"别"的所"依"身,那么,法身自然不能说有自他差别了。可是"随前能证"的身有"别",随顺世间假名言说,这是释迦牟尼佛,那是阿弥陀佛,过去毗婆尸佛,未来弥勒佛等名号差别,也可以"施设有异"。这一颂,重颂长行法身异性一性无二相。

第二颂,出《大乘庄严经论》。"无垢依无别,故非一非多"二句,依其他的译本看来,应该是"非一,无别故非多,无垢依"。这一颂又别举理由颂说法身的非一非异。非一有四个理由(《庄严论》释作五):一、"种姓异":因闻熏习不同,菩萨有利根钝根等种种差别,成佛也有前后,所以诸佛非一。二、"非虚",由种姓不同,成佛的加行也彼此有异,而菩提资粮圆满也就有差别了。假使说只有一佛,那么,他人的加行所集的资粮,就应该虚劳无果了,所以不能说无别。三、"圆满",究竟成佛后,度生事业,都以三乘法化他出离。若唯一佛,那化他法中就不圆满,不能有成佛的法门了。诸佛都说成佛的法门,可见不能说诸佛同一。四、"无初",若说唯有一佛,不消说,这一佛就是第一位。然而每一佛成,必从他佛闻法发心,修菩萨行,前佛为自己的因缘,自己又为余佛的因缘,前前无始,后后无终,无有初佛可说,由此决定非唯一佛。所以总结地说"非一"。

又用一个理由,颂说法身非多。非一无别故一句,《庄严论》与隋译都直译作"无别故不一",因此,《庄严论释》把无别两字,解说为法身非一的第五个理由。但从《摄论》各译与释论看来，"无别"是指"无垢依"说的，无漏的清净法界，是一切法自在转的所依，诸佛的所依；这无垢依没有差别，所以说"非多"。世亲无性二释，在最后又总结说"不一异"。因此，玄奘把它译成这样的文句，不但不能理解作者的原有次第，也无法沟通《庄严》的异释。

四　常住相

四、常住为相，谓真如清净相故，本愿所引故，所应作事无竟期故。

第四"常住为相"：这又从三方面说：一、"真如清净相"，无漏清净法界，是佛的真体，出缠的如来藏性，真实不异的清净相，当然是常住的。二、"本愿所引"，诸佛如来从初发心，发弘誓愿，欲度一切众生。愿从法界起，法界无尽，众生无尽，愿力也无尽，愿力所引生的，正法所成的法身也自然是常住的。三、"所应作事无竟期"，如来成佛，唯一大事在度众生，众生无尽，所以应作的事业也就没有尽期。由这三种道理，可知佛的法身是以常住为相。这三者就是约依、约心、约业来说，如果别配三身，随见差别说，那心与业就是相续常与不断常。但现在摄末归本，直从佛陀的无碍法身说，这一切皆是真实常住。

五　不可思议相

五、不可思议为相，谓真如清净自内证故，无有世间喻能喻故，非诸寻思所行处故。

第五"不可思议为相"：法身不可以心思，不可以语议，所以不可思议。一、佛的自觉证智，于"真如清净"的法界，"自内"圆"证"，这唯佛与佛乃能洞达，不是有情所能知的。二、真如法身于一切法中最究竟，没有一法足以与它相齐等，所以"无有世间喻能喻"的。平常拿虚空等比喻，也只能做到意会而已，实在不能亲切地表达。三、法身无相，遍一切处，这"非诸"世间的"寻思所行处"，无分别法当然不能以有分别的寻伺去推度。由此，法身以不可思议为相。

乙　证得

复次，云何如是法身最初证得？谓缘总相大乘法境无分别智及后得智，五相善修，于一切地善集资粮，金刚喻定破灭微细难破障故，此定无间离一切障故得转依。

在初地通达法界的时候证法空相，本来也可以说最初证得法身。现在不说分得，约究竟证得说，所以不谈初地。法身是每个众生都有的，但被障习所蔽，不得开显，故须修智除障去证得它。怎样修习证得呢？"缘总相大乘法境"的"无分别智及后得智"，要依前彼修差别中说的"五相"——集总修、无相修、无功用修、炽盛修、无喜足修，去"善修"奢摩他毗钵舍那。还要"于一切地"中"善集"福德智慧"资粮"。到了"金刚喻定"现前，"破灭微细难破"最微细一分的烦恼所知二"障"，就从"此"金刚喻"定无间"一刹那中，"离一切障"，"转依"证得法身。金刚喻定在十地后心的一刹那，即等觉位。这定最为坚固，能破最微细的二障，一切所知境相的微细著、微细碍，所以喻如金刚。离障转得的法身，具一切功德。

丙　自在

复次,法身由几自在而得自在? 略由五种:一、由佛土、自身、相好、无边音声、无见顶相自在,由转色蕴依故。二、由无罪无量广大乐住自在,由转受蕴依故。三、由辩说一切名身句身文身自在,由转想蕴依故。四、由现化、变易、引摄大众、引摄白法自在,由转行蕴依故。五、由圆镜、平等、观察、成所作智自在,由转识蕴依故。

"自在",是佛果上的无方大用,不受什么拘碍束缚。佛的"法身""略由五种"而获得自在。众生认五蕴为我,被蕴所缚,不得自在;佛证法身,转舍不自在的五蕴,得自在的五蕴。所以经上说:"舍无常蕴,获得常蕴。"因此,转依不一定说转八识成四智,如本论约五蕴说转依,也可约十二处十八界说转依,根尘世界及众生的贪嗔痴杂染,见识相识,都可以一一地说转依。

一、佛所安住受用的,或使他人安住受用的"佛"国"土"都得自在。所依的国土既自在,能依的佛"自身"也获得自在。具体的身既得自在,那身上的三十二"相"、八十种"好",当然也都得自在。在相好中,且举两种自在为例:(一)"无边音声"自在,佛的音声不论远近,只要有缘就能听到。从前目连尊者想试察佛音声的广远,他一直过了他方无量世界,听见佛的音声依然如故。(二)"无见顶相"的"自在",佛的顶相,凡小及菩萨,纵升梵天也不能见。经说:东方应持菩萨想见佛的顶相,以神力上升诸天,终于见不到。这佛土、佛身、佛相好,都是色法的种类,所以这些自在,是"由转色蕴"的"依"而得的。

二、众生位上有漏感受，有苦乐舍的三种差别，都是不净而带有罪过的。如来得到纯净无漏的"无罪"，而且唯是乐受，没有苦舍。这乐受非吾人一般的染受，是离三界系缚的绝对乐。这无罪妙乐，是"无量广大"的现法"乐住自在"无碍，这是"由转受蕴"的"依"而得的。

三、佛陀"辩说一切名身句身文身"，都得"自在"。文是一个个的字母，名是由几个字母合成的名词，句是由几个名词拼合而成的文句。身是多数的意思，名句文皆有多数，所以叫做名身、句身、文身。辩说这名句文获得自在，这是"由转想蕴"的"依"而成的。有漏想蕴的作用在安立名言相，就是在所缘的种种境上取种种分齐相，起名言相而发言说，所以说"想为先故说"。佛果上转去有漏的想蕴，得到无漏的想蕴，故能于一切名句文身辩说得大自在。

四、行蕴原包括很多法，然主要的是作业的思心所。从佛的三业上看，能随心所欲"现化"种种佛身等；"变易"诸法的本性，如转地成金等。在说法时，能"引摄大众"，并且能"引摄"一切无漏"白法"生起。这种种都得"自在"，是由"转行蕴"的"依"而获得的。

五、转赖耶识得大"圆镜"智，转染末那得"平等"性智，转第六意识得妙"观察"智，转前五识得"成所作智自在"。这四智的自在，是由"转识蕴"的"依"止而得的。平常所谓转有漏的八识，成无漏的四智，即此。唯识以识为主，所以说到转依，大都只说转识成智，就可以总摄五蕴的转依。

【附论】

圆镜智的作用有二:一摄持:镜智是转赖耶得的,赖耶是有漏的所依,摄持一切有漏种子,到了无漏位转智的时候,也就摄持一切无漏闻熏习。二显现:凡夫位上的赖耶,显现七转识(见识)和根尘器界(相识);佛位上的镜智,也就现起无漏五根、清净佛土(相)及其余的三智(见)。所以《庄严论》说圆镜智为诸智的所依。在缘境上说:是总缘一切相,不作分别缘。圆镜智由闻熏力现起一切,任运缘一切法,所以能摄持不忘。这像大圆镜的明净鉴彻、影现万象一样。平等智,是转染末那得的。这有一问题:唯识家虽都说有染末那,但转依成净,却有人主张没有净末那。没有净末那,那平等智建立就成问题。其实,第七识是从本识分出的取性,虽从本识分出,与摄持能生的种识仍不妨并存。取性的染末那,执我我所,到转依时就自他平等,约这意义建立平等性智。它从"诸智因"的镜智而起,在初地就转为"极净无分别智",通达一切众生平等平等。"若修习此智最极清净,即得无上菩提"。《庄严论》说:它与大慈大悲相应,不住涅槃,随机现身。妙观察智转意识而得,意识的作用在分别,所以转识成智,也重在分别的后得智。"于所识一切境界恒无障碍",在大众中观察机宜,随机说法,都是此智的作用。一切三摩地门陀罗尼门,都与观察智相应。成所作智是转前五识得,它的作用在做种种变化利益众生的事业,像在十方世界八相成道等都是。

佛智,无漏圣境,本来融通不思议。这佛果四智,如从它的特殊上说:圆镜智重在摄持,平等智重在现身,观察智重在说法,成事智重在起变化三业。如从智上去看，镜智与平等智重在无分别智，观察智与成事智重在后得智。如从有漏本识起见（识）相（识）的见地说，转染成净，那无漏的圆镜智为中心为依止，与净习不二。从这圆镜智，一方面现清净佛国土，起遍取互取诸境自在的五根；一方面起平等性智、妙观察智、成所作智，做种种利生的事业。四智转依的时间，平常说："六七因中转，五八果上圆"；但约义建立也不一定，如《庄严论》说十地中的后三地，七转识转，得四自在（无分别、刹土、智、业）。它说："意、受、分别转，四种自在得，次第无分别，刹土、智、业故。"意是末那，转末那识得无分别自在。受是五识，转五识得刹土自在，这是依五识取五尘说的，所以又说："如是义（尘）受（五识）转，变化得增上，净土如所欲，受用皆现前。"分别是第六意识，转意识，得智自在，所以辩说无碍；得业自在，通力化业无碍，所以又说："如是分别转，变化得增上，诸智、所作业，恒时无碍行。"

丁　依止

复次，法身由几种处应知依止？略由三处：一由种种佛住依止，此中有二颂：诸佛证得五性喜，皆由等证自界故，离喜都由不证此，故求喜者应等证。由能无量及事成，法味义德俱圆满，得喜最胜无过失，诸佛见常无尽故。二由种种受用身依止，但为成熟诸菩萨故。三由种种变化身依止，多为成熟声闻等故。

法身，可以解说为法的依止。在有漏位，第八赖耶识有依止义，转赖耶得无漏的法身，也就是依止。本论从"略由三处"，说明法身的依止：一、法身为"种种佛住"的"依止"。四无量心是梵住，佛多住悲无量心。四静虑是天住，佛多住在第四静虑。三解脱门是圣住，佛多住在空解脱门。这三种佛的不共住——不共功德，都是依止离障所显的最清净法界。就是说，法界为种种的佛功德所依止。下有两颂，解说求证所依法界的必要："诸佛"如来，"证得"下面的"五"种自"性喜"，"皆"是"由"于"等证自界"的缘"故"。声闻人所以远"离"五种自性"喜"，也"都由"于"不"能"证此"清净无漏的法界。因此，"求喜者"的菩萨，欲求证得五性喜"应等证"法界。诸佛所证不共的五性喜是什么？（一）"能无量"，就是一法界的功能无量，一切众生皆因悟得法界而成佛，但法界不增不减，证入法界时，见得这种殊胜，所以发生大喜。（二）"事成"无量，十方诸佛通达法界，佛佛有利生事业，佛佛的度生事业各有无量；契入自法界的，这无量的利生事业都能成办，所以引生大喜。（三）"法味"圆满（无量二字，无性通下读，所以说法味与义德都无量），法味就是深入无量契经的妙法真义，了知诸佛的教法，同是法界所流出的，等到现证法界，见法味圆融，本来具足，所以生大欢喜。（四）"义德""圆满"，随心所念的涅槃义是义，德是无漏无为的功德，证法界时，见义与德俱圆满，无欠无余，所以大喜。"得"这四种自性"喜"，不是三界内的系缚喜乐，所以是"最胜"。没有垢染，所以"无过失"。（五）"诸佛见"清净法界"常"住，无穷"无尽"，所以生大欢喜。这五喜，都因证自法界得来。无性的解说不同。二、法身为"种种受用身依止"。因为法身彻底开显，受用身才得转现。这受用身，是为"成熟诸菩萨"而显现的。三、法身为"种种变化身依止"。现起变化身，大"多"是"为成熟声闻等"，也是为初发心的菩萨。这二身都以法身为依止。从本论的思想看，一切功德皆依法身的真体净能中现起大用，才有余二身，所以受用变化二身，以法身为依。这里谈的法身，比较侧重在真如法性边。但种种佛住的不共功德，也就是白法所成的法身所摄。如偏以真如为法身，那种种不共功德，就非三身所摄了。本论的受用身与变化身，是侧重在为他示现方面，本文就是的据。

戊　摄持

应知法身由几佛法之所摄持？略由六种：一、由清净，谓转阿赖耶识得法身故。二、由异熟，谓转色根得异熟智故。三、由安住，谓转欲行等住得无量智住故。四、由自在，谓转种种摄受业自在，得一切世界无碍神通智自在故。五、由言说，谓转一切见闻觉知言说戏论，得令一切有情心喜辩说智自在故。六、由拔济，谓转拔济一切灾横过失，得拔济一切有情一切灾横过失智故。应知法身由此所说六种佛法之所摄持。

"法身由几"种"佛法之所摄持"呢？摄是总摄，持是任持；换句话说，由几种佛法的总聚而成为法身？从法身的体用无碍自觉觉他上，"略由六种"佛法的摄持，显示法身种种的大能：一、"清净"佛法，"转"舍"阿赖耶识"中的杂染熏习，证"得法身"，这是法身的根本。平常谈转识成智，转第八识成圆镜智，这里又说转赖耶成法身，圆镜智与法身有着怎样的关系？从法身看，它是余二身的依止；从镜智看，它是余三智的依止。赖耶本净的法界——解性赖耶是真常，具称性功德；舍染习，在缠的藏性显现,它与净习不二,为一切净法的所依。从本性清净边建立法界,从智光朗鉴边建立镜智。其实,唯识是无义的,无义是唯识的,这是一体的两面。它的特征,都在所依。二、"异熟"佛法,"转"眼等的有"色根","得异熟智"。在有漏位,异熟根是唯识的,是身识;转依以后,色根以智为自性,是唯智的。虽不是有漏业感,因中是异熟,所以也称之为异熟智。三、"安住"佛法,"转欲行等住,得无量智住"。陈译说欲行是五欲的享受,因中众生受五欲乐,到了佛位,就得慈悲喜舍的四无量心住,拔苦与乐,令众生喜乐。四、"自在"佛法,"转种种摄受业自在"。如因中从事党政军学工商农艺的种种事业,起初是不会,学习与经验,久而久之,熟能生巧,习惯成自然。到佛果位上,转去这种自在,"得一切世界无碍神通智自在",如知他心、来往无碍等。五、"言说"佛法,众生因见闻觉知所现起的言说,皆属戏论,到佛位上,"转一切见闻觉知"的"言说戏论","得令一切有情心喜"的"辩说智自在"。佛为众生说法,众生不生厌疲而欢喜踊跃。这五种自在,其实也是约转五蕴而说的:转赖耶就是转识蕴得法身;转色根就是转色蕴而得异熟智;转安住就是转受蕴得无量智;转自在就是转行蕴而得无碍神通智,因为种种业是以思心所为主的,思心所是行蕴的中心;转言说就是转想蕴而得辩说智自在,因为言说是想蕴的作用。六、"拔济"佛法,在众生因位时,也曾做种种慈善事业,"拔济一切灾"难"横"祸的"过失";到佛果位上,将拔济中所含的不净的一部分去掉,转"得拔济一切有情一切灾横过失智",成为清净救度,拔济超出三界,离一切苦厄。"法身"佛,是"由"这"所说"的六种佛法"所摄持"而成。

己　差别

诸佛法身当言有异？当言无异？依止、意乐、业无别故，当言无异。无量依身现等觉故，当言有异。如说佛法身，受用身亦尔，意乐及业无差别故当言无异；不由依止无差别故，无量依止差别转故。应知变化身如受用身说。

这段是讲"诸佛法身"的同异，问题中只问到法身的"有异""无异"，解答的时候，附带说到受用变化二身。从诸佛同所"依止"的最清净法界、同救度众生的"意乐"、同依法身而现种种度生事"业"的三种"无别"说，不能说诸佛法身是不同的，所以"当言无异"；但从有"无量依身"——无量有情的前后各各悟入法界而"现等"正"觉"说，不能说是全同的，所以"当言有异"。"如说佛法身"的同异，诸佛的"受用身亦尔"，就是约佛的"意乐及业"的"无差别"来说，应该说无异；但并"不由依止"身的"无差别"，因为有"无量依止差别转"，所以诸佛的受用身也非不异。受用身的同异是如此，"应知变化身如受用身说"，也是这样。如来的一切，就是法身的全体，像意乐、业，也无不是法身，不过约随机所见说，从法身中现起的是余二身，受用变化二身也可以说有意乐与业。《庄严论》约依、意乐、事业等别配三身，与本论多少不同。

庚　德

一　众德相应

应知法身几德相应？谓最清净四无量，解脱，胜处，遍处，无

净,愿智,四无碍解,六神通,三十二大士相,八十随好,四一切相清净,十力,四无畏,三不护,三念住,拔除习气,无忘失法,大悲,十八不共佛法,一切相妙智等功德相应。

佛果位上的功德无量无边,从佛果上说,可说都是不共的。无性说众德相应是共德,后六种德才是不共德,其实不尽然。论文所列的种种功德,虽也说有共小乘的共德,像八解脱等,但考察功德的内容,都与小乘不同。这一切功德都与“法身”“相应”。“最清净”三字,贯通下面诸句,就是最清净的八“解脱”,最清净的八“胜处”,最清净的十“遍处”等。这一切功德,在颂中自有解释。

此中有多颂:怜愍诸有情,起和合远离,常不舍利乐,四意乐,归礼。

以下一一的颂说佛德,《庄严经论》也有,可以参看。现在先赞一、四无量功德:“怜愍诸有情”,通于四无量心,不论慈悲喜舍,都是出发于愍念有情的。“起和合”意乐,愿众生与乐相应,未得令得,就是慈无量。起“远离”意乐,使有情脱离痛苦,就是悲无量。“常不舍”意乐,使有情常常不离喜乐,得而不失,就是喜无量。“利乐”意乐,愿众生舍离烦恼,求得现身后世的快乐,就是舍无量。“四意乐”不但指四种意乐——四无量德,是说具有这四意乐与四无量心相应的人,就是以德称佛。这怜愍有情的四意乐者,我今“归”依敬“礼”。

解脱一切障,牟尼胜世间,智周遍所知,心解脱,归礼。

本颂赞说二、八解脱,三、八胜处,四、十遍处三种功德。小乘八解脱是：（一）内有色想外观色，（二）内无色想外观色，（三）净背舍身作证，（四）空无边处，（五）识无边处，（六）无所有处，（七）非想非非想处，（八）灭受想处。在四禅中修这八解脱，最初从观色自在到离于色相，渐渐舍劣修胜，进到灭受想处。大乘中"解脱一切障"，于一切中得解脱，名为解脱，所以不共小乘。

　　小乘的八胜处：（一）内有色相外观色少，（二）内有色相外观色多，（三）内无色相外观色少，（四）内无色相外观色多，（五）内无色相外观色青，（六）外观色黄，（七）外观色赤，（八）外观色白。于定中观察最为殊胜，名为胜处。大乘中"牟尼胜世间"，于一切世间随心自在，名为胜处。

　　小乘的十遍处：（一）青，（二）黄，（三）赤，（四）白，（五）地，（六）水，（七）火，（八）风，（九）空，（十）识，一一都观为遍一切处。大乘遍处是"智周遍所知"，在一切所知境中，无不了了知见。这具有解脱、胜处、遍处的"心解脱"者——佛陀，我当"归礼"。

能灭诸有情一切惑无余，害烦恼，有染常哀愍，归礼。

　　五、赞无诤智功德：小乘的无诤智，如须菩提得无诤三昧，城内有人讨厌他，他就不去，有人不快活他坐，他就站着，免得人们因他而生烦恼。佛无诤智可不然，不但令人不起烦恼，而且"能灭诸有情"的"一切惑"，使他不起，更"无余"剩。就是众生起惑，佛也能使他起对治，"害"灭众生的"烦恼"。大乘的无诤智不是消极的，众生纵然起诤，如知他是堪受教化的，仍要设种种方便去调伏摄伏他，克制他的烦恼。对于"有染"污众生的"常哀愍"者——佛陀,我当"归礼"。

无功用,无著,无碍,常寂定,于一切问难能解释,归礼。

　　六、赞愿智功德:如来的愿智,具有五种功德相:(一)"无功用",任运自然地能知一切境界。(二)断一切障尽,所以于所知境"无著"。(三)所欲观察处能如理如量地通达"无碍"。(四)"常"常时在"寂"灭"定"中,心不散乱,所谓"那伽常在定,无有不定时"。(五)"于一切问难","能"圆满地"解释"答复。具有这样的愿智者,我当"归礼"。

于所依,能依,所说;言及智,能说;无碍慧常善说,归礼。

　　七、赞四无碍解功德:佛以四无碍解,应机说法,这可分能说与所说。所说的法有"所依,能依",所依是契经等教法,能依是法上表显的义,这就是法义二无碍解,这都属于"所说"。能说有"言及智",言是词无碍解,智是乐说无碍解,这都属于"能说"。具这"无碍慧"而能常"常善说"妙法者,我当"归礼"。

为彼诸有情,故现、知言、行、往、来、及出离,善教者,归礼。

　　八、赞六神通功德:"为"教化"彼诸有情"而起六种神通,神通是化度有情的利器。"现"是如意通,如意往来飞行无碍,即平常说的神通轮。"知言"是天耳通,能听闻了解众生的言辞。知"行"是他心通,能知他有情的心行,这就是平常说的记心轮。知"往",知往昔过去生中因缘,是宿命通。知"来",知未来生的业果,是天眼通。知"出离",能知有情的烦恼能否断尽与已断多少,是漏尽通。具这六种神通,才能应机教化众生,名"善教者"，我当恭敬"归"依顶"礼"。

诸众生见尊，皆审知善士，暂见便深信，开导者，归礼。

　　九、赞诸相随好功德："诸众生见"到世"尊"的相好圆满具足，"皆"能"审知"他是无上的"善士"，不是泛泛的常人。因此"暂"时为人一"见"，"便"生甚"深"的清净"信"心，认为他是开导者，能指示我们以前途的正道。具这相好的"开导者"，我当"归礼"。

摄受住持舍，现化及变易，等持，智自在，随证得，归礼。

　　十、赞四一切相清净功德：（一）身清净，也叫所依清净，能随自己的心意"摄受住持"寿命，"舍"弃寿命，于命得自在，不随业感外缘的支配。（二）所缘清净，于所缘的佛土，随自心的观察，能从无而有地"现化"，亦能转"变"沙土"易"为黄金等物，于所缘境的依报国土得自在。（三）"等持"清净，于定心得自在，入定出定全超半超都随意无碍。（四）"智"清净，一切事理都明了知见，"自在"通达，所以称为智慧清净。能"随"顺"证得"这四清净者，我当恭敬"归礼"。

方便，归依，净，及大乘出离；于此诳众生，摧魔者，归礼。

　　十一、赞十力功德：力的作用在摧魔，魔王欺诳有情，系缚有情，使他不得出离；佛以十种力来摧破扫荡它。十力分为四类：（一）"方便"，方便就是因。魔王欺诳众生，说无因或邪因生一切法，以善为恶因，恶为善因，如说持牛戒能得胜果，持狗戒能得解脱，供养火可以生天，这完全是错误了的，非方便说方便。佛陀显示正方便,以是处非处力击破这邪方便(如作善业得乐果是可能的,这叫是处;作恶要得善报是不可能的,名为非处等),使众生回恶向善。(二)"归依",一切果报,皆由自己的业力所招感,所以善业力,正当的行为,才是我们的归依处。魔王却诳惑众生,说我们虽作善,但赏善罚恶的权力、我们未来的运命,全操于天神之手,自己是无能为力的,所以应归依上帝、天神,信仰上帝比行为更为重要。为破除这种诳惑,佛以三世业报异熟智力摧毁它,说明只要我们有好的行为、业力,就可获得人天乐果,使众生回外向内。(三)清"净",众生感到生死流转,享受物欲,终不是清净解脱,有了出离解脱的动机,魔王就立刻诳惑众生,说四静虑能断烦恼,生四禅天是解脱;或者说无想天、非非想定是涅槃。其实这是错误的,这世间的净道只能暂时降伏烦恼,并不能断,更谈不上解脱。为摧破这种邪说,佛以诸禅定解脱三昧智力来摧毁它,说明要修出世清净道,从定发般若,才能解脱。单修四静虑四等持(四无量)四等至(四无色定)诸方便,不能永断烦恼,证究竟清净的涅槃。这是使众生回缚向脱。(四)"大乘出离"究竟清净解脱,圆满无上菩提,是要修学大乘法的。但魔王见众生发正确的出离解脱心,于佛法修行,它又欺诳众生,说你的根性好乐,只能修学小乘法,无上菩提是极难证得的,你的根性不适宜,何必为它吃苦,为什么不自了入涅槃? 铲除这种诳惑,佛以其余七种力:根上下智力、种种胜解力、种种界智力、遍趣行智力、死生智力、宿住随念智力、漏尽智力来摧破它。这七力中的后四,就是六神通的四种。根智力,明识众生的根性大小,叫众生不要受魔王的欺诳,信自己有大乘种姓,应当修学大乘;这是令众生回小向大。魔王"于此"四事"诳"惑"众生",回恶向善,回外向内,回缚向脱,回小向大,佛用这十力,宣扬五乘正法击破它,把众生解放出来。具有十力的"摧魔者",我当"归礼"。

能说智,及断,出离,能障碍,自他利,非余外道伏,归礼。

　　十二、赞四无所畏功德:佛陀说法,非外道等所能责难,不论他怎样的问难指摘,如来都能一一解答,有绝对的信念,不生丝毫的畏难,所以叫四无畏。这又分为自利利他二者,自利方面有两种:(一)"能说智",宣说自证的圆觉智。(二)能说"断",佛说自己离一切烦恼所知的障习。前者是一切智无畏,外道不能指出佛某一部分的智慧不圆满;后者是漏尽无畏,外道不能指摘佛某种烦恼未断。利他方面,也有二种:(三)能说"出离",佛陀教化众生,把出离的方法——道,指示众生,使他们不再受生死的束缚。(四)能说"能障碍"法,指出某种烦恼恶行能障碍清净圣道,不但求而不得,甚或反而堕落。前者是说苦尽道无畏,外道不能指斥此道不能出离的缺点;后者是说障道无畏,外道不能说出佛所说的障道法不足为障。佛以这"自"利"他利"的四无所畏,说一切法,这"非余外道"所能制"伏"的佛陀,我当"归"依敬"礼"。

处众能伏说;远离二杂染;无护无忘失,摄御众,归礼。

　　十三、赞三不护,十四、赞三念住功德:如来"处"在大"众"中说法,"能伏"他人的讥"说",因为佛的身口意三业,从容中道,自然而然的没有错误,不会因怕人讥嫌而需要藏护,所以叫三不护。三念住是佛受恭敬听法的弟子赞叹,心中不生欢喜;受不恭敬听法弟子的讥毁,不生嗔恨;既不赞又不讥的弟子,佛也不舍弃他,安住正念,"远离"爱恚"二"种"杂染",所以叫三念住。这具有"无护"的三不护,与"无忘失"的三念住功德,善能"摄御"诸弟子"众"的世尊,我当恭敬"归礼"。

遍一切行住,无非圆智事,一切时遍知,实义者,归礼。

十五、赞拔除习气功德:如来在举止动静,"一切行住"坐卧间,"无非"是"圆智"的大用"事","一切时遍知",无一事不是正念正知的,所以威仪寂静,没有轻举妄动等余习。这因如来久劫修行,不但断烦恼,连习气也根本拔除了。小乘圣者就时常有妄举,失威仪,这因小乘急断烦恼,不能净除习气。能于一切时中通达诸法真"实义者",我当恭敬"归礼"。

诸有情利乐,所作不过时,所作常无虚,无忘失,归礼。

十六、赞无忘失功德:佛陀的教化"有情",知时知机,使他获得"利"益与安"乐",这"所作"的利益事业,决"不"会错"过"适当的"时"机。未种善根的令种,已种善根的令成熟,善根已熟的令得解脱。"所作"的一切,"常无虚"劳,不致于徒然无益。具此"无忘失"者,我当"归"依敬"礼"。

昼夜常六返,观一切世间,与大悲相应,利乐意,归礼。

十七、赞大悲功德:四无量心中已有悲心,但在名义上,是共外道小乘的,这里特提出唯佛不共的大悲来说。世尊"昼"三时"夜"三时中,日"常"作"六返"的"观"察,观"一切世间"有情,哪个众生的根机成熟可以化度,应该用什么法门去度脱他。在观察时,心"与大悲相应",充满了"利"益安"乐"有情的"意"乐,希望每个众生都能离苦得乐。这是小乘经中固有的见解,若依大乘佛法说,佛陀念念中知一切有情的根性,何须乎这样的观察? 具足此利乐意乐者,我当"归礼"。

由行及由证,由智及由业,于一切二乘,最胜者,归礼。

十八、赞十八不共佛法功德:其中可以分为四类:(一)"由行",依佛所行的一切,建立前六种的不共法:(1)无有误失,(2)无卒暴音,(3)无忘失念,(4)无不定心,(5)无种种想,(6)无不择舍心。(二)"由证",证是证得;行是因,证是果,在佛安住证得的功德上建立六种无退:(7)欲无退,(8)念无退,(9)精进无退,(10)定无退,(11)慧无退,(12)解脱无退。(三)"由智",智是智慧,在佛陀的无碍智慧上,也建立三不共法:(13)知过去世无碍,(14)知现在世无碍,(15)知未来世无碍。(四)"由业",业是佛的身口意三业,从佛的三业也建立三种:(16)身业随智慧行,(17)口业随智慧行,(18)意业随智慧行。这十八种法,二乘无学果是没有的,不共于小乘圣者,所以叫不共功德。因此,佛陀"于一切二乘"的圣者中,是"最胜者",我当恭敬"归礼"。

由三身至得,具相大菩提,一切处他疑皆能断,归礼。

十九、赞一切相妙智功德:一切相妙智,就是一切种智,也叫一切智智。"由"此妙智,于一切法中得无碍的知见,自性等"三身"圆满"至得",成为"具"足功德"相"的"大菩提"果。这大菩提,能无碍通达一切境相,所以在"一切处"的世间中,"他"人所有"疑"惑,佛都"能"给他"断"除,使他获得正确的信解;具此一切相妙智功德者,我当恭敬"归"依顶"礼"。

　　陈隋二译,此下还有一颂,赞六度圆满功德,但二释都没有解说。本论的长行中说一切相妙智"等",或者就是等此功德,成二十门。

二　六德相应

诸佛法身与如是等功德相应,复与所余自性、因、果、业、相应、转功德相应,是故应知诸佛法身无上功德。此中有二颂:尊成实胜义;一切地皆出;至诸众生上;解脱诸有情;无尽无等德相应;现世间及众会可见,非见人天等。

　　"诸佛法身"固然"与"上面所说的种种"功德相应",并且"复与所余"的:一、"自性",二、"因",三、"果",四、"业",五、"相应",六、"转"——六种"功德相应",由是"知"道"诸佛法身"是具有"无上"殊胜"功德"的。

　　颂文就是解说六种功德:一、自性,诸佛世"尊"以最清净法界为自性,此法界就是本自"成"就真"实"不虚的"胜义",所以说"在缠名如来藏,出缠名法身"。二、因,修"一切地"中的因行,到十地圆满,悉"皆"超"出"时,就成法身。三、果,修十地因,超过一切众生,"至诸众生"中的最"上"首。四、业,成佛之后,还要做"解脱诸有情"的利生事业。五、相应,佛法身与"无尽无等"的功"德相应",像上面所说的十力四无所畏等。六、转,转就是现起,如来"现"起变化身,一般"世间"的人天有情可见;现受用身,大集"众会"中的大菩萨"可见";但佛的自性身,超越不思议,唯是佛的境界,"非"是"人天等"所能知"见"。

辛 甚深

复次,诸佛法身,甚深最甚深,此甚深相云何可见?此中有多颂:佛无生为生,亦无住为住,诸事无功用,第四食为食。

"诸佛法身"是"甚深最甚深"的,他的内容很不容易想像与理解,现在且以十二甚深来显示。

一、生住业住甚深,这可分为四:(一)生甚深:"佛"在世间,现起种种的身形,不同一般的有情以业烦恼为因而受生的,他是"无生为生"。在佛的自证圣境上,虽现证一切无有所生,但因大悲愿力随感而现,为有情示现诞生,如释尊的诞生印度。这即无生而示现受生,难以了解,故为甚深。(二)住甚深:住就是安住涅槃,法身离生死,"无住"涅槃"为"所"住",这不同小乘的偏住寂灭,所以说住甚深。(三)业甚深:如来作一切利乐的"事"业,如摩尼天乐一样,所以叫业甚深。(四)住甚深:生命因饮食而维持叫住。食有四种:(1)不清净依止住食,欲界的有情,由段思触识四食而维持生命,为欲界系缚所缚,名为不清净。(2)净不净依止住食,修禅定离欲界欲而升上界的有情,他们以思触识三食为食,离下界诸欲,说他是净,然没有脱离上地欲,所以又是不净。(3)一向清净依止食,已得声闻缘觉果的圣者,他们断尽三界诸惑,非一切欲乐所系缚,他们的饮食养身,称为一向清净。(4)唯示现依止食,这是佛陀所受的食,在佛的本身上,无须乎饮食,然而随顺世间,也持钵乞食,受用饮食。在此四食中,法身是"第四"种唯示现依止"食为食"。

无异亦无量；无数量一业；不坚业坚业，诸佛具三身。

二、安立数业甚深，这又分为三：（一）安立甚深，佛佛同一真法界中，所以一切诸佛，都"无"有别"异"。可是无量世界中，有无量的有情，现等正觉，所以法身也可说"无量"的。（二）数甚深，虽有"无数"无"量"的诸佛，但他们同做"一"种利乐有情的事"业"，这些事业，佛佛相摄，佛佛相成，所以在数量上也甚深甚深（没有差别就难以安立彼此数量）。（三）业甚深，诸佛变化身所作事业，是"不坚"业，时而示现受生，时而又入涅槃；受用身所作事业是坚业，他无尽期地化导有情；或可以说自性身的自利业是坚定的，余二身的利他业是不坚的。"诸佛具三身"，所以佛业甚深。这一颂，无性释有不同的解说。

现等觉非有，一切觉非无，一一念无量，有非有所显。

三、现等觉甚深：能"现等觉"的人，所现等觉的法，皆是"非有"；但"一切觉"者，在世谛的假名中，又"非无"，因为"一一念"中，"无量"世界，有无量有情现等正觉。非有依他起上的遍计性，非无依他起分的真实性；这非有非无的甚深，从"有"清净法界与"非有"一切染污上建立，就是说，现等正觉，是依佛证得的清净法界离垢"所显"的。

非染非离染，由欲得出离，了知欲无欲，悟入欲法性。

四、离欲甚深：如来是"非染"的，因一切贪欲皆已断尽；但也"非离染"，因为一切法的当体就是真实性，在不增不减的真如中，法法本性清净，既一切法全体即真，本来无染欲，那又有什么可离呢？但大乘的非离染，主要在"由"染"欲"而"得出离"。

菩萨留随眠不断,才能久在生死中利生成佛,不然就陷于小乘的涅槃了。小乘不能由欲而得出离,因他不能通达法法无自性,染欲的本性清净,所以觉得有急需断除染污的必要。大乘圣者,了知法法自性本净,平等法界中,无染无欲可离,才能留惑润生,修利他行,得大菩提。诸佛法身的离欲甚深,就立足在这"了知欲无欲","悟入欲"即离欲的真如"法性"上。

诸佛过诸蕴,安住诸蕴中,与彼非一异,不舍而善寂。

　　五、断蕴甚深:一切"诸佛",超"过"有漏的"诸"取"蕴",但又"安住"于"诸蕴中"。小乘说离生死身得般涅槃,它把涅槃与蕴身看成截然不同的二事,所以要离无常的五蕴才能得到常住的涅槃。大乘了达生死诸蕴,"与彼"涅槃"非一"非"异",诸蕴本来不生不灭,即是寂静的涅槃,所以"不舍"诸蕴"而"能常住"善寂"的涅槃。

诸佛事相杂,犹如大海水,我已现当作,他利无是思。

　　六、成熟甚深:"诸佛"所作利益众生的"事"业,彼此"相杂"为一,所谓"一切即一,一即一切"。"犹如大海水",百川水流相杂,为鱼虾共同受用。这样,一佛教化有情,等于一切佛的教化,众生受一佛化,也就等于受一切佛化。佛化众生的事业,既彼此不二,所以如"我已"作利他事、我"现"在作利他事、我"当"来作"他利"事,诸佛决"无是"等人我差别的"思"念。

众生罪不现,如月于破器;遍满诸世间,由法光如日。

　　七、显现甚深:前半颂,《庄严论》也有,诸佛如来常住世间,为什么一般众生不能常见佛闻法呢？这是因"众生"有"罪"——业障，所以"不现"见于佛，与佛无关。如一个完整的瓷器盛满了水，高悬天空的明月自然能在这水中影现。若是一个破器，不能贮水，空中的明"月"虽然一样的皎洁，但对"于破器"，不能现起月影的，这能怪月吗？这当然是破器本身不健全。这是约佛的现身而说。再说不听见佛说法，佛的法身"遍满诸世间"，出广长舌，放大"法光"明，众生有罪，所以不能听到。"如"世间的"日"光遍照大地，但盲者不见，你能说世间没有太阳吗？

或现等正觉，或涅槃，如火；此未曾非有，诸佛身常故。

八、示现等觉涅槃甚深：下半颂，也是出于《庄严论》的。诸佛世尊"或"时示"现等正觉"，"或"时示现入般"涅槃"。这"如"世间的"火"，有时燃烧有时熄灭。佛为什么要这样呢？为化度可化的未成熟有情，使他成熟解脱，所以示现受生；可化的有情已经成熟，无须佛陀长住世间，所以又示现入涅槃。"此"入涅槃的佛，"未曾非有"，如火的暂熄，并非世间没有火。"诸佛"法"身常"住，这或起或灭，只是他的示现；从诸佛真实法身上说，或起或灭的当体，就是法身如如不动。

佛于非圣法，人趣及恶趣，非梵行法中，最胜自体住。

九、住甚深：住是安住在功德中，这有三种住：（一）"佛于非圣法"中住圣法中，以最胜的空、无相、无愿三解脱门为住。（二）于"人趣及恶趣"中，佛于天法中，以最胜的静虑等持为住。（三）于"非梵行法"中，佛修慈悲喜舍的四种梵行，以最胜的梵行为住。因此,在诸法中,佛于"最胜自体住"——圣住、天住、梵住。

佛一切处行,亦不行一处,于一切身现,非六根所行。

十、显示自体甚深:"佛"的后得智遍"一切处行",根本智无有分别,所以"亦不行一处"。或可说:佛身遍一切处无所不在,但又不在一处,所谓"法身无在无不在"。为化某一类的有情,即现某一类身,佛的变化身,"于一切身"中示"现"受生,这如常人所见的佛只是一位老比丘,如我们凡夫一样。其实佛身"非"我们的"六根所行"。佛的化身,为度地狱有情,受生地狱中,示现受苦,其余由恶业所感而受苦的众生,不知是佛;它们尚不能取得佛的化身,佛的真法身,那更非六根所行的境界了。

烦恼伏不灭,如毒咒所害,由惑至惑尽,证佛一切智。

十一、断烦恼甚深:菩萨不把"烦恼"断尽,只是"伏"而"不灭",使其不发生作用。"如毒"蛇能够害人,但它被"咒"力"所害",就不能发生作用。为什么伏而不断? 因行菩萨道者,不能急断烦恼,不然,就堕入小乘的无余涅槃了。所以在未成佛前,必须留"惑"受生死身,"至"金刚道才断"惑尽,证佛一切智"。唯识学者说:分别所起的烦恼,初地断;俱生烦恼则伏不起,但也有故意生起的;八地以上,才决定不起烦恼的现行;至俱生烦恼的种子,留到成佛时才完全断尽。

烦恼成觉分,生死为涅槃,具大方便故,诸佛不思议。

十二、不可思议甚深:本颂同于《佛性论·辨相品》所引《不思议经》的颂文。佛"具大方便故",能通达"烦恼成"为菩提的"觉分","生死"成为寂静的"涅槃"。一方面,这是法性的本然,一方面是佛智的净化。这"诸佛"的妙用,"不"是我们所能"思议",甚深,甚深!

应知如是所说甚深有十二种:谓生住业住甚深,安立数业甚深,现等觉甚深,离欲甚深,断蕴甚深,成熟甚深,显现甚深,示现等觉涅槃甚深,住甚深,显示自体甚深,断烦恼甚深,不可思议甚深。

结示前面所说的十二甚深。

壬　念

一　正明七念

若诸菩萨念佛法身,由几种念应修此念?略说菩萨念佛法身,由七种念应修此念:一者、诸佛于一切法得自在转,应修此念,于一切世界得无碍通故。此中有颂:有情界周遍,具障而阙因,二种决定转,诸佛无自在。二者、如来其身常住,应修此念,真如无间解脱垢故。三者、如来最胜无罪,应修此念,一切烦恼及所知障并离系故。四者、如来无有功用,应修此念,不作功用一切佛事无休息故。五者、如来受大富乐,应修此念,清净佛土大富乐故。六者、如来离诸染污,应修此念,生在世间一切世法不能染故。七者、如来能成大事,应修此念,示现等觉般涅槃等,一切有情未成熟者能令成熟,已成熟者令解脱故。

　　"诸菩萨念佛法身"的功德相好,能得念佛三昧,三昧成就时,能现见十方佛闻法、供养,这是一大修行法门,不可不加留意。不知"由几种念应修此念"佛三昧呢? 应"由七种念""修此念"佛法门。念就是别境中的念心所,明记不忘为性,因系念佛得定,就是念佛三昧。

　　一、应这样的念佛:佛"于一切世界得无碍神通",所以能于"一切法得自在转"。无碍统指六通,这神通的妙用,于一切法可得大自在,无所不能。或者疑惑:诸佛于一切世界神通无碍,发愿度脱一切众生,那就应该一切众生都成佛解脱,为什么有无量数的有情受种种痛苦,不见佛不闻法呢? 为解答这问题,特说一"颂"。"有情界周遍",就是说一切有情。有情所以不得成佛解脱,自有他的原因:(一)"具障",诸有情具足了猛利长时的烦恼,极重的恶业,感长寿天及地狱等果报,具这三障,所以障碍见佛,不能见佛闻法,更不能得解脱。(二)"阙因",另一类有情,虽没有这样的三障,但缺少见佛闻法的善根因缘,尤其没有熏习成大乘种姓,所以佛于一切世界现身说法,不能使他解脱。(三)"二种决定转",就是业障异熟障决定,不得解脱。这可作两种的解说:(1)造了无间的定业,感到了一向苦趣的定报,因此,障碍见佛闻法,不得解脱。(2)恶业虽还未造,但由过去的熏习力、现在的环境,使他决定要去造此恶业,如提婆达多要作逆罪,佛也不能阻止他;这决定要造业的有情,一定障碍解脱,一定障碍闻法。还有,造了业必定要感果,如释种的被诛灭,他必须受果报,现在虽见佛闻法,也不得解脱。因此种种,"诸佛"虽于一切法得自在,而对此等众生是无可奈何的,"无"有"自在"。

二、诸佛"如来"的法"身常住"，菩萨"应"这样的"修""念"佛观。因为"真如"法界是法身自体，在金刚喻定的"无间"道，"解脱"一切障"垢"，开显了最清净法界，无改转无变易，常住寂灭。念佛的菩萨，应该这样念。

三、诸佛"如来最"为殊"胜无罪"，因佛的"一切烦恼及所知障"，都已经解脱"离系"了。念佛法身的菩萨，"应修此念"。

四、诸佛"如来无有功用"：前三种念佛的自体，以下念佛的利他妙用。佛"不作功用"而做"一切"利生的"佛事，无"所"休息"。念佛的菩萨，"应修此念"。

五、应念诸佛"如来受大富乐"，佛在因中，修习福慧二种资粮，所以到了果位，得清净佛土的"大富乐"果。

六、应念诸佛"如来离诸染污"，佛陀生在世间，非"一切世法"之所"能染"。

七、诸佛"如来能成大事"，"示现"受生，成"等"正"觉"，"般涅槃等"，使那"一切有情"的"未成熟"者"成熟"，"已成熟者""解脱"。念佛法身的菩萨，"应修此念"。

此中有二颂：圆满属自心，具常住，清净，无功用，能施有情大法乐，遍行无依止，平等利多生：一切佛，智者应修一切念。

颂中重颂七念：念佛法身的七念，无不"圆满"：一、念如来随"属自心"圆满。二、念如来身"具"足"常住"圆满。三、念如来具足"清净"圆满。四、念如来"无功用"圆满。五、念如来"能施有情大法乐"圆满。六、念如来"遍行无依止"圆满。七、念如来"平等利多"众"生"圆满。具此"一切"圆满的无上"佛"陀，有"智"慧"者"的菩萨，"应修一切念"。

二　别释净土

（一）具引经文

复次，诸佛清净佛土相，云何应知？如菩萨藏百千契经序品中说，谓：薄伽梵住最胜光曜七宝庄严放大光明普照一切无边世界，无量方所妙饰间列，周圆无际其量难测，超过三界所行之处，胜出世间善根所起，最极自在净识为相，如来所睹，诸大菩萨众所云集，无量天、龙、药叉、健达缚、阿素洛、揭路荼、紧捺洛、莫呼洛伽、人、非人等常所翼从，广大法味喜乐所持，作诸众生一切义利，蠲除一切烦恼灾横，远离众魔，过诸庄严如来庄严之所依处，大念慧行以为游路，大止妙观以为所乘，大空无相无愿解脱为所入门，无量功德众所庄严，大宝华王之所建立大宫殿中。

在念佛中，有念佛净土，这里特别地把它解释一下。"菩萨藏百千契经"，是一部经的专名，百千即十万，十万颂的契经，大抵指《华严经》。后来，《深密经》与《佛地经》也加以引用。在此经的"序品中，说"到佛土的胜妙；但这不但应从所描写的净土事相去理解，还要从表德显理中去理解。如最胜光曜的大宝华王所建立的大宫殿，大宝华王是大红莲花，表吾人的一念清净真心，由清净法性心中现清净土。宫殿即法界宫，在吾人一念净心的法界宫，以无边的福德智慧庄严它。如依这个见解去看，那七宝庄严的七宝，表七觉支或七种法财。如来所都，表心王，或净心的摄持。诸大菩萨，表无漏善心所与善行。天龙八部，表即菩提性净的烦恼、即戒定慧的淫怒痴等。现在且顺论文的十八

圆满,作事相的解释:

一、显色圆满:佛所"住"处,是以"最"为殊"胜"而具"光曜"的"七宝"所"庄严"的大宫殿,或说大宫殿因七宝的庄严而有胜光曜,因有胜光曜的七宝,所以从大宫殿中"放大光明,普照一切无边世界"。二、形色圆满:这大宫殿的形态有"无量"的"方所",或园,或池,或阶,都像美"妙"的文"饰",参差"间列"。三、分量圆满:这大宝宫殿的"周围",无边"无际","其"面积的分"量",一般人是"难"以"测"度的。四、方所圆满:佛住的大宝宫殿,他那所住的方所、地点,"超过"了"三界所行之处",不是三界内的爱执所能行得到的。换句话说,这种宫殿不是三界系的业果。五、因圆满:它不是三界业成,是以"胜出世间"的出世"善根"为因而得生"起"的;既不是无因有,亦不是由大自在天所造。六、果圆满:佛住的大宝宫殿,以"最极自在"的佛果位上清"净"无漏"识为"体"相"的,不是离识以外;这七宝宫殿,以净识为体。七、主圆满:这大宝宫殿,以"如来"为主,是佛世尊住持摄受的。"都",是统摄主持的意思。八、辅翼圆满:在大宝宫殿中,时有"大菩萨众"共"所云集",听佛说法,助佛扬化。如极乐世界的观音大势至等。九、眷属圆满:大宫殿中也有"无量"无边的"天、龙、药叉"等的八部眷属,"常所翼从"。十、任持圆满:大宫殿中所有的菩萨龙天等,佛以"广大"的大乘"法味"的"喜乐",资养他们的五分法身,使他们任"持"安住。十一、事业圆满:佛如来"作"化度"诸众生"的"一切"有"义利"的事业。十二、摄益圆满:在这大宫殿中,"蠲除"了"一切烦恼"缠垢,种种天"灾横"祸的事。不但佛陀如此,诸菩萨等也获得这样的清净益。十三、无畏圆满：佛与菩萨，已能"远离"烦恼、蕴、死、天的"众魔"，解脱魔王的罥索。十四、住处圆满：如来所住的处所，"过诸"一切菩萨及其余的"庄严"处，唯以"如来"自己的功德"庄严"为"所依处"。十五、路圆满：路是所行的路，这净土以"大念"、大"慧"、大"行""为"所"游路"。大念即是闻所成慧，大慧即是思所成慧，大行即是修所成慧。修这三慧的道路，能游于净土中。十六、乘圆满：乘是车乘，"大止妙观以为所乘"，乘这大乘的止观车，游行前所说的三慧妙路。十七、门圆满：进入这净土的大宝宫殿是要从门而入的，这就是"大空、无相、无愿"的三"解脱门"，这三者是进入解脱的妙门；所以进入的庄严纯妙的净土宝宫殿，就是常寂光土、法界宫、涅槃城了。十八、依持圆满：世间宫殿依地而起，建立在大地上；佛的"大宫殿"，以"无量"净妙"功德"，种种七宝"众所庄严，大宝华王"之"所建立"的。

这十八圆满的净土，是佛自证觉的自受用呢？是诸大菩萨所见的他受用呢？若说是佛自证觉自受用的净土，菩萨应不能进去，天龙八部等更不消说；若说是菩萨等他受用的净土，怎么说是法身的净土？佛自证觉受用的净土，一切都不能说，所以以诸大菩萨众所云集的受用身土来表显它。

（二）十八圆满

如是显示清净佛土显色圆满，形色圆满，分量圆满，方所圆满，因圆满，果圆满，主圆满，辅翼圆满，眷属圆满，任持圆满，事业圆满，摄益圆满，无畏圆满，住处圆满，路圆满，乘圆满，门圆满，依持圆满。

论主把上一段经文,析为净土的十八圆满;其意义上文已经解释了。

(三)总明四德

复次,受用如是清净佛土,一向净妙,一向安乐,一向无罪,一向自在。

所"受用"的"清净佛土",可用四种妙德来总摄它:一、"一向净妙",净土中没有一切不净事,而是一向极清净的。二、"一向安乐",净土中没有苦痛的逼切,一向安乐。三、"一向无罪",在净土中,内心外身所起的一切,唯是善净的,没有不善无记,所以没有过失。四、"一向自在",随心所欲,一切皆获得成办。这四种就是常乐我净的四德,净妙是净德,安乐是乐德,无罪是常德,自在是我德。

癸　业

复次,应知如诸佛法界,于一切时能作五业:一者、救济一切有情灾横为业,于暂见时便能救济盲聋狂等诸灾横故。二者、救济恶趣为业,拔诸有情出不善处置善处故。三者、救济非方便为业,令诸外道舍非方便求解脱行,置于如来圣教中故。四者、救济萨迦耶见为业,授与能超三界道故。五者、救济乘为业,拯拔欲趣余乘菩萨,及不定种姓诸声闻等,安处令修大乘行故。

离染所显的"诸佛"最清净"法界",就是诸佛的法身。这法界身,"于一切时能作五业"。这五业,都不出受用变化二身的业用，但摄末归本，从佛的本位上说，这一切都是法身的大用。
一、"救济一切有情灾横为业"：有情作种种不善业，感生盲聋疯狂等灾横，他们若"暂见"佛"时"，"便能救济"他们，"盲"者得视，"聋"者得闻，"狂"者心正。这盲等"诸灾横"，都因见佛而获得救济。狂者得正等事例，经上说得很多。二、"救济恶趣为业"：众生因造恶业，堕落恶趣，佛陀大慈大悲，救"拔"这些"有情"，"出"离"不善"三恶趣"处"，"安置"人天的"善处"。三、"救济非方便为业"：方便就是解脱的方法；外道所行的苦行，如持牛戒狗戒等，是非方便，他们所修的道不能出离三界。佛陀令这些"外道"，"舍非方便求解脱行"，安"置"在"如来"的"圣教中"。四、"救济萨迦耶见为业"：萨迦耶见即身见，就是于三界中流转的众生，认五蕴和合的生命现象为恒存的自我——我见。救济我执的有情，"授与能超三界"的无我正"道"，使他们破除虚伪不实的身见，超出三界。五、"救济乘为业"：有两种佛教内人，需要"拯拔"：(一)见众生难度，菩萨道难行，所以"欲"从菩萨道退，"趣"入其"余"小"乘"的"菩萨"。(二)那徘徊于大小歧路上的"不定种姓诸声闻"，虽有大乘种姓，却在发小心。佛陀怜愍他们，所以说一乘法，"令"退心的菩萨不退，不定的声闻回心向大，"修"行"大乘"成佛法门。声闻有两种：(一)但熏成声闻种姓的，叫定姓声闻。另一种熏有大小二乘的种姓，但现在正学小乘，叫不定姓声闻。佛陀教不定姓声闻，放下小乘，告诉他熏有大乘种姓(如《法华经》的系珠喻)，应当发菩提心，行大乘行。

于此五业，应知诸佛业用平等。此中有颂：因、依、事、性、行，

别故许业异；世间此力别，无故非导师。

要明白诸"佛""业用平等"，先得说明不平等的所以：一、"因"别，众生的因力有别，人有人因，天有天因，地狱、饿鬼、畜生都各有不同的业因，所以作的事业也有差异。二、"依"别，依就是所依自体，每个有情都有他的身体，各各不同，所以事业也有别异。三、"事"别，事即事业，人世间的农工商学有种种不同的职业，所以事业有不同。四、"性"别，性谓好乐兴趣，众生各各根性不同，兴趣差别，所以事业有异。五、"行"别，行是加行，加行有大小久暂不同，因此事"业"也就有"异"。"世间"的众生，因"此"因等"力别"，所以有异。在佛果位，佛佛以六度为所修因，以法界为所依体，一即一切，一切即一，利益众生的意乐事业，彼此都没有差别，同行无功用行。佛陀"无"这种种差别，所以事业的差别，"非导师"——佛所有。

第三节　释妨难

第一项　释说一乘

若此功德圆满相应诸佛法身，不与声闻独觉乘共，以何意趣佛说一乘？此中有二颂：为引摄一类，及任持所余，由不定种姓，诸佛说一乘。法，无我，解脱等故，姓不同，得二意乐，化，究竟：说一乘。

此二颂，也是出于《大乘庄严经论》的。种种"功德圆满相应"的"诸佛法身，不与声闻独觉"二"乘"人"共"，佛又"以何意趣""说一乘"呢？这从上救济乘为业引起的问题。"为引摄一类"不定姓的二乘回小向大,"及任持所余"一般欲退小乘的菩萨,使他保持原来菩萨的地位不失。由这两种"不定种姓",所以"诸佛说一乘"。引摄回小向大的声闻,任持所余的退小菩萨,皆属不定种姓所摄。因菩萨曾受过声闻熏习,所以可能的退回小乘;声闻也曾受过菩萨熏习,所以可能的转向大乘。前者是已发心了的菩萨,后者正在发声闻心。

前一颂说明一乘的目的,次一颂以八义说明一乘的意趣。经中说一乘的地方很多,所取的意义也不一,本论的八意可说赅括无遗了。一、"法"平等,证悟的法性真如,三乘圣者虽不无浅深偏圆,但是共同趣向的;真如是我法二空所显的圆成实,菩萨以此出离,声闻缘觉也由此解脱。《深密经》的"皆共此一妙清净道",《法华经》的"三乘同入一法性",都是约这法平等说一乘。二、"无我"平等,像《般若经》上说三乘补特伽罗同不可得,在无我中平等平等。无我既平等,所以不能说这是二乘,那是大乘。凡是说三乘有情差别不可建立,所以无大小等,都是依无大无小的无我平等说一乘。三、"解脱"平等,佛与罗汉,同样断烦恼障,同样得到解脱,经上说"三乘同坐解脱床",同入涅槃。约这样的意趣,也有说为一乘的。四、"姓不同",众生的根性不同,而不定种姓,大乘小乘皆有一分,如果回小向大就可成佛。约这不定姓人说一乘。五、六、"得二意乐":(一)就人说,摄他为自,自他平等。(二)就法说,诸法无差别,法法平等。约这有情及法的平等讲,所以声闻就是佛。七、"化",佛说:我过去生中曾做过声闻,现缘觉身,入般涅槃,现在仍然可以成佛,这是约佛的变化身说。法华会上舍利弗等蒙佛授记,有说也是佛所变化的。八、"究竟"，佛乘最为究竟，此一乘以上再没有余乘，此是唯一的究竟乘，由上种种的意趣，所以佛"说一乘"。

【附论】

大乘经中讲一乘的很多，说一乘是究竟，人人可以成佛。但依本论的意见看，小乘不得离障所显的最清净法界，怎么可说人人成佛？一乘究竟、三乘方便，与三乘究竟、一乘方便，在佛学界中展开了热烈的诤辩。真谛和菩提流支是主张一乘究竟的，玄奘门下是主张三乘究竟的。本论前说救济乘为业，不是说小乘决定要成佛，只是依不定种姓说。唯识家说声闻有二：一、定性的，这又有二类：（一）毕竟的，这一类的声闻必入小乘的无余涅槃，无论如何不再受化成佛。（二）不毕竟的。二、不定性的，这二类声闻是可以引导成佛的，因他过去曾受过大乘的熏习，种过大乘的善根。《法华经》上说舍利弗等对《法华》等都曾听过的，不过忘失而已。所以依本论说，应该说三乘是究竟。真谛释论，说前颂是显义说一乘，后颂是密义说一乘，因此，他的解说不定种姓，以为凡是声闻皆不定性，皆可作大乘菩萨。到了菩萨的地位，大乘已成，这才叫定，所以他有练小乘根性成大乘的理论。我觉得虽然《一乘宝性论》、《佛性论》等在说一乘，但《瑜伽》及《摄论》等，到底是说三乘究竟的。概略地说，无著系的论典，思想渊源说一切有系，确是说三乘究竟。但很多大乘经与大众分别说系接近的，却显然是说一乘究竟。依大乘经典来解说《瑜伽》《摄论》，说它主张一乘，固然是牵强附会；但偏据《瑜伽》《庄严》与本论等，想解说一切大乘经，成立三乘究竟是大乘经的本意，结果也是徒然。

第二项　释同时有多佛

如是诸佛同一法身，而佛有多，何缘可见？此中有颂：一界中无二，同时无量圆，次第转非理，故成有多佛。

　　一切"诸佛"既"同一法身"，为什么"佛"又"有"许"多"呢？这里说有多佛，不同上说有无量有情现等正觉而名多，是说同一时中有多佛存在。一分小乘说："一"世"界中""无"有"二"佛，现在否认它的见解，说"同时"有"无量"众生"圆"满成佛。无量有情可以同时发菩提心，同时修菩萨行，功行圆满，当然同时成佛，不能说谁先谁后，你候我，我候你。若说一时只有一佛，"次第"展"转"相续成佛，是"非理"的，你有什么原因限制他，使他们不能同时成佛呢？所以同时"成有多佛"。

第三项　释法身涅槃不涅槃

云何应知于法身中佛非毕竟入于涅槃，亦非毕竟不入涅槃？此中有颂：一切障脱故，所作无竟故，佛毕竟涅槃，毕竟不涅槃。

　　有的小乘说佛毕竟入涅槃，有的大乘说佛毕竟不入涅槃；本论以双非的见解说佛非毕竟入于涅槃，也非毕竟不入涅槃。理由是："一切障脱"而得转依，约这障脱寂灭边说，"佛毕竟"入"涅槃"；但是佛陀"所作"利益众生的事业，尽未来际"无"有"竟"期，所以佛又"毕竟不涅槃"。

第四项　释受用身非自性身

何故受用身非即自性身？ 由六因故：一、色身可见故，二、无量佛众会差别可见故，三、随胜解见自性不定可见故，四、别别而见自性变动可见故，五、菩萨声闻及诸天等种种众会间杂可见故，六、阿赖耶识与诸转识转依非理可见故。佛受用身即自性身，不应道理。

上文说"自性身者，谓诸如来法身"。以后，都谈法身；谈法身时，开显了佛陀的全体大用。这里不再说法身，却把自性身与受用身对谈。这自性身，是专就自证边说。"受用身"所以不是"自性身"，"由六"种"因"：一、受用身有"色身可见"；见，不单是眼见，是说可以了知的。佛的最清净法身，功德相应，大慈悲所成；地上菩萨所见的，虽似乎即佛与净土的色相，其实诸佛自觉，即智即理，融然一如。所见的色身，只是诸佛应机，众生随自所能见的，见到怎样的色相而已。法身为一切法依，一切法不离于法身，体用无碍，故可说有色身；若偏取自证的自性身以对化他应现的二身说，就不能说有色相。二、受用身，有"无量"彼此"众会差别可见"，自性身没有这差别相可见，所以受用身不就是自性身。三、诸大菩萨在一会中，他们所见的受用身，"随"各人"胜解"所见不同。如《密迹经》说：有见佛高如须弥山王，有见佛长千里百里等，受用身的"自性不定"，不能说佛自证圆满的自性身有这种现象。四、一一众生"别别而见自性变动"，先见是这样，后见又是那样，见解进一层，所见又不同。自性身是湛然常住，不能有此演变。五、受用身所住的净土，"菩萨声闻"

独觉等的三乘，诸"天"人"等"的"种种"有情，"众会间杂可见"，这唯有化他示现才有，自性身自然没有这种间杂。这样，前说的法身净土，如从自证化他差别的见地，那只是受用身土。但前依体用无碍，即本起末的法身说，与此不同；若把法身与自性身看成同一的意义，那前后就矛盾不能通释了。六、赖耶转依得自性身，诸识转依得受用身，若说受用身即自性身，"阿赖耶识与诸转识"的"转依""非"一的道"理"，就无从分别了。由此种种道理，所以"佛"的自性身不是受用身；若说佛的"受用身即自性身，不应道理"！

第五项 释变化身非自性身

何因变化身非即自性身？由八因故，谓诸菩萨从久远来，得不退定，于睹史多及人中生，不应道理。又诸菩萨从久远来，常忆宿住，书算数印工巧论中及于受用欲尘行中不能正知，不应道理。又诸菩萨从久远来，已知恶说、善说法教，往外道所不应道理。又诸菩萨从久远来，已能善知三乘正道，修邪苦行不应道理。又诸菩萨舍百拘胝诸赡部洲，但于一处成等正觉，转正法轮，不应道理。若离示现成等正觉，唯以化身于所余处施作佛事，即应但于睹史多天成等正觉，何不施设遍于一切赡部洲中同时佛出？既不施设，无教无理。虽有多化，而不违彼无二如来出现世言；由一四洲摄世界故，如二轮王不同出世。此中有颂：佛微细化身，多处胎平等，为显一切种，成等觉而转。为欲利乐一切有情，发愿修行证大菩提，毕竟涅槃不应道理，愿行无果成过失故。

　　小乘学者多以变化身为佛的真身——自性身，这里依八相成道的化身，举八种理由，说明它的不同。初二因就是在从天退没和入胎受生相上说：约化佛的一期应化说，平常都是从菩萨说起，菩萨本在睹史多天，后来时机成熟，从天退没，乘白象降生人间入胎。但小乘学者也许可（这下面的理由，都是小乘共许的本生谈中的事实，所以在大乘上看，小乘的权说是无可否认的），"菩萨从久远来，得不退定"，现在又说佛"于睹史多"天退没，"及人中"受异熟"生"，岂不自相矛盾吗？这当然是"不应道理"的。

　　第三因，就是在受学受欲相上说："菩萨"过去生中，于燃灯佛前，上升虚空的时候，得无生忍，就知道宿命，"从久远来，常"能"忆宿住"。过去所学的无量技能既常忆不忘，如方"书"、"算数"、"印"刻、"工巧论"等一切技能，及"于受用欲尘行"中，也常知它的过失。现在又说菩萨"不能正知"，要重行学习，再受五欲，这是"不应道理"的。今示现不知，仍须修学，与常人一样的受用五欲，可知这是变化身，而不是佛的真身。

　　第四因，约出家相说："菩萨从久远来"，对于什么是"恶说"法教，什么是"善说法教"，是早已知道的，而现在又要"往外道所"出家，修学邪说，这是"不应道理"的。佛的往外道所出家，明知是变化身，非自性身。

　　第五因，约修行苦行说："菩萨从久远来，已能善知三乘正道"，当然不会再去修学邪道的苦行，今既"修"六年的"邪苦行"，可知是变化身；若说即是自性身，是"不应道理"的。

　　第六、七因，约证菩提转正法轮说："菩萨"于因中时，遍于百拘胝（万亿）赡部洲，布施持戒行道，教化众生。成佛时，也应该遍满百俱胝赡部洲受生成佛说法。若说"舍百俱胝诸赡部洲"而"但于一"赡部洲"处成等正觉，转正法轮"，这是"不应道理"的。自性身唯一，如专在这里，就不能在他洲；在此洲，同时须在他洲成佛说法，可知这是变化身。若有人说：在我们赡部洲成佛的佛不是变化身，是自性身，其他地方不是"示现成等正觉"的真佛，不过是此土的真佛"以化身于所余处施作佛事"罢了。若这样说，那么，"即应但于睹史多天成等正觉"，而以化身"施设遍于一切赡部洲中，同时佛出"，这也可以。或者另一地方成佛是真的，本土成佛是变化的，这也可以。为什么定说此处是真正等觉，而以变化身遍在余处施作佛事呢？你"既不"这样"施设"，"无教"可以证明唯此土八相成道的佛是真，也"无理"由可以证成，可见非理！《多界经》说：无二轮王，无二佛陀同时出世，今说一切赡部洲中，多佛同时出现，岂不违经所说吗？"虽"一佛土中"有多化"佛，"而不违彼"经说"无二如来出现世"间的"言"教，为什么呢？因为经说"一四洲"名一"世界"，这一四洲中不能有二佛出世，不是说其他的四洲没有佛出世。这"如"多四洲，有多轮王，但与经说"二轮王不同"时出世，并不相违。这又说一颂："佛"的"微细化身"示入母胎，当那时候，不唯佛的化身入胎，同时佛还变舍利弗等许多化身于同一时间"多处"入"胎"，"平等"平等；为什么要这样呢？"为"欲"显"示"一切种"觉最尊最胜，所以现声闻而光显如来"成等觉而转"。

　　第八因，约入涅槃相说：菩萨求无上觉，是"为欲利乐一切有情"的，所以"发愿修行证大菩提"，无不是为此一大事因缘。

现在度生事业尚未完毕，即依"毕竟涅槃"而入涅槃，这是"不应
道理"的。为什么呢？若果毕竟涅槃，那所修的"愿行"就空
"无"有"果，成"大"过失"了。由是知道现涅槃的是变化身，非
自性身。

第六项　解二身常

**佛受用身及变化身，既是无常，云何经说如来身常？此二所
依法身常故。又等流身及变化身，以恒受用无休废故，数数
现化不永绝故；如常受乐，如常施食，如来身常应知亦尔。**

　　"受用""变化"二"身"，不是佛的真身，在他现起的方面，
确"是无常"的。那为什么"经说如来身常"？这是就他的所依
说的，"此"受用变化"二"身"所依"的"法身"是"常"住的，约所
依说，说能依的受用变化二身也是常住的了。实际上，菩萨众会
人天等见到的或现生或入灭的佛，只是余二身，如来的自证法身
是常住的，我们是见不到的。这可以拿水与波作比喻：水性的湛
然不动，是法身；因众生机感风波的鼓荡，水中现起波浪，小风小
浪，大风大浪，这如受用变化二身。波浪的体就是水，这是水的
一种姿态；水性既常住，波浪也不妨说常，所以法身也体用无碍。
但大海的波浪，究竟因风而起，说波浪不是水的真相，受用变化
身也不是法身。再依二身自体说："等流身"就是受用身，因为
受用身是从自性身流出，所以又名等流身。这等流身，他"恒受
用"法乐"无休废"，如世人说，这人"常"常享"受"快"乐"，虽然
他所受的乐并不是常住无间，但可以说他常常受乐；受用身也是
这样，他虽不是常住的，但可以说他是常。因为他在菩萨众中，

常受大法乐。"变化身"也可说他是常,以"数数现"起"化"诸有情的事业,相续而"不永绝"。这如世人说某人"常施食",虽施食不是常无间断,但屡屡施食,也可说他常施食。这样,变化身虽不常在世间,但随所化的有情,数数示现无尽,也说他是常。

第七项　释化身非毕竟住

由六因故,诸佛世尊所现化身非毕竟住:一、所作究竟,成熟有情已解脱故;二、为令舍离不乐涅槃,为求如来常住身故;三、为令舍离轻毁诸佛,令悟甚深正法教故;四、为令于佛深生渴仰,恐数见者生厌怠故;五、令于自身发勤精进,知正说者难可得故;六、为诸有情极速成熟,令自精进不舍轭故。

魏译没有这一段。

受用身虽不是毕竟常住,但常时如此。"诸佛世尊所现"的变"化身",数起数灭,不能"毕竟"常"住"。这有"六"种原"因":一、化身出世的目的,在度脱将成熟的众生,在他示化的一期生中,把能"成熟"的"有情","已"令得"解脱",未成熟的有情,亦使他种成熟的因,"所作"已经"究竟",没有再住在这世间的必要,所以示现入灭,不毕竟常住。二、化身所以不毕竟住,是"为令"有情知身命是无常的,发心"舍离""不乐涅槃"的世间心,"求如来"的"常住"法"身";所以示现入灭,令起生死无常的感触。三、如来久住世间,众生就不生恭敬尊重心,甚深正法教的悟解也不勤求了。佛"为令"有情"舍离轻毁诸佛",勤求"悟"解"甚深"的"正法教",所以示现涅槃。四、佛陀久住世间,众生就不生恋慕,起懈怠心。"为令"有情"于佛深生渴仰",

"恐"他们常时"见"到"生厌怠"心,所以到了相当时候,就般涅槃。《法华经》中举譬喻说:有长者子,父在世时,身婴重病,不肯服药,忽然听见父亲死了,哀号痛哭,服药病愈。众生亦如此,佛住世时,身心有病,不肯求对治,生懈怠心;若见佛入涅槃,就于佛生渴仰心,精进修行。五、佛若常住世间,懈怠的众生常会抱这种观念:现在我还没有工夫修学,慢慢过几年再说,好在佛陀是常住世间的。佛为要使这类有情"于自身"心"发勤精进","知"道"正说者"的佛陀如优昙钵罗花,"难可得见",就能急急地修学佛法,所以示入涅槃。六、"诸有情"虽还没有得解脱,但已能"极速成熟"善根,他已能自己警策自己,"令自精进不舍"法"轭";这像病人快要痊愈,医生的在旁久守简直毫无意义,所以化身佛就入涅槃。这样看来,化身佛的入涅槃,实是教化众生的方便。

此中有二颂:由所作究竟,舍不乐涅槃,离轻毁诸佛,深生于渴仰,内自发正勤,为极速成熟:故许佛化身,而非毕竟住。

重颂前六因,其义可知。

第八项　释成佛要作功用

诸佛法身,无始时来无别无量,不应为得更作功用? 此中有颂:佛得无别无量因,有情若舍勤功用,证得恒时不成因,断如是因不应理。

"诸佛法身"既"无始时来"本来具有,"无"有差"别","无"有数"量",那么,佛就是众生,众生就是佛,众生"不应为"了证

"得"佛果"更作功用"？或说：诸佛法身，无始时来，无差别，无数量，那么，一佛成佛，就应当成办一切有情的诸利乐事，所以众生求佛法身，不应更作功用！不应当这样说。诸"佛"证"得"无始时来"无别无量"的法身，要以这所证得的法身，作为有情勤求佛果的精进"因"，所以一方面虽然本具，一方面还须功用。本具而不能显发，如贫家的宝藏，并不能使他免离饥寒。因此，若"有情""舍勤功用"加行因，那么"证得"的虽本来无别，但"恒时不成"众生成佛的"因"，因为不是证得因的缘故。所以"断如是"的证得加行之"因"，"不应"正"理"！如果要成佛，非勤修加行不可！

第十章　结说

阿毗达磨大乘经中摄大乘品，我阿僧伽略释究竟。

这是最后的结说。"阿毗达磨大乘经中摄大乘品"，是本论所依的圣教，也就是论主所要阐明的法门。"我阿僧伽略释究竟"，是作论者自述对于法门所作的功力。阿僧伽，梵语，即无著菩萨。究竟，即终了完成的意思。依西藏译的《摄大乘论》看，这末后的一行，实就是论题与作者的名字。印度学者著作的通例，书题与作者名字是放在全书末后的。这虽也近于情理，但本论此文，仍以看作全论的结说为适当。无著的《集论》末后说："何故此论名为大乘阿毗达磨集？略有三义：谓等所集故，遍所集故，正所集故。"这也是在论文临结束时，指出论题，并说明本论的依据。遍所集一义，《杂集论》即说"遍所集者，谓遍摄一切大乘阿毗达磨经中诸思择处故"。参照《集论》的笔法，本文虽即是点出论题与依据，但这是包含于论文之中，决非在论文结束以后，另标论题及作者名字的。西藏译本，或许是依着一般的通例，略有改饰了！

中華書局

初版责编 陈 平